吴小龙传

诚信和质量

陈润 ◎ 著

团结出版社
UNITY PRESS

图书在版编目（CIP）数据

吴小龙传：诚信和质量 / 陈润著 . -- 北京：团结
出版社 , 2025. 4. -- ISBN 978-7-5234-1739-3

Ⅰ . K825.38

中国国家版本馆 CIP 数据核字第 2025T1N284 号

出　　版：团结出版社
　　　　　（北京市东城区东皇城根南街84号　邮编：100006）
电　　话：（010）65228880　65244790
网　　址：http://www.tjpress.com
E-mail：zb65244790@vip.163.com
经　　销：全国新华书店
印　　装：三河市龙大印装有限公司

开　　本：170mm×240mm　16开
印　　张：25.25
字　　数：345千字
版　　次：2025年4月第1版
印　　次：2025年4月第1次印刷

书　　号：978-7-5234-1739-3
定　　价：68.00元

目　录

序言　一位民营企业家跨越时空的传奇人生 / 1

前言　高擎诚信和质量的精神火炬 / 5

1　"教科书式"的典型样本 / 5

2　"小龙之道" / 8

3　重新认识诚信和质量 / 10

4　圣贤与企业家精神 / 13

第一章

苦难中走来的乐天派 / 15

1　一碗粉，尝尽人生百味 / 16

2　人不能不回家 / 22

3　"大蛇"蜕变 / 25

4　英勇救人结奇缘 / 30

5　农村能人的"十年" / 33

第二章

创业的代价 / 39

1 一把砖刀闯天下 / 40

2 人生大有用武之地 / 46

3 同甘共苦的幸福 / 52

4 深陷泥潭 / 58

5 绝处逢生 / 62

第三章

诚信为本：在教育界和建筑界一鸣惊人 / 67

1 柳暗花明"樟木村" / 68

2 打破常规的"一颗明珠" / 72

3 砸出来的质量和口碑 / 80

4 捐资助学：百年大计，教育为本 / 89

第四章

敢为天下先 / 99

1 广西第一家私营建筑企业 / 100

2 走出贵港，试水玉林 / 107

3 舞台也是擂台 / 113

4 初具规模的多元化实业集团 / 120

第五章

向房地产进军 / 127

1 "炮轰"招商引资 / 128

2 一条港宝街，造福半座城 / 133

3 草船借箭：盘活五千万贷款 / 140

4 国际生活港：占天占地，宜商宜住 / 146

第六章

盛世名门：打开高品质之门 / 151

1 再造"星河湾" / 152

2 推倒重来，超前设计 / 158

3 精工细作：修合无人见，存心有天知 / 162

4 为有暗香来 / 167

第七章

管理提升，向现代化企业迈进 / 173

1 恰逢其时 / 174

2 一锤定音 / 178

3 循序渐进 / 184

4 任重道远 / 188

第八章

盛世名都，高歌猛进 / 193

1 "赌一把" / 194

2 管理深度成就楼盘高度 / 198

3 自建营销团队 / 204

4 擦亮"金字招牌" / 209

第九章

群雄逐鹿，谁主沉浮？ / 215

1 拿地激战，志在必得 / 216

2 打响品质突围战 / 221

3 "交房就得证"成功试点 / 226

4 抢人大战背后的制度与人心 / 231

第十章

物业成为新的核心竞争力 / 235

1 "我们爱我们的业主" / 236

2 "七心"服务落地与升级 / 240

3 战疫，有速度更有温度 / 244

4 美好生活的推动者 / 251

第十一章

吾园：始于初心，臻于匠心 / 255

1 1500 多个日夜的思量 / 256

2 从"吴园"到"吾园" / 261

3 吾园是"跑"出来的 / 267

4 为贵港留下一张名片 / 276

第十二章

博雅公学：放不下的教育情怀 / 287

1 结缘均优：1+1>2 / 288

2 要做难而正确的事 / 292

3 无论如何，博雅优先 / 297

4 用教育唤醒灵魂 / 302

第十三章

爱国之心、慈善之光、商道之本 / 309

1 善和爱是人生底色 / 310

2 感恩为本，商道为公 / 319

3 光荣与梦想 / 333

第十四章

身体力行树家风 / 341

1 百善孝为先，家和万事兴 / 342

2 立学为先，读书为本 / 347

3 枝叶连根，手足同心 / 360

4 做十说一，重诺守信 / 365

5 崇德向善，道德传家 / 370

第十五章

传承有道，基业长青 / 377

1 探索"第二曲线"，领跑城市未来 / 378

2 传承之道：追求"造钟"而非"报时" / 382

3 唯有文化，生生不息 / 387

致谢 / 394

序　言
一位民营企业家跨越时空的传奇人生

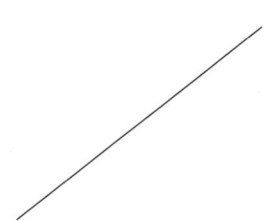

　　人们常说："方向大于方法，思路决定出路。"可是，方向与思路取决于认知，读书是形成方法论、构建认知体系、完成能力跃迁的最佳捷径，而企业家传记是以生命影响生命、以思想引领思想的重要读本。

　　时代风云变幻、功利主义盛行，当巨头接连倒下、首富光环褪色，特别是"佛系""躺平""摆烂"等现象愈演愈烈，青年一代在沸反盈天的争论中陷入失望、迷茫，甚至被现实放逐、任理想泯灭。我们需要在众声喧哗中静心倾听、真心记述、用心传播，如长者语重心长，似挚友忠言逆耳，告诉那些心怀梦想、奋发向上的年轻人，始终保持担当、诚信、勇敢、坚韧、正直、善良，这些品质从来都是实现理想不可或缺的重要因素。我相信，这样的企业家传记不仅关乎一个人、一家企业的历史，也是一个国家、一个时代的缩影。

　　这是我创作本书的初心与使命，也是吴小龙的意愿与要求。1954 年，吴小龙生于贵县（今贵港市），在少年辍学、十年务农中饱经磨难，特别渴望改变命运、出人头地的时代机遇。1978 年，吴小龙"一把砖刀走天下"，后来成立建筑施工队，在教育系统与建筑行业异军突起。1994 年，吴小龙创办贵港市小龙建设工程公司，跻身全国 500 家最大私营企业第 208 位，逐渐发展成初具规模的多元化实业集团。2002 年，吴小龙由建筑商转型为房地产开发商，打造了"盛世十五府"系列品质楼盘，获得房地产行业最高荣誉"广厦奖"等诸多荣誉。2016 年，万达、恒大、碧桂园、融创等房地产巨头逐鹿贵港，小龙集团孤军奋战，最终突出重围、力压群雄。随着房地产行业从增量市场逐步过渡到存量市场，小龙集团发展成为以房地产开发为核心，集建筑施工、商业运营、物业管理、文化旅游、教育等业态于一体的产业化集团，继续在造梦、筑梦、圆梦、再造梦的奋斗循环中与时代同行。

　　时代造就英雄，英雄也成就时代。每一个历史重要年份都是吴小龙成长的关键节点，他的人生轨迹与中国改革开放、经济转型的进程一脉相承，这种巧合绝非偶然，而是信念与智慧使然。吴小龙在动荡变革的年代里倔强成长，在改革开放的浪潮中艰苦创业，在继往开来的新世纪狂飙突进，在跨越发展的新时代创新升级。他始终听从时代召唤，紧扣国家战略，顺应市场趋势，发挥本土企业、民营企业的独特优势，生动诠释了"为国家富强、民族振兴而担当，以社会进步、百姓幸福为己任"的家国情怀和企业家精神，始终奋进在时代前列。如果说，中国房地产行业的转型与发展道路是一阕雄壮激昂的交响乐，吴小龙的故事就是一段扣人心弦的乐章；如果说，中国民营企业在改革开放中的奋斗历程是一条波澜壮阔的河流，吴小龙的故事就是一朵绚丽多彩的浪花。

企业家往往在跟时间和空间博弈，要么用时间换空间，要么用空间换时间，时间与空间共同构成了"时代"。跨越空间不难，超越时间很难；超越自己不难，跨越时代很难。然而，人类群星闪耀，总有人跨越时空、成就传奇。美第奇家族、佛罗伦萨与意大利文艺复兴，张謇、南通与中国现代工业，亨利·福特、底特律与美国现代化……企业家在城市发展中散发出的能量，可以穿越时间与疆域，为历史赋予意义、为未来注入希望。他们以城市为试验场，在"顺势而为"与"逆流而上"的甘苦交织中不断突围、创新、超越，过程中隐藏着无数失落、彷徨、挣扎，更写满了喜悦、幸福、感动。四十年，为更好的贵港，吴小龙一砖一瓦地建设、一点一滴地积累，持之以恒、久久为功。

企业名满天下，吴小龙的荣誉纷至沓来：第五届全国乡镇企业家、优秀中国特色社会主义事业建设者、全国抗洪救灾先进个人、残疾人事业先进个人、广西光彩之星、广西优秀社会主义建设者等。此外，他还在2008年成为北京奥运会百色站火炬手，2009年受邀出席庆祝中华人民共和国成立60周年大会。荣誉背后是吴小龙厚重的人生底色，弘扬传统文化、饱含家乡深情、传递正向能量的故事不胜枚举，或许不够惊天动地，却足以意味深长。

吴小龙的人生经历与商业故事，如同一部跨越70年的现代历史长剧，鲜活丰满、荡气回肠，充满着无尽的光荣与苦难。虽然筚路蓝缕、曲折坎坷，却激情澎湃、催人奋进。吴小龙的传记，是一部勇敢追求理想而坚韧不拔、勇往直前的奋斗史，一部引领行业进步而敢为人先、变革创新的创业史，一部推动城市发展而开拓进取、与时俱进的成长史。

历史评价一位企业家的价值，不在于财富、名望或地位，而是为社会创造了什么、留下了什么。对于吴小龙来说，思考如何在有限时空实现无限价值比追求名利地位更重要。讲述吴小龙与小龙集团的故事，有助于人们从更深入、更宽广的视角理解中国的产业成长、城市发展、经济崛起与社会进步。吴小龙的企业家精神，既包含了诚信和质量、舍得与进退等朴素的哲学思想、文化内涵，也蕴含着尊重市场规律、发展商业文明的理想主义、美好愿景，这才是备受尊敬的传世价值。

前　言
高擎诚信和质量的精神火炬

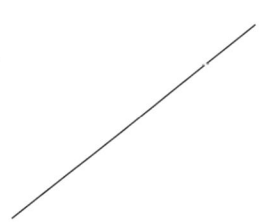

1 "教科书式"的典型样本

中国企业家群体，带着光荣与梦想持续创造辉煌的同时，也在经受商业环境划时代剧变带来的考验：经济全球化逆流涌动、中国经济增速放缓、市场需求不足、生产要素成本上升……无论是传统行业的领跑者还是新兴产业的开拓者，无论是世界500强巨头还是区域龙头、"隐形冠军"，都必须共同面对"百年未有之大变局"带来的机遇与挑战。时代呼唤答案，历史鉴往知来。我们努力寻找"教科书式"的企业案例，为商业世界提供新思路、新方案、新动力。

我们需要华为、联想、海尔、比亚迪等高歌猛进的国际化巨头，提升中国品牌的全球影响力；我们也需要腾讯、阿里巴巴、字节跳动、美团等互联网先锋，以科技创新引领产业变革；我们更需要成千上万个小龙集团这种出身平凡却干出不平凡成就的公司，聚焦区域、专注实业、基业长青。实际上，在大多数三、四线城市甚至更下沉的市场，都有本土企业笑傲江湖、长盛不衰的身影，它们的生存环境、成长模式、变革路径、商业策略、文化基因等更能代表中国民营企业的根本特征，样本意义甚至超过那些盛极一时的商业巨鳄。

时过境迁，今非昔比。随着房地产市场盛极而衰、辉煌不再，特别是债务暴雷频发、英雄神话破灭，人们不再相信大者恒大、强者恒强的"铁律"，甚至质疑几十年来房地产行业在改善人居条件、促进城市发展、推动社会进步等方面的突出贡献。于是，当朋友们听说我在写一家房地产企业家传记时，认为产业传统、区域单一、规模不大、名气有限，纷纷劝告价值不大、吃力不讨好。

然而，从一个极端走向另一个极端，恰恰是远离真相、拒绝进步的开始。我国经济已经进入由高速增长转向高质量发展的新阶段，在未来很长一段时间，房地产行业在满足百姓美好生活需要、推进城市可持续发展中，仍将承担重要使命和责任。加快构建房地产发展新模式，建设适应市场期待的"好房子"，提供更好的人居品质、生活服务，既是小龙集团面临的巨大机遇，也是严峻挑战。

事实上，各行业、企业都面临技术革命性突破、生产要素创新性配置、产业深度转型升级带来的前所未有的考验，这正是本书的创作价值所在。小龙集团的意义并不在于绝无仅有，而是普适性、参考性，它是中国传统产业上下求索、转型升级的一个典型样本，是中国民营企业穿越40年周期、韧性生长的一部经典案例，是中华优秀传统文化在商业实践、市场竞争中的一种价值体现。

正道艰难，敢于卓越。如何聚焦一座城市实现多元化经营？如何在四、五线城市历经40年长盛不衰？如何在全国性巨头围剿中大获全胜？如何在政策调整、行业危机中走出困境？如何顺利交接班、完成家族传承……

许多经营管理困惑,都能从小龙集团的发展历程中得到解答。

郁江长流,传奇永恒。如何在时代变局与家庭变故中坚强成长?如何在白手起家创业成功?如何将奇思妙想变成商业模式、竞争优势?如何把握义与利、情与理、成与败的辩证关系?如何平衡事业与家庭、企业与社会的责任关系……许多人生成长难题,吴小龙都用亲身体会给出了答案。

这部传记的创作视野与现实价值早已超出吴小龙本人与小龙集团,我试图以改革开放、社会变迁的大历史观为对照,以吴小龙为样本,真实呈现企业家群体如何在改革开放的浩荡征途上爱国敬业、守法经营、创业创新、回报社会,他们是矢志不渝的追梦者、迎难而上的挑战者、永不止步的攀登者。当然,我也希望读者能够围绕吴小龙的成长经历同步思考,从以下四个方面找到解答:

第一,吴小龙如何在人生道路上抓住机会,在每一个关键时刻做出最佳选择?

第二,吴小龙如何洞察商业秘密?如何在机会与陷阱、成功与挫折交替往复中保持初心?

第三,小龙集团的核心竞争力是什么?吴小龙的成功方法到底能不能学习、复制?

第四,小龙集团基业长青的文化基因是什么?今后应该如何传承发展?

正所谓"仁者见仁,智者见智",这些问题没有标准答案。每个人的社会阅历、知识结构、价值取向都不同,甚至同一个人在不同年龄阶段、不同人生境况中的感悟也不一样,难免不会得出互相矛盾的结论。我试着从企业经营与个人发展两个层面,给出几个值得重视的关键词。

2 "小龙之道"

在 40 多年的商业实践与探索中，小龙集团形成了独具特色的经营管理方法论——"小龙之道"，把握发展节奏和运行规律，主要包含以下四个方面：

第一，把握战略与商机。吴小龙擅长从消费需求、产业趋势、城市发展、国家政策四个维度谋划战略，对于商业机遇具有超出常人的敏锐嗅觉，而且敢于冒险。从跟随潮流、被动变革到赶在政策变化、行业变局到来之前引领趋势，他在求新求变中不断与时俱进。

第二，聚焦主业与主场。吴小龙专注实业，聚焦主业，无论市场如何风云变幻，一直深耕房地产行业不动摇，而且扎根贵港主场，不盲目进行产业多元、跨区域扩张。他早年间投资塑胶、塑料型材等领域，近几年投资物业、教育、文旅等产业，都是围绕增强房地产主业竞争力开展的有益探索。

第三，树立品牌与信誉。小龙集团以"创造品质生活，提升城市形象"为使命，在产业发展、实力提升的过程中，积极承担社会责任，始终在员工、业主、政府、公众心中不断增强美誉度和公信力。从吴小龙到高管、员工，都很关注社会各界对企业的评价，自觉用实际行动维护公司的品牌与信誉。

第四，重视团队与文化。吴小龙善于凝聚团队、培养人才，无论创业元老、亲友还是年轻高管、员工，他唯才是用、敢于用人，宁可牺牲亲情也不违背原则。他重视组织、制度、流程的规范化打造，通过企业文化凝聚人心，强化团队执行力，以业绩、结果为导向选贤任能。

"小龙之道"是大多数企业成功的公开秘密，也是经营管理的普遍真理。经师易求，人师难得。"小龙之道"背后的企业家精神，才是探寻吴小龙为人处世的"金钥匙"，他的精神品质，主要表现在五个方面：

实干进取。世界上没有不经过埋头苦干就轻易获得的成功，从天而降的幸福和财富不会长久。吴小龙出身农村，勤奋肯干，朴实无华，他从不高调、张扬，始终鼓励员工围绕目标踏实做好分内工作，身先士卒带领团队拼搏进取。

持续创新。对于一家企业而言，最大的隐患莫过于创新精神的衰退与消亡。然而，创新不是天才的灵感闪烁，而是企业家日积月累的结果。吴小龙喜欢求新求变、独辟蹊径，既追求做与众不同的事，又擅长以与众不同的方法做事。

坚韧不拔。企业家长期乐观，否则不会创业；但是短期悲观，居安思危。"流水不争先，争的是滔滔不绝。"吴小龙对于认定的理想、信念、法则永不言弃、坚持到底，他在大是大非、成败得失面前所展现的韧劲与耐力，非常人所能及。

自律自省。做出重要决策时，吴小龙通常会考虑是否妥当、是否公平、是否和谐，如果发现缺失就立刻叫停、纠错。他闻过则喜，善于反思自己、否定自己、改变自己，形成了一套自我管理的工作方法和同甘共苦的领导作风。

善于平衡。吴小龙洞察人心、深谙人性，凡事主张以和为贵，经常与竞争对手、昔日对头化敌为友、合作共赢。他懂得如何在进与退、快与慢、舍与得之间把握平衡，以朴素的辩证法思维稳健发展。

吴小龙以"小龙之道"告诉人们：一个人只要相信社会进步，顺应时代变革，坚守初心与使命，志存高远，脚踏实地，在不断变化的时代浪潮中尊重商业本质、顺应市场规律、勇于变革创新，就能实现遥不可及的梦想，拥有值得尊敬的地位。用奋斗重新定义自我、成就自我、超越自我，这是吴小龙的精神内核，也是中国企业家共同的动力源泉。

3 重新认识诚信和质量

法国哲学家萨特有句名言："世上有两样东西是亘古不变的，一是高悬在我们头顶上的日月星辰，一是深藏在每个人心底的高贵信仰。"在吴小龙心中，也有两样东西亘古不变——诚信和质量，"诚信和质量是人民大众千古认可、永远不变的真理。"

可以说，诚信和质量既是吴小龙的人生底色，也是小龙集团的文化内核，更是本书贯穿始终的思想主线。正如吴小龙在题为《坚定理想 接力奋斗》的董事长致辞中所总结的那样，艰苦创业时期，质量是小龙集团逆境成长的奋斗底色；发展壮大时期，品牌是小龙集团脱颖而出的奋斗法宝；转型升级时期，创新是小龙集团厚积薄发的奋斗源泉。迈入 21 世纪，无论市场风云变幻，日新月异，诚信和质量始终是小龙集团发展的奋斗主旋律。从产品到服务，从团队到文化，从企业到家庭，字里行间关于诚信和质量的故事、理念俯拾皆是，小龙集团"至精至诚，创新永恒"的愿景绝不是一句口号，而是由内到外、自上而下的长期追求。

质量既关乎消费者的生命，也关乎企业的生命，代表着一家企业的技术水平、生产水平、管理水平和文化水平。创业之初，吴小龙秉持"质量是企业生命，用心建好每一栋楼"的理念，摒弃利润至上、唯利是图的思想，脚踏实地提升产品和服务质量。从一支社办建筑队发展成为广西仅有的几家具备房地产开发及建筑工程施工总承包"双壹级"资质企业之一，在于小龙集团始终坚持质量第一的核心价值观、建立健全质量管理体系，企业标准高于行业标准甚至国家标准。唯有以优质产品与服务满足消费者对美好生活的需要，小龙集团才能基业长青。

诚信即诚实守信、履约践诺，既是做人立身之本，也是成事立业之基。市场经济本质上是信用经济，诚信是市场经济的灵魂，也是企业的重要竞争力。吴小龙注重传承中华民族世代信奉的道德修养与行为规范，大力弘扬诚信文化、积极推进诚信建设，在企业内部倡导诚信文化，员工之间真实无欺、重诺守信，既降低沟通成本，又增强团队合力，自然形成强大竞争力；对外部客户、合作伙伴、社会公众讲诚信，有益于降低交易成本、防控交易风险，获得更多商业机会与资源支持，用诚信赢得市场和消费者的认可。

诚信和质量，二者相辅相成、密不可分。诚信是企业的道德底线，也是发展的价值杠杆；质量是企业的生存基石，也是创新的动力源泉。没有诚信，企业寸步难行；没有质量，企业必将灭亡。企业之间的竞争既是诚信之争，也是质量之争，质量的提升意味着诚信的彰显与弘扬，品牌价值、经营效益随之水涨船高。可以说，诚信即质量，讲诚信就要讲质量，讲诚信必须讲质量，将诚信和质量作为企业文化，就是要说我所做、做我所说，言行一致、知行合一。

《周易》有云："天行健，君子以自强不息；地势坤，君子以厚德载物。"自强不息、厚德载物是支撑中华民族几千年来奋勇前行的强大精神力量。对于个人而言，终其一生，我们都在处理两种关系：第一种是人与自我的关系，要相信自强不息。我们每天都要与自己和解，才会在满怀期待中迎接新的一天到来。然而，人生苦多乐少，和解不易，总有意难平，唯有自立自强、积极主动，才能赢得尊重与信任；第二种是人与社会的关系，包括与亲友、同事、客户等社会关系，也包括与自然、宇宙万物的关系，要相信厚德载物。道德修养是为人处世的通行证，人品深度决定了事业高度，君子应该像大地那样广博宽厚、容纳万物。

如果以"自强不息、厚德载物"的思想重新认识诚信和质量，可以得出这样的推论：质量关乎企业与自我的关系，诚信关照企业与社会的关系；质量是自强不息，诚信是厚德载物；只有内求于质量，才能外化于诚信；只有以质量求生存，方可以诚信赢天下。

吴小龙坚信诚信和质量是亘古不变的真理，源于参透了"诚信和质量"与"自强不息、厚德载物"的内在逻辑关系，并且进一步提出："诚信属于做人的范畴。做人包括善待员工、孝顺父母、乐于助人、见义勇为等，诚信只是其中的一个方面。质量属于做事的范畴，做事有很多要求、标准、方法、境界，质量只是很小的一部分。先做人、后做事，学会做人、才能做事，所以我习惯用'诚信和质量'来表达。"他补充道："其实，诚信和质量都非常重要，互相依存、互相印证。"如果沿着吴小龙的人生长路回望，你会发现，诚信和质量，就是他的左脚和右脚，一路走来都是坚实而稳健的足迹，连缀成"自强不息、厚德载物"的精神图景。

尽管诚信和质量的理念遍地开花，但现实社会中违背这两条做人与做事原则的现象屡见不鲜，我们仍需重新认识、传承发扬这一对精神瑰宝。寻找、书写、传播小龙集团这类坚守诚信和质量的优秀企业，特别是在加快发展新质生产力的背景下，需要重新理解包括企业与自我、企业与社会在内的与新质生产力相适应的生产关系，不断为诚信和质量注入新的内涵与价值。

4 圣贤与企业家精神

二十多岁刚入行从事财经写作的时候，我经常向高人请教："怎样成为一流的人？"答案是"做一流的事"。再问："什么是一流的事？怎么做一流的事？"答案是："跟一流的人一起做事，任何事都能做成一流"。这个问题又回到了"什么样的人是一流的人"，答案需要自己找。

我的家乡有句童谣："竹子长大做扁担，我长大了做屋梁。"小时候觉得成为栋梁之材是一流的人，后来知道这是科举制度下求取功名、为官任事的基本追求，虽说志存高远，但难配一流。后来读王阳明传记，看到他12岁就确立"读书做圣人"为"人生第一等事"的志向，才明白一流指的是"圣贤"。

长期从事企业研究、企业传记写作的缘故，让我有机会经常与著名企业家、世界五百强企业打交道，确实有一种"跟一流的人一起做事"的成就感，他们毋庸置疑是一流的人。阅历渐长、思虑日深，我发现有些位居五百强、富豪榜上的企业家，未必称得上"圣贤"，反而那些朴实无华、寂寂无闻的企业家，圣贤"含量"更高。此后，我改变了衡量"一流"的标准，并得出结论：穷则兼济天下可谓"圣"，达则独善其身可谓"贤"，达到"功成不必在我，功成必定有我"的"无我之境"可谓"圣贤"。当我以新的圣贤标准观察中国企业家群体，发现这面镜子用起来屡试不爽，许多无法解释、难以捉摸的乱象也可一眼洞穿。

吴小龙用一辈子活出了好几辈子的精彩，在世事变迁中领略过功成名就的喜悦，也遭遇过命不由人的悲凉。贫苦交加的少年成长期，他总是乐于助人、英勇救人，甚至不惜牺牲自我利益以获得别人的尊重与认可；举步维艰的创业艰难期，他积极投身公益事业、改变家乡教育面貌，以诚信和质量引领建筑业、房地产业蓬勃发展。这些行为，符合"穷则兼济天下"。无论是作为贵港地产龙头、广西行业翘楚，还是战胜全国性地产巨头之后"剩者为王"，他都没有被"高周转、快扩张"的潮流所裹挟；2016年以后，他急流勇退，将事业传承给儿子吴玉经与职业经理人团队。这些举动，符合"达则独善其身"。淡出小龙集团经营管理事务以后，他将全部精力先后投入到吾园、博雅公学的建设与发展中，这两件事情都是功在当代、利在千秋的崇高创举，哪一件都充满艰难险阻，非"无我"难以成功。人生是一场修行，吴小龙无意自诩圣贤，却在这条修行路上走了很远。

圣贤难做，但今天人们衡量企业家精神的标准——爱国敬业、勇于创新、诚信守法、回报社会、放眼世界，既要求独善其身，也希望兼济天下，可视其为向圣贤致敬、学习的成长路径。关于吴小龙的企业家精神，书中"爱国之心、慈善之光、商道之本""身体力行树家风""传承有道，基业长青"等篇章皆有叙述，读起来充满智慧和力量。

孔子曰："不义而富且贵，于我如浮云。"许多人富而不贵、难匹圣贤，往往达到了企业家精神的绝大部分要求，却输在了只做自己得益而非世人得益的事，将权力、财富作为衡量成功的标准与生命的价值，最终误入歧途、毁誉傍身。企业家要像一滴水一样，与时代召唤相符、与百姓需求相融，才会永不干涸、奔腾不息。希望吴小龙的精神与智慧如一盏灯、一把火，给你带来思想与激情，在奋斗之路上昂首前行。

这是一段漫长的故事，我将从吴小龙的出生开始起笔，但愿你有耐心一直读下去。

第一章
苦难中走来的乐天派

　　长期被冷落孤立，吴小龙特别渴望得到别人的认可与理解，他愿意倾尽全力换来别人短暂的善待与美意，哪怕冒着生命风险。热忱、善良是吴小龙与世界相处的方式，也是自我保护的盔甲，他在人情冷暖中以见义勇为挽回价值与尊严，乐此不疲、步履不停。

1 一碗粉，尝尽人生百味

初夏午后，一只误闯飞进吴小龙办公室的小鸟，正惊恐地扑棱着翅膀，不断地冲撞落地窗。窗外风光清幽隽秀，怪石嶙峋，青树翠蔓，小鸟渴望到自由天地展翅高飞。"扑通""扑通"……小鸟一次次发起突围，弱小的身体反复冲击冰冷的玻璃，然后跌落在窗沿。但它不顾疼痛，旋即发起新一轮冲击，执着而顽强。

吴小龙快步走到窗前，眼神里流淌着慈悲，双手敏捷地向前一扑，温柔地将小鸟笼捧于掌间，仿佛捧着那个曾经失落无助的少年。他转身走出玻璃门外，手掌打开时喃喃说道："噢，飞吧！"

望着小鸟奋翅鼓翼飞向广袤天地，吴小龙的思绪被拉到遥远的少年时代。在人生的最初阶段，他就像一只可怜柔弱的小鸟，困顿在一方局促天地中惶惶不可终日，一次次用尽全身力气向命运这块看不见的透明玻璃发起冲击，却又一次次撞得头破血流、走投无路。他比任何人更渴望天高任鸟飞的世界，身份歧视、差别对待如同一把闪着寒光的快刀，妄图恶狠狠地斩断他关于未来的所有梦想与希望。唯有不屈从苦难、不服从命运，才能突围成功，获得无限可能。

关于苦难回忆的起点，还要从一碗喷香美味的烧鸭粉说起。那是1958年一个炎热的六月天，父亲吴俊荣带着4岁的吴小龙出门。父亲平时十分健谈，但那天却脸色苍白、沉默无言，他的脚步异常沉重，看上去忧心忡忡。吴小龙不知道父亲要带他去哪里，但能跟着父亲出门总归是件快乐的事。

路过粉摊的时候，吴小龙不由自主地放慢了脚步。粉摊不大，几个油亮的钩子挂着烧鸭、叉烧等美食，案板上整齐地码放着头菜、辣椒等调料。空气中弥漫的肉香味道馋得他走不动道，眼睛直勾勾地盯着粉摊，不争气地直咽口水，他已经想不起上一次吃粉是什么时候了。

"阿龙，想吃粉吗？"看着儿子渴望的表情，父亲停下脚步唤道。

吴小龙点点头，又摇摇头。他从小就勤俭节省，吃一碗粉对于贫苦家庭来说实在人奢侈了。令他喜出望外的是，父亲竟然真的给他买了一碗粉，还是一碗烧鸭粉！父亲看着儿子心满意足吃着粉，眼里的疼爱、不舍、无奈、痛苦逐渐氤氲成一团雾气。吴小龙怎么也不会想到，这碗粉竟是父亲临行前对儿子无言的道别。

这一天，父亲离开了吴家世代生活的大圩镇[1]，只身前往樟木煤

---

［1］大圩在明代称平码，清代称大圩，设团局。民国年间设大圩公所，解放后设大圩乡，1958年10月改为大圩人民公社，1984年撤社改镇。

矿[1]，踏上劳改之路。这一年，吴俊荣经历了一场无妄之灾，起因源于一张他在广州新闻学院上学期间拍摄的照片——吴俊荣身穿一套中山装式的黑色军训服，戴着一顶以徽章与皮圈装饰的帽子，风华正茂、意气风发。没想到，照片背后隐藏着盛衰沉浮，吴俊荣被扣上了"右派分子"的帽子。

对年幼的吴小龙来说，一切发生得猝不及防。就在前一天，吴家还是大圩镇上众人称赞的积善之家，岂料一夕之间天翻地覆。

祖父吴仕义本是读书人，颇具商业头脑，利用吴家临街的优势开了一间商铺，平日里做些小生意，生活虽不富贵，却也平稳安乐。祖父踏实本分，娶了大圩镇北邻的中里乡银村人臧氏为妻，生下二男一女。长子俊明、次子俊荣寓意读书明理、显祖荣宗，两个儿子十分争气，读书成绩名列前茅；女儿锦英，名字里充满疼爱与祝福：繁花似锦、英气勃发，正如名字一样，她从小体贴懂事，十分能干。

吴俊荣性格外向、聪慧过人，从小就对数字十分敏感，从大圩小学读到贵县中学，1939 年以优异成绩考入桂林德智中学[2]，开始背井离乡的求学之路。德智中学来头不小，由新桂系的代表人物李宗仁、白崇禧提议设立，由李宗仁之妻郭德洁女士创建，办学条件、教学质量和师资力量堪称一流，能考入德智中学的学生可谓凤毛麟角。1942 年从德智中学毕业后，吴俊荣收到广州新闻学院的录取通知书，成为大圩镇屈指可数的大学生。在那战火纷飞的年代，供子女读书并非易事。祖父卖牛、卖地，几乎掏光一生积蓄，吴俊明主动放弃学业，留在家中帮助父母耕种，弟弟吴俊荣才得以继续求学。

时局混乱、民生凋敝，就读新闻专业的吴俊荣渴望以笔为剑，挥斥方遒，书写出炎黄子孙的不甘与奋发。然而，并不是每一颗理想主义的种子

---

[1] 樟木煤矿为 1958 年贵县大办钢铁时兴办的第一座煤矿，属国营企业。

[2] 桂林德智中学至解放后与桂林一中合并，共培养学生约两千人。

都能在战火中落地生根，日本侵略者的铁蹄肆意践踏着古老的五羊城，生灵涂炭、百业凋敝，学校被迫停课，遣散学生。读了两年大学，吴俊荣不得不肄业归家。

1944 年，吴俊荣回乡成为大圩小学的一名教师，站上三尺讲台，从此桃李天下。虽然未能完成大学学业，但作为学校唯一具有大学文化水平的老师，吴俊荣很快凭借出色的工作能力脱颖而出。他讲课风趣易懂，学识气度不凡，对语文、算术、地理、历史等课程[1]的授业解惑信手拈来，深受师生和家长敬重。

躬耕三尺讲台，吴俊荣始终心系家国。抗战期间，他积极参加地下党的抗日活动；解放战争时期，他全力支援全县的解放运动。吴小龙记得，父亲多次提起 1949 年夏天的那段经历，自豪之情溢于言表。当时，梁寂溪[2]、潘荻风[3]领导的粤桂边纵队贵县独立营正在山东乡留村[4]一带围歼国民党匪兵。潘荻风是吴俊荣在贵县中学读书时的同班好友，有感于家国大义，吴俊荣积极到各地筹集粮草，运往前线支援战争。每每忆起父亲，吴小龙言语间都充满崇敬之情："父亲不只教我做人的道理和在社会闯荡的处世之道，更教我对社会的责任与担当。他一直都是一个有家国情怀、思想超前、热心参加社会事务的知识分子。"

---

[1] 1934 年（民国 23 年）起，贵县推行国民基础教育，小学开设国语、算术、自然、社会等课程。1945 年将社会课分设为历史、地理等单科。1950 年改"国语"为"语文"，1963 年改"算术"为"数学"。

[2] 梁寂溪：贵城镇青云村人，1936 年 1 月加入中国共产党。1949 年 11 月任中国人民解放军粤桂边纵队第 8 支队新二十三团政委。12 月率新二十三团 800 名战士，配合南下中国人民解放军解放贵县城，首任贵县人民政府县长。（来源于《贵港志》）

[3] 潘荻风：贵港市覃塘区黄练镇居仕村人，时任新二十三团团长。

[4] 山东乡为贵县解放前县辖的 50 个乡镇之一，留村为其下辖的行政村。

　　1955 年春，大圩区政府[1]拟创办大圩民族中学，任命吴俊荣负责筹办。经由贵县人民政府批准，吴俊荣成为大圩民族中学的领导之一，既要负责招生、招聘教师等管理事务，又要负责语文课的教学事务，还要在大圩民族中学设立的三个办学点之间奔忙，检查教学情况，年复一年，风雨无阻。

1957 年 10 月 10 日，贵县扫盲积极分子大圩区代表合影，后排右二为吴俊荣

　　吴家日子过得虽不富裕，却格外有滋有味。吴俊荣积极热心，镇上的红白喜事主持都少不了他的身影；妻子黄兰馨知书达理，把家里打理得井

───────────────
[1] 1950 年 5 月，经贵县人民政府核定，设 16 个区，区下辖乡，1953 年成立第十七区。其中第八区区政府设在大圩，辖大圩、东源、东山。

井有条。两人感情很好，先后生下四个孩子，一家人平安喜乐。吴小龙生于1954年，排行老三，上面有一个哥哥、一个姐姐，下面还有一个弟弟。生在这样的家庭，吴小龙本该与幸福快乐相伴，然而，美好安宁的生活却自4岁那碗粉之后戛然而止。

吴俊荣就这样仓皇离家，被遣送到80公里外的樟木煤矿改造。几十年后回忆起这段经历，吴小龙依旧忍不住长叹："我母亲一个人带着4个孩子，她太苦了！"

吴俊荣无辜蒙冤离开后就少有消息传回，直到有一天，黄兰馨听说他由于过度劳累、缺少营养而患上重病，当场急得直掉眼泪。黄兰馨是大家闺秀，向来脸皮薄，这一次为了给丈夫救命四处求人借粮食，终于东拼西凑借到5斤黄豆，急忙赶到樟木煤矿去探望。

见到吴俊荣时，他已经瘦弱得下不来床。黄兰馨赶紧打开随身的布袋，拿出一点黄豆煮熟，勉强喂他吃下，一点点补充营养、调理身体。在她的悉心照料下，丈夫的身体逐渐好转。黄兰馨不敢逗留，家里几个孩子还等着她照顾，只好匆匆离开。吴俊荣的处境并没有得到改善，拖着还未痊愈的身体再次下矿劳作。

历史的车轮滚滚向前，吴俊荣终于得以平反并重回大圩小学教书，已是1981年了。他被评为高级教师职称，没过几年就光荣退休了。然而，从1958年被"打倒"到1981年洗清冤屈，吴家人23年所遭受的艰辛磨难、屈辱坎坷，非亲历者无法感同身受。时代的一阵风，吹到个人身上就是一场凄风苦雨，吴家父子两代人在风雨飘摇中沉浮挣扎。回想起父亲蒙冤、遽然离别的那一天，年近古稀的吴小龙一度情难自抑到痛哭流涕，既怜惜父亲一生饱经风霜、命途多舛，又何尝不是在感伤自己少年所承受的苦难与辛酸。

对吴小龙而言，一碗粉令他一夕长大，他要用尽余生来品尝其中的人生百味。

2 人不能不回家

直到现在，吴小龙还是时常想起母亲在夜幕下的呼唤："阿龙……阿龙……"如同永不消逝的电波，一直在他的灵魂深处回响。

吴俊荣被送到樟木煤矿改造后，家中顿时失去主心骨，黄兰馨别无选择，孱弱的肩膀挑起生活重担，每天早出晚归下地干活。天刚蒙蒙亮，她喝过两碗玉米粥就出门，走到离家三四公里外的旱地劳作，直到晚上才能回家。一锅玉米粥就是一家五口人一天的饭食。由于女人和孩子算不上主要劳动力，分口粮时吴家得不到多少，日子过得特别拮据。

上世纪六十年代，中央提倡"大办农业、大办粮食"[1]，号召"坚决从各方面挤出一切可能挤出的劳动力，充实农业战线"。黄兰馨只有下雨天不用上工，每个月至少要出工26天，挑担、插秧、割草、浇粪……每天起早贪黑、片刻不歇，挣满10个工分[2]，才能拿到一天3毛钱的工资。

黄兰馨原本并不擅长农活，她自小家境殷实，新中国成立前是从广西省立高中毕业的新青年，跟着一名加拿大修女习得满口流利的英语，吴小

---

[1] 新中国成立初期，"大办农业、大办粮食"是中央一贯坚持的方针政策。1960年，中共中央发布《关于全党动手，大办农业，大办粮食的指示》，要坚决从各方面挤出一切可能挤出的劳动力，充实农业战线。

[2] 工分评分一般用劳动日作为社员投入劳动的计量单位，一个劳动日表明一个中等劳动力一天完成的劳动量。一个劳动日再分为10个工分。工分根据劳动时的表现，由队长提议、农民相互间表态进行打分。

龙非常佩服，"后来我的几个孩子去英国、澳大利亚留学，回来的时候说英语，我母亲都还可以矫正他们的口语哩。"迫于生活，黄兰馨必须用拿惯了书卷的手握紧锄头，在田野里耕耘生活的希望，她谨慎内敛的脾气比以往更加小心翼翼，用隐忍而深厚的母爱为孩子遮风挡雨。

苦难中开出坚韧之花，母爱中孕育厚德之家。受母亲影响，吴小龙少说多干、勤奋努力，一年到头都在教室和田野间奔忙，帮助母亲减轻负担。小学一年级时，吴小龙每天凌晨五点就要努力睁开写满倦意的双眼独自出门，在黑夜和黎明之间走几公里路，只有比别人起得更早、走得更远，才能捡到更多的猪粪。作为农家肥，猪粪每100斤值8工分，牛粪只有3工分，猪粪自然更受欢迎。吴小龙聪明好学、动手能力极强，捡猪粪的夹子和装猪粪的筐子都是他亲手做的，旁观大人做几遍，他就砍来竹子、劈成篾条编成工具，虽然简陋但特别实用，捡猪粪时简直如虎添翼。他必须在七点前拾完猪粪，赶在预备钟响之前到学校上课。

由于家境贫寒，吴小龙没有一件像样的衣服，也没有鞋穿，光脚踩在满是石子和土砾的路上，在路边的草丛、垃圾中四下翻找。一个寒风凛冽的清晨，急于捡猪粪的吴小龙在垃圾堆里到处探寻，稍不留神，一枚两寸长的铁钉直直地扎进了脚板心，毫不留情地扎穿脚背，露出小手指那么长的一截带着血迹的钉子。他咬牙将铁钉从脚底撕扯下来，伤口顿时血流如注，瞬间袭来的剧痛疼得他龇牙咧嘴。受伤的吴小龙没有急着赶回家，而是忍痛拾完猪粪，然后一瘸一拐地往家走。

殷红的血滴了一路，吴小龙到家后感到疼痛难忍，整整在床上躺了三天无法下地。那是吴小龙青少年时期最幸福的三天，他恨不得时间能过得慢一些，他破天荒地不用早起干活，平日忙碌的母亲也停下来关心他的健康，"我母亲掰了玉米，拿到床上给我吃，我感到人生真的太幸福了！"

父亲不在身边的那段日子里，母爱给了吴小龙莫大的慰藉与快乐，让他感受到"妈在，家就在；有妈，就有家"的幸福。他对这份来之不易的温暖倍加珍惜，甚至为了不让母亲伤心难过而干过"傻事"。

四年级入学报名那天，黄兰馨天刚亮就舀起玉米粥喝了几口，扛起农具准备出门做工，临走时给了吴小龙 5 元钱，这是新学期的学费。吴小龙听话地将钱揣进上衣口袋，能够继续学业令他心情愉悦，反正不急着赶到学校上课，他在路上贪玩起来，在山野间奔跑嬉闹。走到学校门口，吴小龙下意识地将手伸进口袋，却什么也没摸到。他低头一看，顿时傻眼，这件破旧的上衣早已洗到发白，四方形的口袋破裂成了一个开着大口的三角形，钱早就漏出去了。

吴小龙顿时吓出了一身冷汗！"完了！钱没了！"他赶紧沿着来时的路仔细查找，低着头来回寻觅，不放过任何一个角落。天色渐黑，吴小龙仍一无所获，他就这样在路上反复徘徊。不敢离家太远，因为没有地方可去；也不敢离家太近，既无法面对母亲，更不能编造谎言逃避责罚。

黄兰馨放工后发现儿子不见了，立刻拖着疲惫的身躯冲出家门。她上半身往前倾，努力地带动着双脚在地上半拖半走，却怎么都走不快。她焦急地边走边喊："阿龙……阿龙……"，逢人便问有没有看到她的孩子，回应都令人失望。

其实，吴小龙就躲在离家不远的地方，看着母亲一瘸一拐的样子，听着声嘶力竭的呼喊，他却不敢上前回应，也不敢暗自离开，只好悄悄跟在母亲身后。夜色越来越暗，群山被黑沉沉的夜笼罩着，像困兽的脊梁，萧瑟的秋风灌进了吴小龙的胸口。他又饿又怕，想起了以前锅里十几块带着油脂香味的猪肉，家里好像快一年没有尝到肉味了。吴小龙越来越清醒地意识到：犯了大错，闯了大祸。等他回过神来，母亲干瘦的身影已经消失在无尽的夜色中。

吴小龙不敢回家，又无处可去，只好往学校走去。小学掩映在一片坟地里,夜色中山影朦胧,坟包座座,流传的鬼怪谈在风声和树影中陡然具象。吴小龙不敢回头多看一眼,朝着学校一路狂奔,冲进教室,躺在书桌上睡了一夜。

那天晚上,吴小龙在教室捱了一夜,母亲在家中哭了一夜。

第二天清晨,吴小龙早早爬起来,怀着忐忑不安的心情往家走去。路上,他碰见一位驼背伯娘,一把抓住他的手责问:"阿龙,你昨晚去了哪里?你妈妈哭了一晚上。"

吴小龙这才意识到,自己彻夜未归令母亲伤心欲绝、彻夜未眠,这是多大的伤害?他赶紧加快回家的脚步,在惶恐中等待母亲的责骂和批评。

就算没有找回儿子,黄兰馨那天依然天不亮就出门干活,直到晚上才拖着疲惫的身体回到家中。看到吴小龙的那一刻,母亲的泪水夺眶而出,她并没有责怪不懂事的儿子,只是语重情深地说:"钱没了可以想办法,人不能不回家。"

这句话从此深深印了吴小龙心中。母亲是苦难岁月里最温柔的所在,她让吴小龙知道了犯错也好、失败也罢,无论如何,这个世界上永远有一道温柔的目光不离不弃。人永远比钱重要,家是一个人永远的归宿。

3 "大蛇"蜕变

世态炎凉的社会,动辄得咎的处境,让吴小龙在少年时代承受了太多的歧视与偏见。

家庭成分不好,吴小龙在学校有一个深深刺痛心灵的绰号"吴大蛇"——一个充满阶级斗争意味的名号。"牛鬼蛇神"泛指敌对势力,是要被社会群起而攻之的反动分子。"文革"期间，吴小龙家门口左上方挂着一块长 60 厘米、宽 40 厘米的木板，上面写着"反革命分子吴俊荣"，这几个大字如同鬼魅般在吴小龙的身后挥之不去，整整一个学期，班上同学都以此取笑他。

除了"吴大蛇"外，同学们对吴小龙还有另外一个称呼——"地主仔"。一年级的一天下午，吴小龙刚进教室就被班主任喝止住，有同学举报他偷偷跑去游泳。出于安全考虑，学校严令禁止学生下水游泳。

面对老师的责问，吴小龙语气坚决："我没去游泳！"

老师语气愈发严厉，希望他能够诚实回答。却没想到，吴小龙十分倔强，一口咬定"就是没去"。

和"地主仔"的解释相比，老师更愿意相信同学的举报，他的批评原本出于为学生安全考虑的好意，看到吴小龙毫无悔改之意，便把他拎到讲台上，又用粉笔在地上画了一对脚印，吴小龙的双脚勉强站得进去。老师罚他站在脚印里，不能走出圈，吴小龙宁愿憋着尿站一下午也决不改口。他诚实又倔强，就算被体罚也不承认没有做过的事情，即使他清楚认错受到的惩罚要轻得多。

在人们的有色眼镜下，吴小龙做什么都是错的，比如绘画。升到三年级，吴小龙的绘画天赋逐渐显露。那时候他痴迷连环画，尤其对一本名叫《蝴蝶杯》的戏曲画册爱不释手。

《蝴蝶杯》的故事曲折离奇，明代知县之子田玉川好打抱不平，因打死恶人而遭其父派兵追缉，后又在危难之际搭救恶人之父，最终善有善报。吴小龙十分喜欢主角田玉川，他也好打抱不平，相信善恶有报，因此看得津津有味。阅读次数多了，吴小龙开始对照画册临摹那些热血沸腾的惩恶场景，他笔下的田玉川栩栩如生，无论走到哪个方向看都觉得画中人正在看着自己。

一天上课，老师无意间看到了吴小龙的画作，画中的青衣纱帽让他大为吃惊，便厉声说道："有人上课不认真听课，净画一些帝王将相！"

同学们循着老师的目光，齐刷刷地盯着脸色涨红的吴小龙。紧接着老师又说道："什么阶级说什么话，什么藤结什么瓜。"

当爱好被别人与家庭出身和阶级斗争联系在一起，吴小龙感到十分不安。于是收起画笔，将绘画的天赋深埋心底。艺术的萌芽虽被扼杀，但天赋的土壤仍旧丰饶，多年以后，吴小龙"老夫聊发少年狂"，重新捡起书法绘画的爱好，提笔作画时，笔下的人物依旧生动传神，威风凛凛。

尽管不被信任、不被理解，受到冷嘲热讽，但吴小龙并未消沉堕落，反而越挫越勇、发奋读书。父亲失去自由、母亲不善农活，家里家外都需要几个孩子帮衬。吴小龙聪明能干，从不抱怨，不仅帮母亲挣工分，学习成绩优秀，还经常为同学辅导作业。有一次期末考试，吴小龙得了 100 分，老师大为惊讶，对着全班同学说："吴小龙考试成绩那么好，不能再叫'吴大蛇'，要改回吴小龙了。"终于，吴小龙以一张百分试卷结束了绰号带来的困扰。

那个年代，人与人之间的关系异常密切又无比脆弱，就像蜘蛛网一样晶莹华丽、严密精致，但一碰就荡然无存。吴小龙愈发理解畸形时代的人际关系与社会症候，他对早年遭受的委屈和伤害选择了原谅，反而对滴水之恩没齿难忘。"大蛇"回归"小龙"，犹如毛毛虫破茧成蝶，吴小龙在成长中蜕变，让关爱与感恩充盈内心，在逆境中让生命得到升华与释放。

童年时期的贫困体现在日常生活中，就像如影随形的幽灵，从老旧不堪的窗户里发出冷笑，从破旧烟囱的炊烟中露出狰狞面孔。贫困从不抽象，而是可以具体到对一本写字簿的渴盼——因为家穷，吴小龙连一本写字簿都买不起，"大圩镇上有一万多人口，再也找不到任何一家像我家这么穷的。"他只好在没有线条的纸上写作业，无意间就把字写得很大，却被同学误认为淘气调皮，纷纷嘲笑。

黎贵文老师淳厚，于心不忍，送给吴小龙一本作文本。吴小龙清楚记得，那天他小心翼翼地翻开作文本，看到第一行已经写上了字，第二行开头写了两个字。这不是一本新的作文本，他却如获至宝，永生难忘，"当时我在学校属于边缘人群，母亲也无能为力。老师给了我一本作文本，哪怕只撕给我一页都很难得了。"

一本作文本，在吴小龙心里种下感恩的种子。黎贵文不曾想到，这粒种子将长成参天大树，为更多像吴小龙当初那样的贫者、困者、弱者提供庇荫。黎贵文给吴小龙学生时代带来的温暖与鼓励令他感念多年，2005年2月20日，吴小龙组织了一次小学同学聚会，把当年四十三班的同学们聚到了一起。他特地邀请黎贵文出席，并动情地称呼"我的贵文老师"。在那次活动的留念合影中，80多岁的黎贵文坐在正中间，慈祥的脸上神采奕奕。这张照片被吴小龙用心装裱、珍藏，成为办公桌上仅有的三张照片之一。吴小龙经常擦拭、端详，仿佛重新开启那段永不复返的旧时光，生怕记忆落满灰尘。往事不堪回首，却总魂牵梦萦，那些委屈、辛酸、不甘、遗憾的深处，都藏着激励吴小龙成长的人生智慧与精神力量，他直面少年时无法承受之重、无可摆脱之困，没有被历史的大潮淹没，毕竟总有一些东西不会被击败、被战胜、被征服。

2005 年 2 月 20 日，贵县大圩小学四十三班全体同学聚会留影

　　每个人都无法选择出生的时代、成长的家庭，一切都是命运安排。富贵还是贫苦，顺利还是坎坷，既受时代潮流和国运趋势的大背景影响，也在于个人成长环境和自身性格的造就。我们无法选择如何"生"，却能决定如何"活"，这正是"生活"的魅力之处。当然，有一种选择叫作无路可退，只能勇往直前。

　　吴小龙的每一次选择和决定，都期待一场苦尽甘来。

4 英勇救人结奇缘

如果说苦难是时代对吴小龙的折磨，那么助人为乐便是吴小龙对不屈命运的反抗。尽管他受尽冷眼与嘲笑，却从未泯灭与生俱来的善良与仁爱。吴小龙说："做好事是一个人的本分，每做一件好事就是一次享受。做好事越多，好的回忆就越多。"每当看到受益者发自内心的笑脸，听到一句真心的感谢，吴小龙内心都无比满足，作为"地主仔"难得享受到这份尊严与善意，这也是鼓舞他一次次挺身而出的力量源泉。

1971 年盛夏，吴小龙正在大圩一所马场干活。他把割来的草料拉到马场，换些马尿当肥料。吴小龙健壮有力，又勤快好学，干活比别人麻利。他挑上两桶装得满满的马尿健步如飞，稳稳当当地送到田间施肥，转头又返回马场再跑下一个来回，没有片刻歇息。行至大圩人民公社旁边的桥上时，他发现不少人伸长脖子往河里张望。雨季来临，河水湍急，如脱缰的野马，咆哮着奔腾而过。岸边的树杈上，孤零零挂着一件衣服。河边乌泱泱挤满了两三百人，"有人溺水！""救命！"的呼救声此起彼伏，急促尖利的呐喊仿佛将心脏悬到了嗓子眼。

围观者众，喊声震天，怎奈水势凶猛，无人敢下水救人。在这千钧一发的危急时刻，吴小龙快步冲入拥挤的人群，一个猛子扎入河中。一秒，两秒，三秒……人们屏息凝视水面的状况，焦急地等待着、守护着、期盼着。

然而，时间过去许久，水面上却没有泛起一丝希望的涟漪。正当有人摇头叹息"又搭进去一个孩子"，只见吴小龙突然浮出水面，怀里揽住落水者的腰背，拼命向河边游去，众人七手八脚地帮吴小龙把人拉上岸。

吴小龙发现溺水者耳朵都出血了，赶紧做按压让溺水者吐水，但对方已经没有任何反应。吴小龙深吸一口气，一把抱起溺水者，转身就往几百米外的卫生院跑去。溺水的人沉重得像一块千斤巨石，奔拉的双腿几乎绊倒吴小龙，但他咬紧牙关一口气冲到卫生院，医生赶紧把人送进了急救室。如释重负的吴小龙一把瘫坐在地上，半天都没有力气站起身来，两脚瘫软动弹不得。

公社武装部长闻讯赶到卫生院，并找来溺水者的父亲。这户人家比较富裕，执意要给钱表达谢意，被吴小龙一口回绝："我不要钱。"见此情景，一位医生深受触动，提议对吴小龙登报表扬，吴小龙听闻此话连连拒绝，他已经被批斗怕了，"你们不打倒我就够了，其他的不敢追求。"

在卫生院与众人交谈的时候，吴小龙的裤子早已晕开一大片水渍，再动几下估计就要破出洞来。吴家贫困，用来做衣服的布料质量差得像草纸，薄薄一层，随时都有可能开裂破损出洋相。尽管情形窘迫尴尬，吴小龙心里却骄傲从容："虽然我裤子烂了一点，但心是好的。"体力稍微恢复之后，吴小龙顾不上在卫生院谦让推辞，立刻抽身离开，拖着酸软的双腿赶回生产队继续干活。

那年夏天，吴小龙还救了另外两个人。那天两个孩子在水渠里游泳，吴小龙在旁边放牛，原本牛吃饱了就可以回家，他却留在原地多待了一会儿，"我看那两个孩子水性不太好，感觉会出事故。"果不其然，不一会儿，两个孩子就在水里扑腾着喊"救命"。坐在旁边的吴小龙像是反应迅速的救生员，一个猛子扎进水渠，托住一个孩子送上岸，再火速游回来救第二个。幸亏吴小龙反应迅速、施救及时，两个孩子都得救了。

　　吴小龙的生活呈现出冷暖交织的魔幻现实感，一方面因家庭成分不好受尽委屈与苦楚，另一方面以乐于助人获得赞美与尊重。长期被冷落孤立，吴小龙特别渴望得到别人的认可与理解，他愿意倾尽全力换来别人短暂的善待与美意，哪怕冒着生命风险。热忱、善良是吴小龙与世界相处的方式，也是自我保护的盔甲，他在人情冷暖中以见义勇为挽回价值与尊严，乐此不疲、步履不停。

　　救人无其数，从来不图名。吴小龙一生救过很多人，他早已记不清，不图名利，不求回报。时光远去，英雄救人的故事不会被忘记，那些被吴小龙救回生命的个人及其家庭感激于心，甚至时隔多年仍感恩怀德。

　　2001 年，吴小龙与友人见面时，耳旁突然传来一声热切的呼喊："是你呀，小龙！感谢你"。

　　吴小龙赶紧回头，一位长者充满感激地解释道："要不是你，就没有袁绍刚的今天。"

　　袁绍刚曾是吴小龙的合作伙伴，事业困难时向他借过 7000 元钱解燃眉之急。此人是他的父亲，没想到人家还没忘记，吴小龙爽朗答道："没什么，只是几千块钱而已。"

　　"不是这个！"对方提高嗓门，感激之情溢于言表："当年我儿子差点溺水，要不是你英勇相救，他怎么会有今天？"

　　原来，30 年前吴小龙放牛救起的两个孩子中，有一位就是袁绍刚。"救命恩人"是袁家人对吴小龙的尊称，袁绍刚对那次劫后余生的经历记忆犹新。那一年，7 岁的袁绍刚和小伙伴在水渠里学游泳，刚学会就迫不及待去横渡水渠，谁知还没游到一半，两个人就因为体力不支被冲到拱桥下游。袁绍刚回忆道："因为水流太急，我们不小心被冲到桥墩另一边。我被冲得最远，当时已经神志不清了。"

　　按常理，拱桥两侧石墩较大，下游水流经过拱桥挤压令航道变窄，流速变快、漩涡暗涌，有经验的人都会避开这样的危险地带。再加上水渠两壁陡峭，没有大人帮助，就算是清醒状态，这两个不到 10 岁的小孩也很难爬上岸，更何况他们已经被激流拍打得头晕目眩，袁绍刚猛呛了几口水后已经失去意识，命悬一线。等到苏醒时，他已转危为安，躺在岸边，听父亲说是一位十七八岁的男孩救了他们的命。尽管救人者没有留下姓名，但袁父牢牢记住了对方的模样，"直到 2001 年，时隔 30 年后，我父亲见到救命恩人，我才知道是吴小龙，"袁绍刚激动地说道，"溺水的时候，没有他下水救人，我就没有今天，就没有第二次生命！"

吴小龙怎么都想不到，当年的侠肝义胆竟结下奇缘，更不会想到救命之恩被人家感念这么多年。"爱出者爱返，福往者福来。"吴小龙对这些善意亦充满感激，在成长路上，爱与被爱也会同时存在，人们守望相助、温暖彼此。向溺水者伸手援救，帮失落者重拾信心，让软弱者昂首挺胸，义无反顾、勇往直前，这样的青春岁月才更有意义。

吴小龙要继续经受磨砺，去找寻人间值得。

5　农村能人的"十年"

改革开放初期创业的中国企业家群体文化程度普遍不高，许多都是由农村能人洗脚上田[1]转变为市场经济拓荒者，吴小龙便是其中之一。他既从广袤土地中汲取胸襟、胆识和格局，又在劳动实践中提升想象力、创造力和执行力，只要有一缕阳光，就能从漫长黑夜的泥泞沼泽中走出一条

---

[1]洗脚上田：指农村富余劳动力脱离农业劳动，进城务工、经商等。

属于自己的道路。如果再诗意一点，用著名作家夏衍的《野草》来形容吴小龙的农民生活最合适不过："它为着向往阳光，为着达成它的生之意志，不管上面的石块如何重，石块与石块之间的如何狭，它必定要曲曲折折地，但是顽强不屈地透到地面上来。它的根往土壤钻，它的芽往地面挺。这是一种不可抗的力，阻止它的石块，也被它掀翻。"

1968年，学习成绩优异的吴小龙即将升入初中，但是贫下中农管理学校名额有限，生产队负责人一句话就破灭了吴小龙继续读书的梦想："父母已经是读书人，吴小龙就不用读书了。"吴小龙只能辍学，回到生产队参加劳动。由于父母不善农事，14岁的吴小龙就用稚嫩的肩膀扛起重担，成为家里的主要劳动力。

离开学校并不意味着吴小龙从此放弃读书，恰恰相反，他获得比以往更充足、更自由的读书时光。1964年前后，吴俊荣已经从樟木煤矿回到大圩，在生产队接受劳动改造，他有更多时间培养吴小龙好读书、读好书的习惯。吴小龙陆续阅读了《三国演义》《西游记》《红楼梦》等古典名著，还有《基督山伯爵》《海盗船长》等国外著作，遇到不懂的字词、典故随时可以向父亲请教。吴小龙读书不满足于获取知识、增长见识，更重视体悟为人处世的道理和大道至简的精神，一本薄薄的册子《增广贤文》[1]令他手不释卷，不知道背诵了几百遍，几十年后仍然对"钱财如粪土，仁义值千金""我不如人我无其福，人不如我我常知足""宁向直中取，不可曲中求"等佳句信手拈来，他谦虚解释道："我确实没文化，但又想讲话有道理，就把这些东西都背熟，天天有学习，经常有收获。"

在希望的田野上，吴小龙当过农夫、樵夫、渔夫、猪倌、牛倌，干什

---

[1]《增广贤文》是中国明代编写的儿童启蒙书目，后经明、清两代文人不断增补，形成如今以有韵的格言、谚语等形式，将礼仪道德、天文地理、人生哲学、处世之道等囊括其中的书籍，全称《增广昔时贤文》。

么像什么，学什么会什么，"十八般武艺，样样精通"。到两公里外的磷矿徒步挑矿石，他一担就是 170 斤；割稻子、砍甘蔗，他抢先干完手头的活，转过头又去帮别人；有一次铲草皮，他一锄头下去生生铲掉半个大脚趾，然后直接抓一把泥土糊住鲜血直流的伤口继续劳动。吴小龙干得又快又好，劳动效率超过了成年人，但是在长达一年的时间里，他一天只能拿 5.5 个工分，同龄人却能拿到 7 个，只因为他出身不好。

除了干好生产队的农活，吴小龙还有业余工作。他擅长抓蛇，"眼镜蛇一块半一斤，只要咬不死人，我都敢抓。"为了在夜晚抓鱼，吴小龙将废弃的"1059"农药[1]瓶割开，用内胆的锌铝皮做成煤油灯的灯罩，利用灯光引诱鱼群。自制诱鱼灯成为吴小龙的捕鱼利器，一晚上连走十几公里，捕捞沿途野塘里的鲤鱼、鲫鱼、黄鳝、泥鳅等鱼类，运气好能捞到七八斤鱼。

谈起抓鱼趣事，吴小龙兴致勃勃地提到另一项本领——预测天气。"抓鱼的时候，如果感觉天气闷热，鱼往浅滩上游，蛇、蚯蚓都爬出洞，那是因为不远处有厚厚的云层正在压过来，动物难受就跑出来了，过不了几个小时就会有大雨来。"他预测天气不仅靠实践经验，还有理论依据，平时听到、学到的农业谚语他都熟记于心，并活学活用，"太阳往上升，大路好跑马""天上鲤鱼斑，晒谷不用翻""霜降过三朝，过水要寻桥"……吴小龙"观云测雨把天脉"的名声妇孺皆知，生产队长经常根据他的判断安排出工计划。每次晒稻谷之前先问会不会下雨，如果吴小龙点头，生产队长就要往晒场多派两个人；如果摇头，他就心安神定，稳操胜券般放心安排其他农活。

很多人不相信"商业天赋"的说法，认为不过是运气好罢了。可是，

---

[1] 农药"1059"是一种常见的有机磷农药，农业上曾用于防治棉蚜虫、红蜘蛛，以及果树、蔬菜上的蚜虫、螨类、蓟马、介壳虫、叶跳虫等。由于毒性较高，已停止使用。

从吴小龙十几岁时卖头菜[1]的经商体验来看，显然不只是幸运这么简单。

贵县盛产头菜，吴小龙无师自通，腌制的头菜色泽金黄、脆嫩爽口，在大圩售卖颇受欢迎。有一次赶圩时，吴小龙听说 20 公里外的东津圩每斤可以多卖两分钱，就挑上近百斤的头菜试试运气。出发前他下定决心，挑出去的头菜不能再挑回来，而且还要卖出好价钱。

来到东津圩，吴小龙打听到头菜价格是每斤一毛一，他的头菜品相好、品质高，于是定价一毛三，几乎是最高价了。吴小龙并不急着吆喝，而是耐心观察。从乡下来赶圩的老人居多，六七十岁的年纪赶十几里路，在圩上连歇脚的地方都没有。吴小龙摆出一张凳子，不管别人买不买头菜都热情招呼："大伯、大娘，坐下来先歇一下吧！"

一位老伯坐下来，立刻被香气四溢的头菜吸引："阿弟，多少钱一斤？"

吴小龙并未作答，不慌不忙地拿起一把头菜放到他的鼻子前，诚恳问道："老伯，你闻闻这个头菜香不香？你掐掐看嫩不嫩？"

老伯很有眼光，早就看出头菜品质不错，并未配合吴小龙的提问，而是直奔主题："阿弟，便宜一点行不行？"

吴小龙见招拆招，欲擒故纵，闭口不谈价格，反而提醒道："老伯，你买那些发霉的头菜回去，放三五天就坏掉、变味，只能扔掉，到时候可要挨老婆骂哦！"

老伯笑着点头称是，吴小龙见时机已到，凑到耳边悄悄说："我的头菜是圩上最好的，要卖一毛三，你就给我一毛二吧！"

老伯连声同意，吴小龙却既不忙着称重，也不着急收钱，而是故意找他高声交谈，你来我往好不热闹，引得路人纷纷驻足上前，问价的人源源不断。吴小龙并不搭话，转身指向老伯："你问问这位老伯，他买多少就

---

[1] 头菜，亦称大头菜，是芥菜的变种，俗名芥辣头或者芥菜疙瘩。其形似萝卜，因具有浓烈的芥菜味，故多作腌菜食用。

是多少！"老人清楚自己享受了优惠价，不假思索回答道："阿弟的头菜卖一毛三，买回去泅不坏！"

万事开头难，有老伯带头"现身说法"，吴小龙的头菜没多大工夫就被抢购一空。跟他一起到东津圩卖头菜的伙伴们忙活一上午，根本卖不出去，纷纷请他帮忙。吴小龙点头答应，帮着大伙儿把头菜全部卖掉。

卖头菜的日子里，吴小龙每天从生产队到东津圩往返40公里，渴了就在路边的水沟喝点水，实在饿得不行了才挤出8分钱买一盅粉，经常饿着肚皮回家喝玉米粥。如此透支身体超负荷劳累，吴小龙终于累垮了，连续一个月拉肚子，挺到自我痊愈都不知道病因。即便如此，他从未间断，仍然坚持每天赶圩。

少年青春爱做梦。贵县再美，家乡再好，吴小龙也想到外面看看缤纷世界，与命运抗争，向理想挥手，将豪情壮志与青春热血挥洒到大江南北。1969年3月，珍宝岛自卫反击战正式打响，吴小龙自告奋勇要上前线："我想当兵，想冲锋在前，想上阵杀敌！能活着回来最好，死在战场也没关系，很光荣！"可是，由于家庭成分原因，参军路被无情粉碎，成为他人生的一大遗憾。没过多久，吴小龙听说全国几十万青年远赴北大荒建设边疆，每天就跑到一座纪念塔旁边等待开往北大荒的皮卡车。在热火朝天的北大荒更容易实现个人价值，但扎根边疆就意味着无法在父母身边尽孝，吴小龙最终选择了放弃。

既然留下，就安心做事。吴小龙干活更加拼命，除了完成生产队的劳动任务，他还到处捡玻璃、电池铜帽等废品卖，收入大多补贴家用，剩下的积少成多，一分、两分、一角……到1978年，吴小龙决心走出大圩闯荡天下，手中已积攒了5元钱积蓄——通往新世界的第一张门票。

从14岁辍学务农，到24岁走出农村，吴小龙在乡野田间摸爬滚打了整整十年。人们常说"十年磨一剑"，他却只有一把借来的砖刀，还有捡破烂攒下的 5 元钱，这既不可笑，也不可怜。文学巨匠巴尔扎克在《人间喜剧》中写道："人类所有的力量，只是耐心加上时间的混合。所谓强者，是既有意志，又能等待时机。"当时代的悲剧落幕，吴小龙将以强者的角色低调登场，演好属于自己的"人间喜剧"。

第二章
创业的代价

创业首战，从跌落深潭到力挽狂澜、反败为胜，这段惊心动魄的难忘经历令吴小龙受益匪浅。"人生没有白走的路，每一步都算数。"任何经验教训都不是成长路上的绊脚石，而是革新自我的磨刀石、走向成功的铺路石。

1 一把砖刀闯天下

在中国历史上，1978 年注定是极不平凡的年份。
12 月 18 日—22 日，中国共产党十一届三中全会召开，
会议作出重大决策：把全党工作重点转移到社会主义
现代化建设上来，实行改革开放。

伟大历史转折开启了改革开放的新时期，吴小龙
的命运也跟着拐了一个大弯，"像我这种成分不好的
人，再在大圩镇待下去也只是蹉跎岁月而已，必须走
出去才可能有未来，"他有点慷慨激昂，"鸟关在笼
子里永远没有出头日，我太渴望去见识外面的世界了，
哪怕不赚钱我也要去！"

有一天，熟人李坤华找到吴小龙："你去不去外
面搞基建？"在贵县，这群离开田野进入工地的建筑

工人被称作"野马"，意为无证农民工，"野"字堪称他们尴尬身份的形象脚注——既非有家乡可依的典型农民，也非有正式组织可依的工人。1978年，贵县建筑业总人数达5000余人，但具有资质证书的建筑施工人员只有78人，许多渴望改变命运的进城务工者哪怕手艺再高，也只能接受这个带有贬义色彩的称谓。

吴小龙渴望从农村走向城市，苦于无门无路，如今机会找上门来，便毫不犹豫告诉李坤华："我要去做'野马'。"他后来说："天地之大，总会有容得下我的地方。我肯定要闯出人生的一片天地！只要有东西学，我都很用功。"

当时吴小龙还不知道，他无意间选择了中国最具发展前景的行业，建筑业、房地产业将在未来几十年中作为支柱产业引领经济社会发展。据资料记载，新中国成立时人均住房面积4.5平方米，到1978年随着人口增长反而下降为3.6平方米。改革开放加速了中国城镇化进程，巨大的住房缺口推动建筑行业蓬勃发展。同时，"家庭联产承包责任制"提高了农村生产率，大量农民从土地的束缚中解放出来进城找机会，劳动力密集、专业门槛低、用工制度灵活的建筑业自然成为优先选择。

1978年初，吴小龙怀揣一把找堂哥借来的砖刀，藏好自己积攒的5元钱，义无反顾地踏上了"跑野马"的征途。那一年正好是吴小龙的本命年，这条属马的"龙"浑身散发着龙马精神，对接下来的事业和生活踌躇满志。

与玉林市毗邻的石南公社正在修建火车站站台，需要大量建筑工人。工地里尘土飞扬，工人来往穿梭，包工头植火贵注意到身强力壮、目光炯炯的吴小龙，随口问道："你是大工还是小工？"

"我是大工！"吴小龙底气十足回答，"我做清水墙一天能砌两三百块砖，做浑水墙一天能砌五六百块。"这个回答让植火贵很满意，他安排吴小龙好好休息，第二天一早就出工。

其实，初出茅庐的吴小龙没有干过一天泥瓦匠，他连砖底、砖面都不会区分，更别说当大工、小工了！可就在第二天上工以后，吴小龙却成了工地上有名的大工，就连隔壁工地的包工头都开出高工价挖人。他凭什么敢吹牛说是大工？又怎么学会了速成大法？

快速适应和学习新鲜事物是吴小龙的过人本领。刚到工地第一天，他就紧跟在工人后面，观察大工与小工的差别。大工动作熟练，干的都是关键的技术活；小工主要是打下手、干杂务。吴小龙一心想当大工，师傅们干活时他在一旁用心观察，悄悄记住方法和要领，快速消化理解，就这样一直"偷师"到晚上。吴小龙一连用三个"渴望"总结当时的心境："我实在太渴望出去了，太渴望适应社会了，太渴望留下来了。"

那天闲聊时，吴小龙还顺便给植火贵看了一次面相，这是他在农村"野草十年"学会的另一项技能。吴小龙少年时对跑江湖算命看相很感兴趣，不仅凑在人堆里看热闹，还读过几本书学门道，总结出奥秘和规律："从一个人的五官、四肢、气色、气质，能看出健不健康、聪不聪明。比如，军人经常训练，气宇轩昂；读书人的手跟农民明显不同，农民的手茧一摸就知道；那些在外面闯荡谋生的人，讲起话来侃侃而谈……道理就这么简单，关键要看自己的口才、看对方的反应。对方如果配合的话，你想算不准都难。"凭着洞察人心、洞明世事的阅历，吴小龙三言两语下来，植火贵惊呼"看得真准"，对他青眼相看。

吴小龙会看面相的消息迅速在工地传开，晚上工友们聚在一起，争先恐后请他帮忙看相，却一概被拒绝，他说："看相的大师说过，只有残疾人才能吃这碗饭。我有手有脚，不会靠这个赚钱。"不过，到晚上十点他还没有找到睡觉的地方，工地虽然有床位，吴小龙却舍不得买被子、蚊帐，必须找人"孖铺"[1]才行。他灵机一动："今天晚上谁给我'孖铺',我就给谁看相!"

工友梁海林一马当先抢着报名,众人热情高涨围观。吴小龙端详片刻后笃定说道:"你的家族里出了个县级领导。"

梁海林大惊失色,连声附和:"太准了!我伯父是县统战部部长,也是建设贵县西江大桥工程的指挥长!"

吴小龙气定神闲解释道:"运去金成铁,时来铁似金。开场白说对了,建立信任之后,再说什么都很容易对了。"他条分缕析推断运势、提供建议,引得梁海林频频点头,恨不得把他的金口玉言全都背下来。

工友们见状跃跃欲试,有人递烟,有人掏钱,还有人请客第二天早上吃粉,场面一顿陷入混乱,吴小龙全部回绝:"只要我有手有脚一天,就不会靠看相赚一分钱!"他既不迷信,也不忌讳,只是不想靠走捷径赢得认可与尊重。

第二天早上,运石头的火车驶入车站。伴随着轰隆隆的响声,货运车厢里的大石头倾泻而下,滚落到堆场上。众人一哄而上,抢着搬运离站台近的小石头。吴小龙却挑选滚得远、体积大的石块搬运,有人嘲笑他不懂省力气,他不以为然。一天下来,吴小龙搬运了2万多斤石头,总共砌了6个立方墙,工作量相当于普通大工的两倍多,众人啧啧称奇。吴小龙道出秘诀:"虽然我第一次用砖刀,但很快就看懂了砌墙的结构原理与关键诀窍。我从小就爱画画,线条感很强,砌大石块要上下交错、内外搭接,石缝宜细不宜粗,石面整洁干净,这样砌出来的墙就会牢固不崩塌。动手之前我准备充分,所以能一炮打响。"

工地有两支施工队同场施工,隔壁的包工头坐不住了,找到吴小龙私

---

[1] 孖铺[mā pū],方言,指两个人睡在一张床上。

下商量："你现在2块钱一天，我给4块，过来跟我干吧？"

第一天出来干活就被挖角，而且工钱直接翻倍，吴小龙有些受宠若惊，但他本能地拒绝了对方的好意。他没有自我标榜道德高尚，而是坦诚解释道："我不在乎钱多钱少，只想踏实干活，一天下来，无论多么辛苦，心里很踏实，再累也不觉得累。隔壁施工队人员配置完整，我是临时加进去的'野马'，一下子拿4块工钱，我不踏实。"与赚钱相比，吴小龙更关心社会风气与时代变化："外面的世界太精彩了，没有人歧视，把我当人看。只要你谦虚，肯卖力气，你尊重人家，人家也尊重你。第一天我就感觉到外面和大圩完全不一样，这里人人平等。"

转眼到了国庆节，工地放假一天，吴小龙兴高采烈地跑到石南街上，感受街头巷尾正在悄然发生的变化。路过照相馆时，他大步流星走进去，拍下人生第一张证件照。吴小龙身材挺拔、相貌俊朗，澄澈明亮的双眼闪烁着迷人的光芒，照片拍出来整个人玉树临风、气宇轩昂，照相馆工作人员再三要求将照片留在橱窗展示，吴小龙开心地点头同意："我脸上的饱满情绪的确发自内心。我意识到赶上了一个好时代，感恩国家的好政策，才让我这个乡村青年走到今天。"

吴小龙的第一张证件照

　　直到 1979 年上半年，吴小龙一直在石南火车站参与站台建设，后来又跟着队伍建造广西电影发行公司大楼；五六月份，他前往南宁兴建大王滩水电站；七八月份，他又投入到桂林 701 兵工厂[1]的建设中。吴小龙做事总是心中有数、得心应手，不偷懒、不惜力，所到之处都深受工头和工友喜爱。早期一起做建筑的杨师傅评价："吴小龙除了有农村人都有的一身力气外，更有别人所没有的许多优点，比如胆大、爱动脑筋、不贪小便宜。"

　　对于吴小龙和那个时代来说，一切都是崭新的开始，一切才刚刚开始。正如 1979 年诗人北岛在《回答》中所憧憬的那样："新的转机和闪闪的星斗，

---

[1] 现为桂林长海电子有限公司。

正在缀满没有遮拦的天空，那是五千年的象形文字，那是未来人们凝视的眼睛。"

2 人生大有用武之地

在桂林 701 兵工厂建设期间，吴小龙的表现不仅得到工友认可，连甲方单位都有所关注。兵工厂一位姓沈的技术工程师是老牌大学生，在那个年代可谓人中龙凤。有一次，吴小龙像往常一样和沈工程师打招呼，没想到对方叫住他谆谆教导："小龙，你这么年轻，是不是可以买一本书来看看，多学一些建筑知识？"

这条建议令吴小龙恍然大悟，并铭记于心。他求知若渴，渴望成长与进步。当天晚上收工以后，他就连夜跑到桂林市图书馆，徜徉在浩如烟海的卷帙之间，聚精会神地翻阅、挑选。一本名叫《简明建筑施工手册》的工具书令他沉浸其中，这本书由清华大学出版社出版、厚达 500 多页，囊括了工程设计、钢筋配筋等施工要点。吴小龙如获至宝，"我得到这本书就像捡到天书一样。"

吴小龙白天在工地吃苦耐劳，积极参与工程建设，晚上回到宿舍挑灯夜读，如饥似渴地汲取专业知识。干建筑本来就辛苦，晴天一身汗，雨天一身泥，吴小龙每天放工以后还要继续拿起书本，一直阅读到 12 点才睡下，凌晨 4 点多又起床研究施工图纸。吴小龙说："我没文化，但我懂得怎么去学习、去消化。"他具有直击本质的思考能力和化繁为简的总结能力，经常将书上学到的新知识与自己的思考总结融会贯通，在实践中活学活用。

除了读书，他经常向老师傅请教，看到工程师也会抓住机会交流，以学无常师的心态、学无止境的精神、学以致用的方法吸收知识的力量，将理论和实践、知识与经验结合起来，不断提升认知、超越自我。《论语》有云："知者不惑，仁者不忧，勇者不惧。"吴小龙就是这样好学不倦、心怀仁德、勇于挑战的人，浑身充满底气和动力，"我的人生大有用武之地！"

1979 年，吴小龙在桂林留影

　　1980 年，吴小龙得到崭露头角的机会。施工队拿下恭城[1]邮电局建设项目，队长特意将吴小龙带在身边，许多棘手的事情都交给他处理。那是建筑行业野蛮生长的初级阶段，许多施工队长都是泥腿子出身的农民工，

---

［1］恭城瑶族自治县，隶属于中华人民共和国广西壮族自治区桂林市。

施工经验丰富，但专业能力匮乏，只会按照要求抢抓进度、快速施工，缺乏科学规划与统筹管理，这样的人才队伍勉强可以建设小型项目，恭城邮电局项目质量要求高、施工状况复杂，启动伊始就困难重重、步履维艰。

有一天，正在埋头挖土的吴小龙隐约听见身后传来惊慌失措的呼喊："塌方了！快跑啊！"还来不及做出反应，只见六七米高的土坡顷刻间轰然坍塌，吴小龙就被塌方形成的惯性力量狠狠地拽出去好几米，幸亏一位彭姓工友拼命将他拉回来，这才死里逃生。混乱嘈杂的工地里，吴小龙惊魂未定地望向刚才挖土的地方，原本紧握手中的铲子霎时被土方卷走掩埋，只剩下一地砂砾。"什么都不见了，人生差点就埋葬在那里。"

1980 年，吴小龙担任大圩社办建筑队副队长

从垮塌的泥土中重新站立，吴小龙的命运峰回路转，否极泰来。施工队长业务繁忙经常外出，身为副队长的吴小龙成为工地现场的实际负责人。这是他第一次管理一支团队，虽然手中项目问题大、矛盾多，风险无法预知，他仍然信心十足，踌躇满志地期待在项目中发挥领导才华和专业能力。在一份 1987 年 11 月 20 日完成的《技术专题总结报告》中，吴小龙对当时的施工情况进行了详实记录："一九八零年我在恭城县邮电局建营业大楼，框架结构[1] 1420 平方米，整栋楼高度 21 米，其中底层 7.5 米，二至四层 4.2 米，楼面女儿墙[2] 0.9 米，工程地点设在公路边的半岭坡，本幢楼距公路有 20 米，楼的相对标高[3] 比公路边堆放材料处高 3.5 米，室内外装修有水磨石米、水刷石米、干粘石米、黄沙头水刷石、上贴大理石、瓷砖、马赛克、木板地台、吊顶、吸音等工程……"从专业词汇与枯燥数据中不难发现，这是一个复杂繁琐的工程项目，吴小龙如何带领施工队从畏难情绪、混乱局面中走出来，唤醒他们的奋斗激情呢？

当务之急是合理规划、统筹安排、明确分工。吴小龙按照每位工友的能力特点划分工种、安排工作，重新界定岗位职责与任职能力，精准掌握人力资源。随后，他将工程目标按照施工计划层层分解、细化落实，具体到材料堆放位置与机械安装点位等都亲自部署、科学规划，确保人员、机器、材料按照统筹方法有序运转，最大化提升工作效率、降低安全风险。

各项事务安排得井井有条，工友们干劲十足，吴小龙却遇到新的麻烦。由于项目现场有多支施工队共同参与，人员鱼龙混杂，素质良莠不齐，摩

---

[1] 框架结构指由柱子、纵向梁、横向梁、楼板等构成的骨架作为承重结构，墙体是围护结构。

[2] 女儿墙是建筑物屋顶周围的矮墙，主要作用除维护安全外，亦会在底处施作防水压砖收头，以避免防水层渗水或是屋顶雨水漫流。

[3] 相对标高是以建筑物的首层室内主要房间的地面为零点（＋0.00），表示某处距首层地面的高度。

擦和冲突不可避免。尽管吴小龙管理有方，纪律严明，但施工队经常遭到挑衅和攻击。有一次工人之间发生口角，另一支施工队纠集几百人手持长刀，围困了工地上的七八十号工人。所幸天降大雨，对方的攻势有所延缓，民警及时赶到才惊险解围。吴小龙受此影响，从玉林请来两位常年习武的师傅，每天早上带着工友们先打拳练功一两个小时，一招一式尽显气势磅礴、英姿飒爽。习武既强身健体，让人掌握防身自卫的技能，又振奋精神、陶冶情操，提高工作状态。吴小龙懂得"止戈为武"的内涵，习武旨在增强停止干戈、遏制冲突的实力，自此以后，闹事者再也不敢兴风作浪。

化解了工地上剑拔弩张的紧张关系，吴小龙终于腾出手来解决工程质量和技术问题。在施工 20 米高的框架柱时，他亲自固定住关键部位，确保轴线位置正确，加固模板顶木的刚度强度和稳定性，以免出现捣砼变形和偏轴的现象。为了解决材料的垂直运输问题，他指挥工友在路边用杉木搭建了一个近 30 米高的脚手架——这在当时极其少见。吴小龙全程指挥安装、严格监工，仔细把关每一处细节，确保垂直高度不偏差、木材不变质腐坏、绑扎接口牢固，最后用线材拉紧锚固在四周，顺利解决了施工高度和安全问题。吴小龙搭建的脚手架牢固又美观，恭城县基建局长黄少琳称赞道："施工队技术过不过关，我一看你们搭的架子就知道在行了！"消息传开以后，整个恭城县的建筑施工单位无不佩服。恭城与湖南交界，不少湖南的施工队都慕名到恭城参观学习，吴小龙在业内名声大噪。

施工进入最难的阶段——搭建框架结构的钢筋工程，吴小龙运筹帷幄、指挥若定，完全不像初出茅庐的新手。他严控质量，对钢筋的规格、型号、焊接、锚固、长度、数量等情况了如指掌，每次焊接几个点、几个口都有规定，他会逐一检查，确认之后才允许施工队捣浆施工。在他以身作则的严格要求下，工程进展十分顺利。面对复杂的室内外装修情况，吴小龙持续学习，阅读了不少关于装修施工的著作，同时积极报名参加建筑方面的培训班，通过自学攻破工作中的技术难题。

1981 年 1 月 10 日，在恭城县基建局举行的全县大检查中，吴小龙所在施工队承建的恭城县邮电局项目力拔头筹，获得了"安全、优质、节约和文明施工、缩短工期甲等奖"，吴小龙代表施工队领取了奖状。直到现在，吴小龙还保存着那张奖状，尽管看起来不再光鲜亮丽，陈旧泛黄，但这是激励他奋发进取的一面旗帜、一种力量。

1981 年 1 月 10 日，贵县大圩社办建筑队水工队荣获恭城县基建局颁发的甲等奖

"一等人不用教，二等人用言教，三等人用棍教。"吴小龙富有学习欲望和创新热情，随时随地从书本中、工地上吸收营养，学习一切可以提升自我的知识。他能看到别人看不到的机会，想出别人想不到的办法，最后整合资源干成别人干不成的事情。

3 同甘共苦的幸福

没有建筑工人的风餐露宿、日晒雨淋，就没有改革开放初期基础设施建设的一日千里，没有万座高楼平地起。然而，这些城市建设者却在最艰苦的环境中工作和生活，身在城市，居无定所，心也无处安放。自1978年进入建筑行业，吴小龙头三年都辗转奔波在各个工地上，一边起早贪黑干活，一边挑灯夜战读书，两耳不闻窗外事，年轻人应该遇见的美好事物似乎与他无关，包括爱情和婚姻。

吴小龙吃苦耐劳、聪明能干，为人处世颇有口碑，而且长得一表人才，说话幽默风趣，在工地上人缘不错。如此出类拔萃的青年才俊并非没人喜欢，再说吴小龙也不是榆木疙瘩，只不过由于家庭成分问题，没有姑娘愿意接受他的情感。不只是吴小龙，吴家兄弟三人都找不到女朋友，他自嘲道："竹门配竹门都不错了，还想配木门？不可能！"

1981年8月，恭城邮电局项目竣工以后，吴小龙回到大圩，迎来一段难得的闲暇时光。有一次，擅长说媒撮合的堂嫂找上门来问道："如果给你介绍对象，你有什么要求吗？"吴小龙内心自卑，并不抱希望，只好半开玩笑回答："我家庭成分不好，还要什么条件？哪怕脸破相的、手断脚瘸的、结过婚带着孩子的，只要愿意嫁给我，只要不是男人，能给我做老婆就行！"

堂嫂被逗得捧腹大笑，没过多久，她就安排了一次相亲。40 多年过去了，无法忘却的回忆恍如昨日，吴小龙笑言，那天晚上都没看清姑娘长什么模样，"漂不漂亮我也不清楚，反正她就留个后背给我看。"见面结束后，堂嫂询问意见，吴小龙答得干脆利落："她如果喜欢我就行！"他几乎不敢奢望，人生竟然还能组建家庭，"我成分不好，家里又穷，没有这个条件。"

与吴小龙见面的姑娘名叫蒋锦群，对那天的记忆同样深刻。腼腆害羞的蒋锦群背对着坐在里屋，尽管吴小龙没有看清她的长相，她却留心悄悄打量，"第一感觉就是人挺帅的！说话也幽默，和他在一起应该很开心，"蒋锦群笑着回忆道，"看到他，心就动了。"

1978 年，蒋锦群青年照

其实，吴小龙也被蒋锦群深深打动，那天晚上仅有的几句对话令他刻骨铭心。

"我成分不好，你对这个有什么看法？"吴小龙小心翼翼地问。

"我买的是你这棵菜，又不是买你的菜地。"蒋锦群含蓄比喻道，语气中充满坚定。

这句话犹如一场春雨，浇灌了吴小龙干涸已久的内心世界，他动情地说："行了，我不怕了。成分不好我改变不了，什么条件我都不要求，我这辈子肯定不会骗你。我做得好家里就吃得好，我做得不好大家就一起同甘共苦。"

这句话既是甜蜜的爱情宣言，也是庄重的责任承诺，吴小龙将用一辈子去实现诺言。此后无论身在何处，不管沉浮起落，家庭永远是吴小龙最深沉的牵挂，也是最坚强的后盾。

蒋锦群比吴小龙小三岁，母亲体弱，接连生过两个孩子都不幸夭折，直到三十多岁才迎来这个女儿，父母将她视若珍宝。"文革"期间，蒋锦群小学毕业就失去上初中的机会，辍学进入生产队务农。十三四岁的蒋锦群身材高挑，体格强壮，干起活来巾帼不让须眉。因为年纪小，无论她如何努力、如何优秀，成年人一天挣10个工分，她却只能拿一半。蒋锦群不服气，拼死拼活证明自己，一包180斤的大米，她扭身就能甩到肩膀上，扛起来背到目的地；三四百斤的货物，她装在自行车上从早上4点骑行20公里，只为到江对岸卖个好价钱；插秧时节，她总是插得又快又直；收甘蔗时她手起刀落，砍断、捆扎、搬运，总是比别人干得多，蒋锦群很快就能挣到和大人一样的10个工分。有些人眼红，经常找各种理由克扣，暗中打击排挤，但蒋锦群从不计较，只会以更努力地工作、更辛苦地付出默默回应。

成年以后，勤劳能干的蒋锦群成为家里的顶梁柱，她对繁重的劳动毫无畏惧，对平淡的生活从不抱怨，一心只想为父母、为家庭付出更多。尽管说媒的人踏破了门槛，但蒋锦群总是婉言谢绝，不作考虑，还想多为家里帮衬几年。不知不觉，这一拖就到了二十四五，在农村算是晚婚年龄。缘分天注定，当蒋锦群开始考虑婚姻大事，吴小龙刚好出现。一切都是最好的安排。

1982 年初，吴小龙从贵县中里中学的工地上风尘仆仆赶回家准备婚礼。当天的过程和仪式都很简单，吴小龙春风满面地骑着一辆借来的自行车，迎娶蒋锦群回到一穷二白的家中。蒋锦群双手拎着两件珍贵的皮箱作为陪嫁，吴小龙满怀感激："这两个皮箱让我感觉很有面子。"相比之下，吴家的境遇的确贫穷寒酸，就连新婚之夜盖的被子都是二手棉被，质量很差，"结婚当晚一踢就破了"。

两个年轻人都明白，困境终将过去，人生亦非坦途，幸福生活需要双方付出真心与努力，而创造幸福的过程本身就是一种幸福。新婚不久，蒋锦群就追随吴小龙回到工地打拼，在劳动中举案齐眉、相濡以沫，把生活过得热气腾腾。从结婚第二年开始，吴小龙夫妇的四个孩子吴玉经、吴玉冰、吴玉姬、吴玉洁陆续在 1983 年、1984 年、1985 年、1987 年出生。吴小龙希望孩子们拥有幸福的童年和光明的前途，虽然心想事成并不容易，但他相信凭借夫妻二人的聪明智慧和勤劳双手，只要肯吃苦努力，再加上一点点运气，就能共同创造更美好的生活。

1984 年，吴小龙与儿子吴玉经留影

1985 年，吴小龙夫妇与孩子合影

吴家兄妹四人少年时在南山寺旁空地合影

在吴小龙打拼事业的过程中，特别是艰苦创业的起步阶段，蒋锦群一直是身边最坚定的支持者。孩子们上学以后，她开始有计划地通过函授[1]学习财务知识，将公司的财务工作打理得井井有条。蒋锦群性格温和，待人礼貌，处事稳重，与员工关系融洽，大家都喜欢她平易近人、不摆架子的处事风格，处理事务从不越权、不搞特权。蒋锦群不仅在事业上全心全意当好"贤内助"，在家里更是撑起"半边天"，特别是吴小龙事业陷入困境低潮的时期，她以坚韧品格和卓越才智克服困难，关爱丈夫、照顾老人、培养孩子，书写了一段段感人至深的故事。至今，吴小龙家中仍然收藏着许多生活中的老物件，旧书柜、缝纫机、收边机等，还有一个写有"经"字的铝制饭盒，这些不起眼的物品既是时代的印记，也是吴小龙与蒋锦群同甘共苦、携手共行的见证。

---

[1]函授教育，国务院 1980 年批准的《教育部关于大力发展高等学校函授教育和夜大学的意见》规定：学生学完规定课程，考试成绩合格，由举办学校发给毕业证书，国家承认其学历；学完各科，考试成绩合格，发给学习成绩证明书。

人生如梦，岁月如歌。回首同甘共苦、相伴到老的婚姻之路，吴小龙充满感激："没有我老婆，就没有我的今天。没有她的不离不弃和吃苦耐劳，就没有现在这个家。"蒋锦群的婚姻感言浪漫而深情："如果有下辈子，我还愿意嫁给他。"

新人、新事、新世界，在那个洋溢着梦想和希望的八十年代，变化每天都在发生。冲破迷雾的太阳洒满大地，照亮每个人的面庞，穿过城市的厂房、乡村的原野，直抵无尽远方。流行歌曲《在希望的田野上》正在神州大地唱响："我们的未来，在希望的田野上。人们在明媚的阳光下生活，生活在人们的劳动中变样。"对于渴望幸福生活的人而言，希望就是世界上最美好的东西。

4 深陷泥潭

吴小龙对事业前景充满希望，某些想法始终萦绕心头：自立门户，艰苦创业。

在城市中心感受生机与活力，在建筑行业历练经验与本领，吴小龙对社会的认知以及处理问题、管理团队的能力都得到很大提升。特别是在恭城邮电局项目中以副队长身份全面操盘、顺利交付以后，吴小龙的想法产生根本转变，尽管副队长可以发号施令、言出必行，但执行中仍然受到许多掣肘，既不能完全落实自己坚信的"诚信和质量至上"的理念，又不能提拔优秀人才、辞退滥竽充数之徒，对于重大事项更无决策权。在此期间，吴小龙的哥哥在工地抬水泥时，被身后突然驶来的一辆手扶拖拉机撞断了腿，尽管及时送医救治，但还是落下了病根。这件事情令吴小龙痛下决心，必须成立自己的施工队，完全按照科学施工、规范流程严格管理、确保安全，不能让同样的悲剧再次发生。

1982 年的普通一天，普通到人们如今都不记得具体日子。没有剪彩，没有庆典仪式，甚至连公司招牌都没有悬挂，贵县大圩建筑工程队十二队（简称"十二队"）成立了。吴小龙迈出创业第一步，从此像拓荒牛一样自强不息、砥砺奋进，才绘就今日小龙集团只争朝夕、奋发图强的蓬勃景象。

命运喜欢眷顾那些不甘平凡、勇于挑战的冒险者，当然，也总会安排艰难险阻磨炼其心志。1983 年，十二队独立承包了第一个工程项目——贵县第二综合门市部。吴小龙需要拆除一座废旧的片瓦房，重新建造一栋293 平方米的四层楼房。他参与建设过办公大楼、水电站、兵工厂等各种工程，对于盖四层楼的小项目胸有成竹。没想到却出师不利，第一个项目就将吴小龙拖入深不见底的泥潭，差一点儿就折戟沉沙。

地基上的老房拆除之后，吴小龙才知道此地原是一片烂泥塘，经垃圾填埋、平整以后盖房。他指挥工人深挖 1.5 米，直到探出硬土层再重新打地基，出乎意料的是，工人们忙活半天，挖下去都是无穷无尽的烂泥。他赶紧叫人买来 6 米长的钢筋钻入地下，钢筋不断下探直至完全被烂泥淹没却依然没有触底。吴小龙深感大祸临头，原先的施工方案变成废纸一张，必须重新设计方案，不但施工难度大幅提升，而且建筑成本将超出合同金额，还没开工建设就注定要亏本。

吴小龙赶紧找甲方沟通，结果无功而返，对方一口咬定必须按合同办事，不可能多出一分钱。当初为了拿下项目，吴小龙已经找亲友借了 2000多元，如今甲方不愿意追加投资修改方案，如果继续施工亏损只能由他全部承担。"我不想坐视不管，也不是这样的人，"吴小龙后来说，"讲老实话，6 米的钢筋都插不到底，很可能换谁来做都不行。但既然交给我，那就做好吧。我心一横，就不管甲方了。"

　　凭借丰富经验和专业知识，吴小龙大胆设计出一种基于片筏整体基础的新方案。与坚实的泥土层相比，淤泥的缺点是承重差、容易形成不均匀沉降，大楼建成后容易向一边倾斜，同时缓缓下陷。为此，吴小龙设计了以两层扎实的钢筋网作为托底的片筏结构，底下一层 70 厘米高、30 厘米厚的地梁配 4 条 25 毫米的钢筋，再在地面布置 20 厘米 × 20 厘米的双向筋，最后打入 40 厘米厚的混凝土。这样向下可以分散房屋自重带来的压强，向上提高了地基的承载力，建筑物就像一艘船漂浮于泥潭之上，坚实而稳固。

　　今天片筏整体基础的设计方案已广泛应用于建筑行业，但在 80 年代初的贵县还前所未闻。吴小龙将方案提交到贵县城建局审批，意见很快下达：缺乏设计资质，属于无证施工。

　　此时，吴小龙已经投入大量人力与资金按照新方案施工，仅钢筋混凝土就造价颇高，如果不能继续施工，他将血本无归。幸好贵县城建局派人到十二队核算图纸，给吴小龙带来一线生机。经过严格测算，核算人员对新方案表示认可，吴小龙顿时松了一口气，终于可以继续施工了。

　　然而，吴小龙已负债累累，实在拿不出钱投入建设。无奈之下，他再次找甲方沟通，可对方态度坚决，绝不松口。经过多轮拉锯战后，双方最终对簿公堂。"现在打官司习以为常，几十年前真的不同，这还是一件很稀罕、很不体面的事情，"吴小龙摇头回忆道，"赢也好、输也罢，打官司都不好。"

　　这场官司令吴小龙心力交瘁，尽管他信奉"有理走遍天下"，却要遭受"王法无情"的沉重打击。1984 年 9 月 29 日下午 4 点左右，法院依据合同协议宣判，吴小龙输了官司。他不仅没能拿回垫付的资金，还要按照合约在 9 月 30 日筹集建设所需资金，在 10 月 1 立即开工建设，并于 10 月 16 日将大楼交付使用。

　　法官话音未落，吴小龙悲愤难当，瘫坐在原告席上。

"别说就给我一天时间借钱，就是给我一年也借不到钱啊！"吴小龙叹口气说道，"感觉我的人生就像《隋唐演义》里'秦琼卖马'的惨境一样，人生为什么那么难？出门抬不起头，钱也借不到，讨债人的面孔一个比一个难看。可是，法院的签字岂能儿戏，我的人生刚起步就完了。"

那天晚上八九点钟，吴小龙才失魂落魄地回到家中，满脸写满绝望与沮丧。蒋锦群见状默然无语，"那两年他回家越来越晚，脾气越来越急，说话也很大声。我不敢多问，只能默默看着，平时照顾好小孩和老人，让他没有后顾之忧。"

工程翻船、债台高筑、官司败北，突如其来的大溃败令吴小龙彻夜未眠，"下一步该怎么办？老天为什么要这样为难一个人？"他才30岁，却走到山穷水尽的地步，内心万念俱灰、生无可恋，"我不想做人了，满脑子都是上吊死、割脉死还是吃药死。"绝望之际，或许唯有一死方得解脱，只可惜"出师未捷身先死，长使英雄泪满襟"。

如《警世恒言》所说："屋漏偏逢连夜雨，船迟又遇打头风。"吴小龙越想越郁愤，急火攻心，头脑昏沉麻木，呼吸愈发急促，浑身没有力气，"想起来上厕所，发现起不来了，身体僵硬得动不了，只能喊叫'我起不来了'。"

蒋锦群在睡梦中迷迷糊糊地被呼叫声惊醒，被眼前的景象吓得六神无主，只见吴小龙面如死灰，僵硬地躺在床上，神情十分痛苦，任凭妻子推搡帮扶都没有反应。她赶紧翻身下床，将丈夫半推半托地从床上拉起来。吴小龙无法站立，双脚就像踩在棉花上，不能走路。情急之下，蒋锦群只好将他抱起来，跟跟跄跄地赶往镇卫生院。医生检查、诊断、开药之后，蒋锦群又独自将丈夫搀扶回家。

听闻吴小龙有寻短见的念头，蒋锦群疾声厉色道："你看看咱们的小孩！你要这样下去，我也不活了！"

这句话如同一道惊雷，劈开了吴小龙内心的死结。蒋锦群继续说道："只要有信心，什么困难都能克服！"

当时儿子一岁多，大女儿才一个月，吴小龙自责道："他们又没什么错。我想死真的太自私了！就这样想通了，睡觉！"后半夜他睡得很香，睡梦中仿佛回到襁褓之中，"孩子大叫三声，呱呱坠地，眼见大千世界。"

不知道是医生的处方发挥奇效，还是受到妻儿爱的感召与鼓舞，第二天清晨，吴小龙从大汗淋漓中醒来，一骨碌翻身下床，精神抖擞地走出家门。好运总是向着勇于担当、胸怀宽广的强者走去，吴小龙如获新生，迎来突围困境的转机。

5 绝处逢生

由于吴小龙输了官司，各种传言不胫而走，不仅债主围门讨债，供应商避而远之，而且没有人愿意借钱给他。按照判决，9月30日必须筹集建设资金，2000多元可不是一笔小数目，资金压力巨大，他必须争分夺秒地抢时间。

吴小龙唤醒激情和智慧，重新调整思路，发动一切可以为己所用的力量，努力扭转颓势。冥思苦想之后，他计上心头，"自古华山一条路，无限风光在险峰。"眼前只剩下一条路，重新回到当初出发的地方——大圩，哪怕再次面对"不自量力""一败涂地"的批评与嘲讽，他都得"偏向虎山行"。

关于经商，有句俗话叫"做熟不做生"，"熟"与"生"不仅涉及行业或产品，而且包含对所在地域风土人情及消费习惯的了解。对于吴小龙而言,大圩是他生于斯、长于斯的故土,对这里的人脉和规则再熟悉不过了。此行他不打算再找人借钱,而是转为"借"材料。吴小龙信步走进一家门窗供应店,提出以每平方米高出市场价 2 元的价格进货,前提是允许赊账。老板了解他的为人,有头脑、有胆魄、有信誉,当场就爽快答应。随后,吴小龙又用同样的方法,以高出市场价 1 分钱的单价赊到了建设所需的水泥砖。每块水泥砖重达 40 斤,从大圩运到贵县,仅每块砖的运费成本就多出 7 分钱,但吴小龙并不在乎,他能够用赊账的方式解决一千多元的建材费用,随时可以开工建设,就相当于圆满化解了筹集资金的危机。那年头流行一句响亮的口号:"时间就是金钱,效率就是生命。"吴小龙的观念更超前、更大胆,他在用金钱买时间,终于得到一丝喘息之机。

10 月 1 日,贵县第二综合门市部按约定如期开工,施工现场井然有序,工人们鼓足干劲追进度。尽管吴小龙熬过了最艰难的困境,但施工队并未摆脱危机,每天都在崩溃边缘挣扎。吴小龙一边关注施工现场,一边打听项目机会,每一次闪展腾挪都是逢凶化吉的希望。听说贵县古樟乡樟木村计划投资 2 万元建设樟木高中,只不过建设局已经安排了施工队承建这项工程。尽管尘埃落定,吴小龙仍不死心,"死马当作活马医",哪怕分一杯羹也好。

吴小龙跑到建设局毛遂自荐,负责人对其早有耳闻,不仅建筑质量好,而且从不拖欠工资。听完吴小龙深陷泥潭的来龙去脉以后,对方被他勇于担当、坚韧执着的精神所打动,提出可以将另一个学校建设工程——樟木小学交给吴小龙承建。樟木小学项目计划投资 35000 元,共有 9 个班级,工程体量、建设资金比樟木高中还要大。时来运转,吴小龙欣喜若狂,在穷途末路之际,他仍然以绝不放弃的顽强精神把不可能变为可能。

10 月 5 日,在建设局、教育局的共同监督下,樟木小学、樟木高中两个建设项目以相同的包工包料价格、相同的设计图纸,在同一天与吴小龙及另一家施工方签订合同。10月6日，樟木小学项目2万元预付款到账，吴小龙感叹："山穷水尽，柳暗花明！真是救命稻草啊！"他立即从中划拨1000多元投入到贵县第二综合门市部项目，四两拨千斤，化解燃眉之急。

吴小龙当时未必清楚，他凭勇气与执着不仅扭转逆境，而且赶上了一波发展机遇。1984年8月，贵县人民政府发出《关于集资办学的试行办法》；1985年3月，中共贵县委员会、贵县人民政府发出《关于实行县、乡（镇）、村分级办学若干问题的决定》，贵县教育改革的系列举措掀起了全民集资抢修中小学危房的热潮，樟木小学、樟木高中两项建设工程便是这种大背景下应运而生的产物。

英国著名作家查尔斯·狄更斯在1859年问世的《双城记》中写道："这是最好的时代，这是最坏的时代；这是失望的冬天，这是希望的春天；人们面前精彩纷呈，人们面前一无所有。"自从同时启动贵县第二综合门市部与樟木小学两个建设项目，吴小龙就处于"最好"与"最坏"、"失望"与"希望"、"冬天"与"春天"、"精彩纷呈"与"一无所有"的喜忧交织的情绪中。到底是柳暗花明还是雪上加霜，一切尚未可知，吴小龙注定将经受考验与挑战。

离贵县第二综合门市部竣工交付只剩10天，吴小龙必须带领施工队速战速决，尽快冲出泥潭，投入新的战场。他重新安排工期，鼓励大家像特种兵一样全力加快进度，工人们铆足干劲，加班加点，每天在紧张、繁忙的节奏中推动项目建设。施工现场，大家秩序井然地忙碌着，扎钢筋、搬材料、搭脚手架、砌墙体……一片热火朝天的景象。为了保障施工安全和质量，吴小龙坚守一线，确保各环节严格按照标准施工，遇到技术难点也能现场解决。经过分秒必争、夜以继日的奋战，吴小龙终于赶在约定日期前一天顺利交付，甲方对质量和速度称心如意，社会上好评如潮。

半个多月的生死鏖战，吴小龙总算将一只脚迈出了"鬼门关"，在人生坠入谷底时绝处逢生。直至今日，贵县第二综合门市部的四层楼房依然挺立，在岁月无声中诉说着那段起死回生的传奇故事。

优秀企业家能够在转瞬即逝间抓住不可多得的机遇，只要大方向正确，便毫不犹豫、马上行动，遇到困难在推动过程中再想办法解决，不断调整。机遇既源于长期关注、敏锐洞察，也离不开广泛交流、收集信息。樟木小学项目是吴小龙发现并把握机遇能力的最早印证，到后来更是炉火纯青。

资金问题是建筑行业在项目开发过程中的最大难关，经过贵县第二综合门市部与樟木小学两个项目的检验与磨炼，吴小龙摸索出一套"借力打力"的模式，以合理安排、调度资金。此后几年间，吴小龙就像驾驶一辆三轮车冲上了高速公路，张弛有度，进退有据，快慢有节，不断在速度和安全之间寻求最大平衡点，实现新的加速度。

创业首战，从跌落深潭到力挽狂澜、反败为胜，这段惊心动魄的难忘经历令吴小龙受益匪浅，他不仅深刻认识到把握机遇和资金问题的重要性，而且不再惧怕失败与挫折。"人生没有白走的路，每一步都算数。"任何经验教训都不是成长路上的绊脚石，而是革新自我的磨刀石、走向成功的铺路石。

吴小龙明白，创业者没有退路，最大的失败就是放弃。他义无反顾，背起行囊，走向大山深处的樟木小学。

第三章
诚信为本：在教育界和建筑界一鸣惊人

吴小龙的标准有些小题大做、不近人情，甚至吹毛求疵。但是，"举头三尺有神明，不畏人知畏己知"。吴小龙有朴素的处世哲学："人无论做什么事，都要心安理得。"不管哪个行业、哪种职业，都要有敬畏之心，对职业敬畏、对工作认真、对质量负责。

1 柳暗花明"樟木村"

自从拿到樟木小学项目那一刻起，吴小龙就像登上了拳击台，要与近在咫尺的樟木高中施工队一较高下。尽管建设局与吴小龙及其对手都心照不宣，但大家又心知肚明，这种局面恐怕也是建设局当初同意吴小龙参与的深谋远虑之一。

吴小龙不惧怕竞争，这几年他一直在工地与其他施工队同场竞技，甚至差一点就要贴身肉搏。不过，他对竞争有独到认识，"不与人争、不与事争、只与己争。"与自己竞争，就是做有特色的自己、做最好的自己，这是源于《道德经》的"不争之争"的哲学智慧。老子有云："以其不争，故天下莫能与之争""天之道，不争而善胜"，竞争哲学中藏有辩证思维的大智慧。

两个不同的建设项目使用的却是相同的设计图纸，其简单粗略程度不言而喻。吴小龙进入现场后，对地形、地貌、地质进行探测丈量，然后在图纸上写下密密麻麻的注释、标记，提前对重点环节、工序制定施工标准。

进入施工阶段，吴小龙要求工人严格按照图纸操作，绝不允许偷工减料。以混凝土的使用为例，由于基础土质不好，需要回填，桩基础超深[1]的部分全部用混凝土浇筑。虽然此举将增加成本、降低利润，但吴小龙恪守质量为先的理念，在每个建设环节都确保质量管控之严格细致。

砂石、水，再加上作为凝胶材质的水泥，按照1918年艾布拉姆发布的水灰比理论进行配比，混凝土就可制作使用。如果施工方出于成本控制考虑偷工减料、以次充好，就会出现混凝土不达标、不饱和，影响工程质量。在樟木高中施工现场，施工队为了省钱，一包水泥都没有买，而是从学校回收11包约0.55吨水泥敷衍应付，就连这点水泥还要挤牙膏式地使用，将大量石头和水混在9包半水泥中。有一次，一只肥硕笨拙的两斤左右的老鼠掉进混凝土，竟然可以在里面穿梭游动、毫无阻力。与其形成鲜明对比，吴小龙采购最好的青石渣，投入10.5吨水泥，搅拌的混凝土色泽青蓝，饱和度、凝结力非常高。

施工期间，教育局安排检查组到两处工地巡查，樟木小学一车接一车将混凝土运送到现场，樟木高中却毫无动静，检查组长火冒三丈训斥："学校建设关乎孩子们的生命安全，为什么樟木小学的混凝土一车车拉上去，你们这边却不放水泥？马上停工！"

---

[1]桩基础超深，实际桩基础超过了原来的设计深度，因为实际地质情况与勘测报告不符，持力层在更深的地方。常用的桩型主要有预制钢筋混凝土桩、预应力钢筋混凝土桩、钻（冲）孔灌注桩、人工挖孔灌注桩、钢管桩等，其适用条件和要求在《建筑桩基技术规范》中均有规定。

话音刚落，检查组长立刻给教育局打电话，要求校舍办工程处马上赶到樟木，连夜检查建设质量。晚上八九点钟，夜色正浓，几道手电筒在樟木高中的工地上来回照射，裂缝在光线照射下清晰可见，检查组沿着裂缝将墙体、立柱撬开，发现根本没有浇筑混凝土，检查组长当场宣布："全部返工！"施工队长不敢怠慢，连连点头答应。

1985 年 9 月 3 日，贵县中小学修建校舍工程验收证件（贵县古樟小学）

讲诚信、重质量，吴小龙以"不争之争"旗开得胜。随着樟木小学顺利竣工，施工质量得到教育局、建设局高度认可，吴小龙的施工队在贵县教育界和建筑行业显露头角。1984 年 11 月，吴小龙承建黄练初中项目，继续在教育行业步步为营。1985 年，吴小龙带领施工队高歌猛进，陆续承接贵城二中、奇石民族小学、西江小学、龙山小学、中里初中等十几个学校建设项目，其中龙山小学经验收获得"鲁班后裔，技艺超群"的美誉。

眼看着事业蒸蒸日上，吴小龙锚定更高目标——贵县建筑工程公司（简称"贵建"）——当地规模最大的建筑公司。他满怀憧憬地说："贵建有工程师、会计师、技术员，还有工会，一切都非常正规、井井有条，我太羡慕了。要是我有机会自己成立公司，那就厉害了！"

1986 年，吴小龙美梦成真，施工队发展为教育建筑工程队，挂靠在具有二级建筑资质的广西贵县大圩建筑公司旗下，独立核算、自负盈亏。当时"挂靠"现象十分普遍，国有体制下的建筑队伍供不应求，迫切需要民间力量充实其中，投身于日益加快的城市化进程。但是，由于改革开放刚刚起步，建筑行业并未对民营企业放开，"挂靠"成为特定时代的特殊产物。

贵县建筑工程公司是具有二级技术资质等级的建筑施工企业，其投资 420 万元自建自管的西江大厦高达 12 层，以当地最高楼的形象引人瞩目，吴小龙雄心勃勃地将其视为学习赶超的对标对象。"我开始有意识、有计划地慢慢把团队做强，有信心跟贵建逐步缩小差距，"他欢欣鼓舞地说，"打响品牌、创造声誉、积累资金，我们要来一个弯道超车！"

"自助者，天助之"，吴小龙赶上了我国校园教育基础设施建设的黄金年代。1986 年，《义务教育法》正式颁布，我国开始实施九年义务教育制度，大力发展义务教育事业。1987 年，党的十三大首次提出了"百年大计，教育为本"，把教育提升到了国家与民族长远发展战略的高度。举国上下对教育的重视，极大促进了教育领域基础设施建设的发展，贵港的"抢修中小学危房工程"和"普九"基建工程全面铺开。自 1985 年至 1989 年，整个贵港市抢修中小学危房工程中，新建教室和宿舍逾 28.8 万平方米。与此同时，贵港的建筑行业迅速崛起，竞争日趋激烈，1985 年贵县建筑队只有23个，到1986年井喷式增长到334个[1]。在浩浩荡荡的建筑大军中，吴小龙既是先行者、开拓者，也是与时俱进的引领者。

从那时起，吴小龙就恪守一条朴素而简单的理念："诚信和质量，是人民大众千古认可、永远不变的真理。"这个道理听起来像一句"正确的废话"，但能够像吴小龙这样坚守40多年的企业家万里挑一。经年累月，"诚信和质量"融入企业血液，成为文化基因，既影响了一批又一批员工不忘初心、追求卓越，又树立起小龙集团诚信经营、质量至上的口碑和形象，得到社会各界的支持与信任。

尤为重要的是，"诚信和质量"的理念并非吴小龙的发明创造，也没有独一无二的独特价值，恰恰相反，它的典范意义就在于其普适性、实践性。吴小龙的创业史是中国建筑行业、民营企业在改革开放历程中的一个样本，也是中国传统文化在市场经济浪潮、社会主义现代化进程中的一种体现。说起来并不稀奇，却弥足珍贵。

2 打破常规的"一颗明珠"

创业初期，企业家很少有内心平静的时刻，经常被焦虑、困惑、恐慌所包围，汲取知识力量、提升个人修为是他们排解压力的重要方式。自学成才是吴小龙成长、成功的重要方式，1987年，吴小龙在达开高中举办的施工技术培训班上考取技术施工证。1992年12月，吴小龙被评为"高级工程师"，成为具备专业建筑知识与丰富实践能力的复合型人才。"高

---

[1] 数据来源于《贵港市志》。

级工程师"的含金量非常高，在当时贵港市建筑工程公司、贵港市第二建
筑工程公司、贵港市第三建筑工程公司三家企业中获此殊荣者凤毛麟角。
对于只有小学文凭的吴小龙来说，取得这份成绩实属不易。

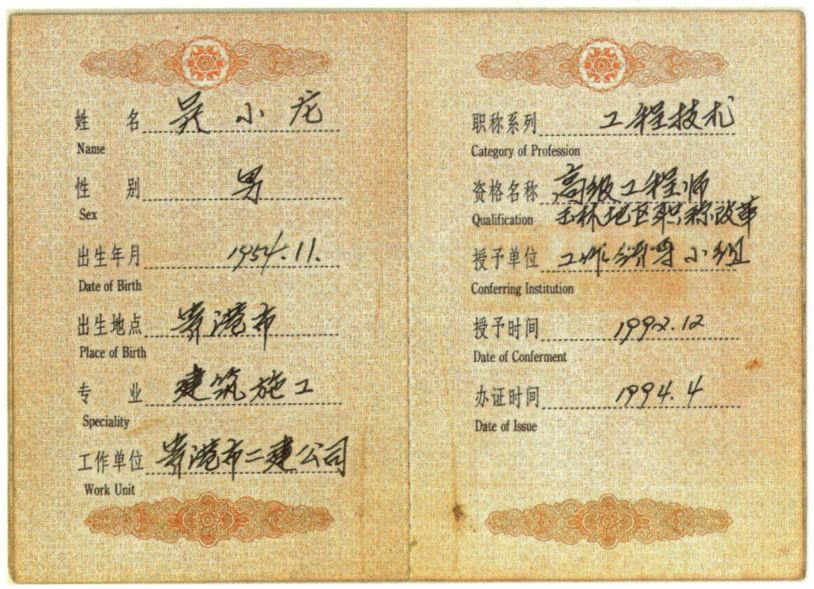

1992 年 12 月，吴小龙取得建筑施工高级工程师证书

　　"不想当将军的士兵不是好士兵"，可将军最难以忘怀的往往是当士兵的日子。成为"高级工程师"固然值得津津乐道，但吴小龙觉得这是水到渠成的结果，他更念念不忘的是 1984 年 6 月参加施工员培训的经历，虽然短暂却长留心间。为了提升建筑从业者的素质与能力，贵县建委在贵县饭店举办施工员培训班，对各乡镇、企业、施工队的 90 多名施工队长、从业人员进行培训并当场考试，通过者将获取施工员证。此时吴小龙正处在贵县第二综合门市部大楼的泥潭之中，他没有被困境所扰，而是置身事外，专心致志地听课、学习。

1985 年 7 月 5 日，吴小龙获得广西集体建筑企业技术人员认定证书

　　贵县建委设计室主任卢文通被邀请为学员授课，他毕业于华南理工大学，既精通专业知识，又了解行业现状，在课堂上很有权威。第一堂课，卢文通开门见山抛出一个建筑实务问题："包工包料中有一项内容——采购钢筋，有些人需要称重才知道钢筋规格，有些人不用称也能买到适用的

钢筋，有人知道该怎么买吗？"

整个会场鸦雀无声，众人眉头紧锁、陷入沉思，卢文通环顾四周，看着台下渴盼的眼神，正准备给出详细解答。不料，吴小龙举手示意，卢文通问道："你说说，怎么做？"

"两种方法。一是死记硬背，二是理论计算。"吴小龙自信地回答。

卢文通饶有兴趣的引导："说来听听。"他想看看此人到底有真本事还是假把式。

"死记硬背，就是直径 4 公厘[1]的钢筋重 0.099 公斤 / 米，6 公厘是 0.222 公斤 / 米，8 公厘是 0.395 公斤 / 米，10 公厘是 0.617 公斤 / 米，12 公厘是 0.888 公斤 / 米，14 公厘是 1.208 公斤 / 米……"时隔 40 年，谈起这段趣事，吴小龙不假思索地脱口而出，一口气将钢筋常用参数背了一遍，竟然全部正确，他接着说，"理论计算，万一不记得准确数据，先用钢筋的半径乘以半径再乘以 3.1416[2]，就可以得到横截面的面积，再乘以钢筋的长度算出体积，最后用体积乘以钢筋的容重[3]7.85 吨 / 立方米，就能得出每米的重量了。"

吴小龙思路清晰、记忆准确、表达流畅，卢文通频频点头称赞，同学们心悦诚服。没过多久，卢文通再次提问："钢筋粗细不一，弯钢筋时的弧度、长度怎么计算？"吴小龙继续回答，从容自如、口若悬河，赢得赞声不绝。

其实，这都是吴小龙平时自学积累的知识，早就背得滚瓜烂熟。只要付出非同寻常的努力，就有机会取得骄人的成绩。培训结束时，吴小龙毫

---

[1]公厘：公制长度单位，毫米的旧称。

[2]圆周率的近似值。

[3]容重也称为重度，此处指单位容积内物体的重量，工程上指一立方的重量，如单位体积土体的重量。

无悬念地考取施工员证，在项目中屡遭挫败的他终于扬眉吐气了。

吴小龙不仅自己刻苦学习、提升技能，还经常举办技术讲座，向工人传授知识和经验，而且掏钱送 3 名工人到贵县和南宁参加质检员、预算员培训，一批工人达到技术员水平。他要带领团队一起策马扬鞭、开疆拓土，继续在教育基础设施建设中力争上游。

一鸣惊人的时刻在 1987 年到来，贵县教育局计划建设综合楼，建筑面积 5860 平方米，原材料由甲方自主采购，承建方只负责现场施工，俗称"包工不包料"。包工包料[1]是建筑行业的普遍做法，承建方可以在原材料和人工费用等支出方面自行支配，利润空间更大。贵县教育局提出的"包工不包料"方式令各施工队兴味索然："就赚几千块钱，谁做啊？"

同行避之不及，吴小龙却视为千载难逢的好机会："要想获得超常的回报，必须要有超常的付出。这个项目是展示自我的平台，是打响品牌的好机会，一定要从里面做出文章！"

既然是超常项目，就要用超常方法。吴小龙说："按照常规去做，永远都是常人。要想成为非常人，就要打破常规去做事。"在贵县教育局综合楼项目中，吴小龙围绕高品质追求进行了许多技术创新和标准制定，他深知，只有打破思维边界、融合不同知识，以专业能力不断探索和创新，才能建造别具匠心的建筑。

---

[1]即工程施工所用的全部人工和材料由承包方负责。

1987 年，贵县教育局综合大楼开工现场

吴小龙在施工技术上大胆创新：设计图纸要求普通抹灰，他偏要按照高级抹灰施工；国家标准按照两米检尺验收，他加码到三米，结果墙面与三米检尺之间的缝隙连一张报纸都塞不进去；他创造性地将木匠用的墨斗应用到建筑行业，发明"墨斗弹线法"，用墨斗蘸石灰水拉线弹在楼面上，

让工人按照线条扎钢筋，每个网格如同机器测算一般精确；他要求捆扎钢筋必须"满扎"，每个连接处都要绑扎，严禁偷工减料。

墙面贴瓷砖是很多施工队头疼的工序，工人习惯在墙面直接抹水泥贴瓷砖，又快又省事，可由于瓷砖和墙体接触面不结实，时间一久就容易脱落。吴小龙要求贴瓷砖之前将墙体浇水泡湿浸透，这样就能牢固粘贴在墙面上。随后，工人要对墙面瓷砖逐一排查，如果因为气泡、手法等原因出现松动，当场返修、加固，确保每一块瓷砖坚实镶嵌在墙面上，挑不出任何瑕疵。

功夫不负有心人。1989 年 1 月，教育建筑工程队荣获贵县城乡建设委员会颁发的"1988 年度竣工单位工程质量评比第一名"锦旗，这是新中国成立以来贵县第一次举行的建筑工程质量检查评比会，其含金量和关注度不言而喻，能够超越实力雄厚的国有建筑公司获此殊荣着实不易。此后，广西住建系统组织全区众多建筑公司专程到教育建筑工程队进行现场观摩，学习吴小龙的创新施工技术和现场管理经验。吴小龙一战成名，在整个广西建筑行业引起轰动。

《西江岸畔的明珠——贵港市》画册封底

就在吴小龙以严控质量、大胆创新推动教育局综合楼顺利竣工的 1988 年，贵县迎来具有里程碑式意义的历史性时刻。1988 年 12 月 20 日，经国务院批准，贵县撤县改市并更名为"贵港市"，隶属玉林地区。为了庆祝撤县立市，贵港市专门制作了一本纪念画册，吴小龙领导的教育建筑工程队被誉为"本市的一颗明珠"。作为贵港城市建设、社会发展的见证者、参与者、推动者，吴小龙与时俱进、开拓创新，始终与城市发展同频共振，持续推动商业进步，共同创造美好生活。

3 砸出来的质量和口碑

贵港位于广西东南部，西江流域中游，土地肥沃、气候宜人，民间素有"贵县熟，广西足"的谚语流传。从贵县到贵港的名称变化，既突出了"因港而兴，依港而富"的新兴内河港口城市的特点，又与西江黄金水道下游的香港产生"上有贵港，下有香港"的关联，一举多得[1]。而从"县"到"市"的一字之变，意味着贵港吹响了从农业为主向工业化、城镇化和农业产业化前进的号角，城市建设也将迈上新台阶。乘着撤县改市的浩荡东风，1989 年，吴小龙在教育建筑工程队的基础上成立贵港市教育建筑工程公司，这不只是简单的名称变更，而是他对于社会趋势、战略目标、组织形态的认知变化，承载着超越并引领行业发展的雄心与梦想。

这一年，正在筹备中的中国建设银行贵港分行计划建造一栋 11 层、带电梯的大楼（简称"建行大楼"），建成后将成为贵港市最高建筑。消

---

[1] 杨阳.也说"贵港"市名的由来[N].贵港日报，2021 年 10 月 31 日.

息传开，贵港建筑行业沸沸扬扬，尽管那几年报纸上时有刊登摩登大楼的消息：1985 年，高 50 层、160 米的深圳国贸大厦落成，号称"中华第一高楼"；1989 年 7 月，第一座由中国人独立承建的超高层建筑京城大厦封顶，地上建筑高达 52 层。不过，别说五十多层，在贵港五六层楼已属鹤立鸡群，超过十层绝对"一览众山小"，建筑结构是否安全、电梯事故如何避免、施工技术如何突破……人们既怀疑此举操之过急、好高骛远，又好奇谁能拔得头筹、打破纪录。

表面上知难而退，暗地里争先恐后，建行大楼项目在贵港建筑行业掀起滔天巨浪，行长办公室每天门庭若市，前往承揽工程的人络绎不绝。各建筑公司、工程队为了拿到项目纷纷压价，不约而同地在行长面前拍胸脯、表决心："这个项目，就算亏本我也愿意做！"硝烟弥漫的价格战令行长兴味索然，不置可否。

建设银行因建设而生，因建设而兴。怀着如此崇高的初心和使命，建行大楼必将成为质量工程、贵港样板，建筑质量是重中之重。而低价竞争固然可以节省投资，但也会导致项目陷入恶性循环，承包单位要么实力不济、管理不善，以低价为竞争手段扰乱市场；要么为降低成本偷工减料、牺牲质量，后果将不堪设想。孰轻孰重、孰优孰劣，行长胸有成竹。

陆续荣获"鲁班后裔，技艺超群""1988 年度竣工单位工程质量评比第一名""本市的一颗明珠"等美誉，吴小龙风头正盛、势如破竹，当然不会放过奋勇当先的绝佳机会。他信心百倍地走进行长办公室，仿佛正在步入推动贵港城市建设与发展的英雄行列。

还未等吴小龙说明来意，行长就开门见山地问道："别人都说亏本都要做这个项目，你有什么看法？"

"这个项目不可能亏本，"吴小龙快人快语，直抒胸臆，"我不但不会亏钱，还要把项目做得最好，哪怕少赚一点。"

这个说法令人耳目一新，行长兴味盎然。吴小龙继续说道："建行大楼执行国家政策，按照定额结算，亏本是不可能的。反之，只有管理不善、工程质量和安全出问题才会亏本。"

行长连连赞许："你讲得有道理！"他不仅赞同吴小龙的专业观点，更欣赏他坦诚率真的性格。

贵港建筑行业有个不成文的规矩，根据工程规模安排承包单位，大型工程给贵港市建筑公司，中等工程给贵港市第二建筑公司等，以此类推，贵港市教育建筑工程公司不可能拿到建行大楼项目。但是，行长与吴小龙一见如故，再加上教育局综合大楼珠玉在前，自然对这支能征善战的年轻队伍充满信心。即将兴建的中国建设银行贵港分行位于贵港市第三建筑工程公司隔壁，"近水楼台先得月"，领导将项目交给其承包，但是点名由吴小龙的贵港市教育建筑工程公司承建。

施工中的建行大楼

从吴小龙第一次看到设计图纸，就为建行大楼雄伟壮观的设计而震撼，并下定决心要将其从蓝图变为现实。但是，敢为人先何其不易，楼层越高建设难度越大，这不只是高度的积累，施工难度会成倍增加，需要建设者付出超越以往的智慧与辛劳。

首先要解决水泥、钢筋、混凝土等材料的输送问题，贵港市教育建筑工程公司没有塔吊等设备，只能用卷扬机进行垂直运输，再用斗车做水平运输，整个过程高度依赖人力。刚开始一两天就能浇筑一层楼，随着高度不断提升，进度日渐缓慢，高层需要四五天才能浇筑一层楼。既要按期交付项目，又要保证施工安全，吴小龙每天从一楼爬到高层，仔细巡查、监管每一处细节，现场梳理实际情况、调整施工安排，和工人们铆足干劲全力推动项目建设。

项目再难、进度再慢，吴小龙从不因此降低质量要求。质量至上、精益求精是他永恒不变的追求，也是每天巡查工地的首要目的。用高标准造就高品质，才能配得上建行大楼的新高度，不负全贵港百姓的期待。

有一天，吴小龙在巡查中发现有三根立柱出现蜂窝[1]，当即要求砸毁重做。即便工地嘈杂喧嚣，但他郑重其辞的声音依然吸引了工人们的目光，大家面面相觑。一位有经验的工友壮胆建议，立柱起蜂窝不算质量问题，可以用材料填补缺陷，然后进行表面平整打磨就能解决。

"你觉得可以，在我这里不行！"吴小龙闻言铁面无私道，"我看它不顺眼，现在，马上给我砸！"

吴小龙一句话，三根7米高、质地坚硬的粗圆立柱，工人们整整砸了10天，连甲方质检员都忍不住劝说："不用这样麻烦，补补就算了。"吴小龙无动于衷，继续贯彻质量原则："赚钱也好，做事也罢，怎么能只知

---

[1]蜂窝：蜂窝是建筑领域名词，指混凝土局部酥松，砂浆少、石子多，石子之间出现空隙，形成的蜂窝状孔洞。其形成的原因有细集料不足、工作性差、集料太大等。

有得、不知有失？砸！"

那时候，建筑行业的质量监管机制还有待完善，质检员通常在开工、主体结构验收、竣工三大关键节点把控质量，有些施工方就会钻空子、抓漏洞，在其他环节偷工减料、蒙混过关，立柱蜂窝现象根本不值一提。以此对照，吴小龙的标准有些小题大做、不近人情，甚至吹毛求疵。但是，"举头三尺有神明，不畏人知畏己知"。吴小龙有朴素的处世哲学："人无论做什么事，都要心安理得。"不管哪个行业、哪种职业，都要有敬畏之心，对职业敬畏、对工作认真、对质量负责。

"一般人不会这样做，但哪怕亏钱我都要砸，必须做个示范。看起来暂时亏了，但往后的工作更好开展，社会影响也更好。"吴小龙如是说。可以说，如果没有当年砸掉立柱的认知与勇气，就没有小龙集团的今天。这个不平凡的举动不仅砸出了员工的质量意识，也在业界形成良好口碑。

新落成的建行大楼

1990 年 10 月 20 日，中国建设银行贵港支行正式成立，11 层的建行大楼巍峨气派，成为贵港市家喻户晓的地标建筑，深受银行体系、住建体系领导的好评。站在楼顶俯瞰全城，浔郁平原孕育发展热土，西江碧流汇入广阔世界，难免会有"不畏浮云遮望眼，自缘身在最高层"的心旷神怡。

高层建筑热潮兴起是经济发展的必然结果，吴小龙以建行大楼为新起点，接连承建了贵港市供电局电力调度办公大楼、贵港市建设局大楼两栋 15 层建筑。三座高楼在解放路上交相辉映，共同描绘出一道亮丽的风景线，成为贵港经济实力和城市精神的一个载体。

伴随着贵港的高楼不断拔高，吴小龙的事业也在节节攀升。1991 年入职的小龙集团工程副总裁梁文杰对那段欣欣向荣的岁月充满怀念，"1992 年到 1993 年，我们的工程业务十分辉煌，许多工程都指定我们去做，客户都是自己找上门来，真的太自豪了！"贵港市教育建筑工程公司已颇具规模，不但引进了塔吊等先进设备，而且吸收了许多优秀人才，管理层有二三十人，十几个项目同时开工，千百号工人齐心奋战，真是一段激情燃烧的岁月。

上世纪九十年代，贵港市教育建筑工程公司承建了一批至今引以为傲的代表项目：贵港第三百货大楼、贵港市高级中学综合办公楼、贵港市桂平县建设银行营业厅大楼、贵港市保险公司营业厅大楼、贵港市电力办公调度中心、贵港市百货大楼、贵港市汽车西站、贵港市建委培训中心大楼等。由于技艺精湛、质量出众，贵港市教育建筑工程公司实施的许多工程都成为贵港建筑行业的标杆项目，各种荣誉纷至沓来，广西自治区建设厅（现广西壮族自治区住房和城乡建设厅）通知各地建筑施工企业，要求到贵港市实地参观考察贵港市保险公司营业厅大楼等项目，一时间在业界成为美谈。

荣誉已成过往，征途仍需奋斗。吴小龙继续带领团队拼搏进取、追求卓越，施工技术在大量丰富实践中得到全面提升，不断实现从首创者到领跑者的自我超越。

① 1990 年，贵港第三百货大楼

② 1991 年，贵港市高级中学综合办公楼，获优良工程奖

③ 1992 年，贵港市桂平县建设银行营业厅大楼，获玉林地区建筑工程质量评比一等奖

④ 1992 年，贵港市保险公司营业厅大楼，获本年度玉林地区建筑工程质量评比一等奖

⑤ 1993 年，贵港市电力办公调度中心，获玉林地区评比一等奖

⑥ 1994 年，贵港市百货大楼

⑦ 1996 年，贵港市汽车西站

⑧ 1997 年，贵港市高级中学图书实验大楼，获优良工程奖

⑨ 1998 年，贵港市建委培训中心大楼，获本年度贵港市建筑工程评比一等奖

4 捐资助学：百年大计，教育为本

自 1984 年以樟木小学项目参与教育基础设施建设到 1992 年底，吴小龙不但按时保质完成了全部承建的学校校舍建设工程，而且积极承担起全市抢修中小学危房的繁重任务。这些建设、抢修工程大多数在偏远乡村，作为"教育的最后一公里"，既是最急缺的民生短板，也是最艰难的攻坚阵地，贵港市教育建筑工程公司持续发挥巨大作用。殊为难得的是，吴小龙还积极响应贵港市"四个一点"[1]号召，在"群众出一点"方面作为表率奉献爱心、伸出援手，先后为贵城四中、三里二中、西江小学、中里高中等学校捐资 45 万元，支持学校建设和发展。

教育可以改变一个人的命运，进而成就国家和民族的未来。所谓扶贫

---

[1] 从 1986 至 1990 年，贵港市政府大力提倡集资办学，明确提出"四个一点"的做法，即国家出一点、单位出一点、群众出一点、学校勤工俭学出一点。

先扶智，乡村学校是乡村的灵魂和内核，既传播知识、塑造乡风，又能提供人才和智力支撑。吴小龙多年如一日支持教育公益事业、乡村学校建设，就是希望全力将乡村教育做实、做细、做好，促进乡村中小学生健康成长、全面发展，让每一个孩子都有人生出彩的机会。

作为吴小龙慈善公益事业的起点，捐建学校的初心与他的品德、经历有关，也离不开父亲的影响。

由于历史原因，乡村学校闭塞落后、满目疮痍，所见所闻令吴小龙深受触动。尽管这些建设、抢修工程几乎都要求先行垫资，并且利润几乎为零，很多工程队都千推万阻，吴小龙深入考察、了解到千难万险之后，毅然决定全部承包下来："学校太穷了，老师太苦了，学生太难了。在破破烂烂的瓦房里怎么能上课学习？我就是赔钱也要建好这些学校！"

慈善之心源于内心深处对他人苦难的同情与共鸣，也与吴小龙少年时的遗憾和伤痛有关。由于家庭成分问题，吴小龙小学毕业即辍学，失去通过读书考大学改变命运的机会。社会转型过程中产生的问题由孩子们承担并不公平，吴小龙希望通过校园建设、改造提升等工程，改变学校面貌、办好乡村教育，让更多孩子能够实现人生梦想。

父亲吴俊荣一生致力于教育事业、热心社会公益，对吴小龙影响深远。吴俊荣先后捐资建校、抢修中小学危房，给市体委、市电视塔、大圩卫生院等单位捐资办事业，得到社会好评，1989年以后连续捐资举办"大圩龙岩杯"篮球比赛。老有所为，老有所乐，吴俊荣被评为贵港市体育先进工作者、玉林地区离退休干部先进个人，广西自治区体委、区农业厅、农民体育协会联合颁发的"自治区农民体育积极分子"荣誉证书及奖品，荣获全国老有所为奉献奖。吴小龙走上公益慈善之路、积极承担社会责任，与父亲的教育、熏陶密不可分。

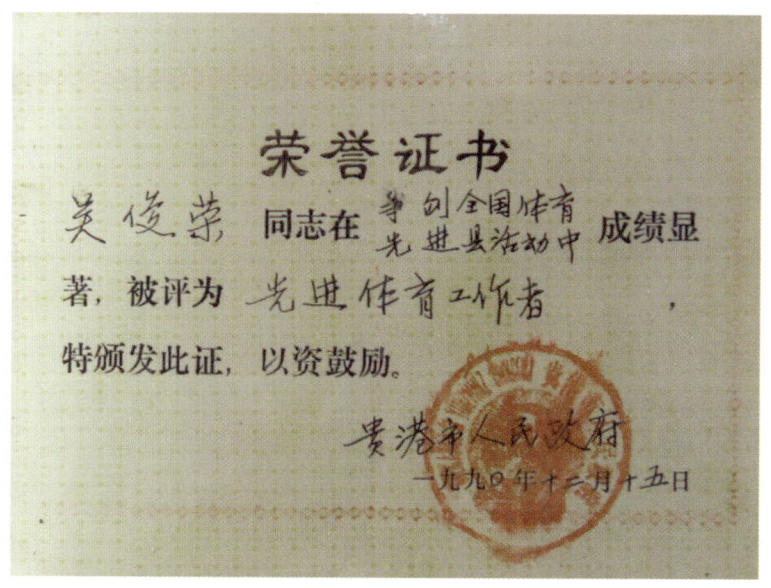

1990 年，吴俊荣被评为贵港市先进体育工作者

1992 年，吴俊荣被评为广西壮族自治区农民体育积极分子

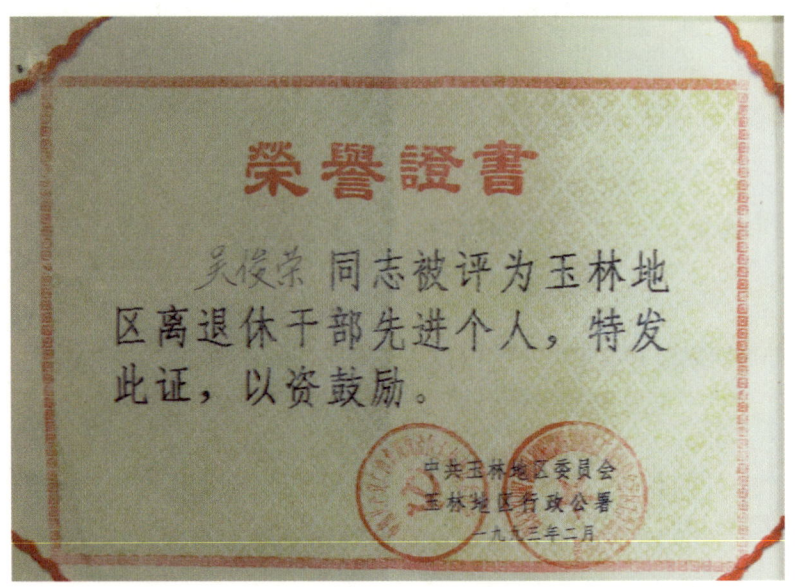

1993 年 2 月，吴俊荣被评为玉林地区离退休干部先进个人

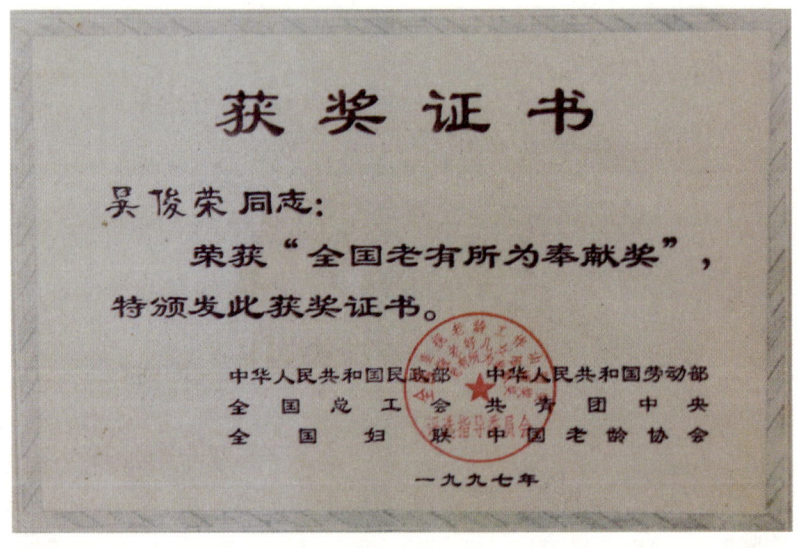

1997 年，吴俊荣荣获"全国老有所为奉献奖"

　　捐资助学是一项长期性的历史任务，连续多年捐建学校改善了办学条件和教学环境，吴小龙还想帮助贫困家庭的青少年完成学业，支持呕心沥血的老师安心教学。1993 年 6 月，吴小龙捐款 100 万元设立"贵港市吴小龙教育奖励基金"（简称"吴小龙教育基金"），每年奖励 600 多名品学兼优的中学生和优秀教学工作者，激励他们勤奋学习、努力工作，这项捐资刷新了广西私人设立教育基金会的记录。吴小龙情真意切地说："我是从一个普普通通的建筑工起步的，在工作劳动中刻苦学习，学到了一些建筑工程知识。近年来在党的改革开放政策路线指引下，逐步走上了劳动致富之路。积累了一点资金，手上有了一点钱，我首先想到的是'百年大计，教育为本'，国家要富强，要培养一大批具有文化科学知识和劳动技能的人才。所以我在力所能及的情况下，拿出一点钱来……"

1993 年，吴小龙教育奖励基金颁奖大会在东方红会堂隆重举行

清代诗人袁枚写过一首小诗《苔》："白日不到处，青春恰自来。苔

花如米小，也学牡丹开。"大山里的孩子就像潮湿角落里不被关注的苔藓，连草都算不上，但依然能绽放青春活力，实现人生价值。孩子们需要被看见、被尊重、被支持，正是吴小龙捐资创办教育基金的初心与意义。此举并非心血来潮的突发奇想，吴小龙希望抛砖引玉，架起爱心传递和接力的桥梁，呼唤全社会共同关心和支持教育事业，帮助贫困学生成长为栋梁之材。

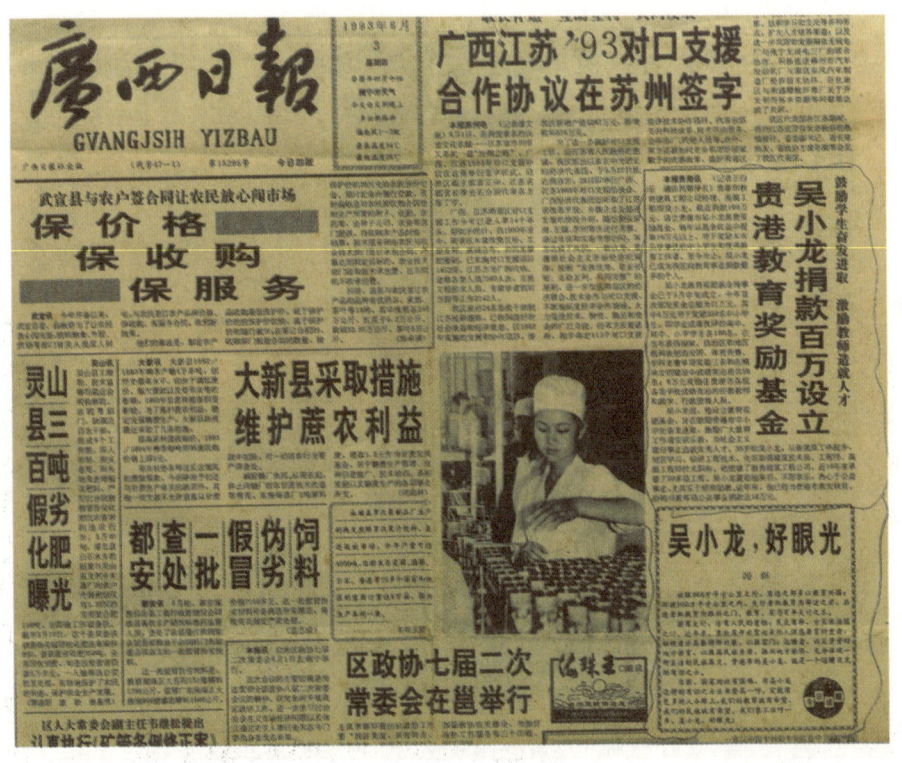

1993 年 6 月 3 日，《广西日报》报道"吴小龙捐款百万设立贵港教育奖励基金"

　　吴小龙建立教育基金的先进事迹经媒体广泛报道，在社会各界引发热烈反响。吴玉冰在南宁英华学校读五年级，那天班主任拿着一份《广西日报》走进教室，引以为豪地宣布："原来吴玉冰的爸爸做了这么大的好事，我们都不知道！"随后，班主任激动万分地开始读报："吴小龙捐款百万设立贵港教育奖励基金，鼓励学生发奋进取，激励教师队伍造就人才……至今为止，吴小龙已成为我区向教育事业捐款最多的个人。"吴玉冰极力掩饰骄傲自豪的内心，"父亲的善举引起那么大的反响，我心里特别高兴！"妹妹吴玉姬回忆道："我坐在座位上，心里好激动，我为爸爸感到骄傲！"这种潜移默化的影响，将吴俊荣、吴小龙父子两代人的教育情怀与慈善之心传承、延续到下一代。

为了让吴小龙教育基金良性运营、发挥价值，吴小龙倾注了大量心血，克服了许多困难。企业初创，资金非常紧缺，特别是教育基础建设相关项目需要垫资，而且利润微薄，甚至回款困难，吴小龙宁愿将自建房抵押贷款，也从未考虑将承诺捐赠的 100 万元教育基金的本金收回。1993 年，吴小龙教育基金的奖励章程明确规定："每年从收益中提取 10 万元以上作为奖金。"两年后，吴小龙在 1995 年修订的章程中提出："每年从中提取利息 15 万元作奖金，用于奖励我市中小学优秀毕业生、优秀教师和优秀教育工作者。"基金管理章程也在不断细化、升级，1993 年的规则非常简洁："高中，奖励 100 名，每名奖金 150 元。其中理科、文科、外语三类考生获得自治区第一名的每名奖金 1000 元。"到了 1995 年，奖金类型细分出各种等级，更多学生有机会从中受益。

小龙集团总裁助理覃伟康是吴小龙教育基金的见证者，也是受益者，他记得 1993 年吴小龙在一次谈话中向他表示："教育是中国的希望，我想帮助这些孩子重拾学习的信心。我要建立教育基金，让优秀的老师和学生得到一点赞助，感受一份帮助，得到一个鼓励，坚定一份信心，一定要用教育来改变命运！"早年从事教育工作时，覃伟康凭借优秀的教学成绩曾两次获得吴小龙教育基金。1995 年 2 月 7 日，《贵港市报》以"1994 年我市教育取得显著成绩，500 多名教师荣获吴小龙教育基金奖"为题，用整整一个版面刊登获奖教师名单，在"小学教育"一等奖获得者名单中，覃伟康榜上有名。

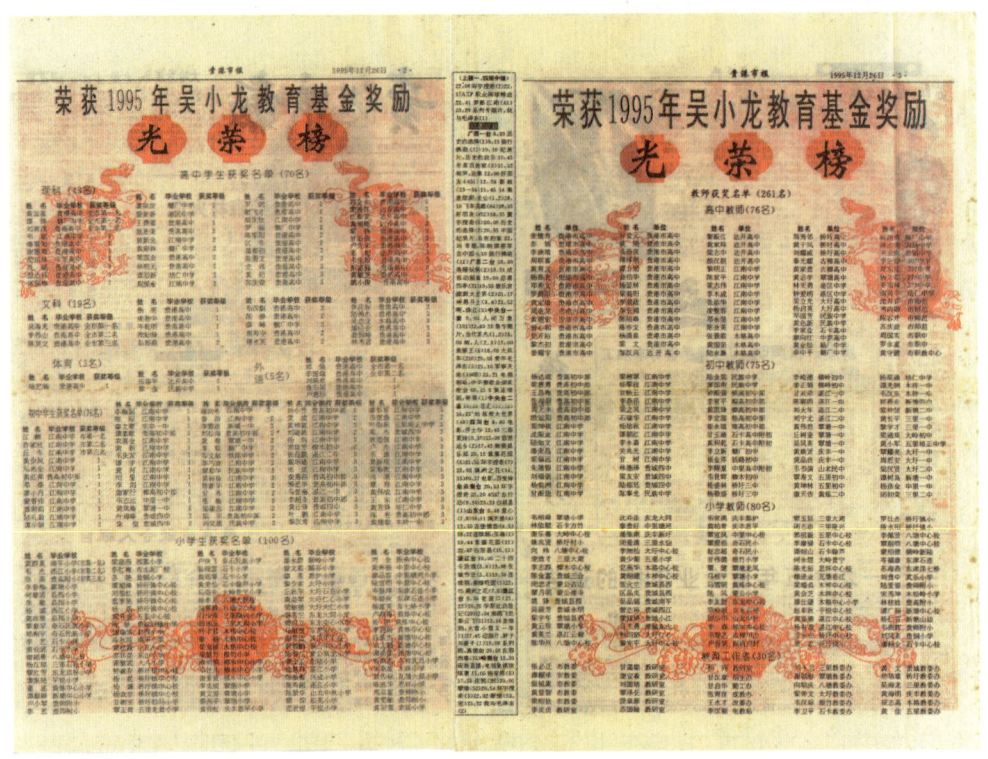

1995 年 12 月 26 日，《贵港市报》报道 "荣获 1995 年吴小龙教育基金奖励光荣榜"

　　无独有偶，小龙集团营销副总裁黎少东上小学时，因为品学兼优获得过吴小龙教育基金，"吴小龙"三个字从此刻在心底，爱心与鼓励陪伴他不断成长，通过知识改变命运。多年以后，机缘巧合，他在小龙集团变革创新的亟需用人之际"空降"入职，续写这段"善有善报"的佳话。黎少东难掩兴奋地分享，有一次他在小龙集团翻到一份 1995 年 12 月 26 日出版的《贵港市报》，用了两个整版专门刊登"荣获 1995 年吴小龙教育基金奖励光荣榜"，在左下角"小学生获奖名单（100）名"榜单中，"黎少东"三个字赫然在列。

　　实际上，小龙集团每年都会在《贵港市报》发布吴小龙教育基金获奖名单，鼓励成千上万名优秀教师、学生成长进步。

　　饮水要思源，做人不忘本。在吴小龙事业转折的关键期，前行的每一步都与国家发展、教育进步休戚相关，他力所能及地回报社会，为乡村教育注入了一股积水成渊、积善成德的精神力量。企业发展离不开政府支持、社会关怀，而回馈本身也是一种成长。

第四章

敢为天下先

这一年，吴小龙 40 岁，正处在年富力强的事业黄金期，他已经从时代变局中嗅出巨大商机，意图以敢为天下先的勇气和担当，大胆地闯、拼命地干，开创一片新天地。吴小龙的创业史，在这场波澜壮阔的历史航程中如沧海一粟，却同样激荡人心、隽永绵长。

1 广西第一家私营建筑企业

1992年，邓小平的南方谈话如滚滚春雷响彻神州大地，掀起改革开放的第二次浪潮，市场经济深入人心，民营企业家勇立潮头。

"春天的故事"写满春意盎然、万象更新。1993年，吴小龙在《人民日报》上读到山东省成立全国第一家私人建筑企业的消息，顿觉欣喜万分。"春江水暖鸭先知"，吴小龙感觉到时代变迁与行业风口就在眼前，他激动兴奋地告诉下属："我也要成立私营建筑公司，这将是广西第一家私营建筑企业！"

话音未落，吴小龙立即拨通了贵港市政府电话，清晰简洁地汇报了关于创办私营建筑公司的想法。尽管山东有先例，但在广西听起来还有些石破天惊，毕竟"姓资姓社"的争论刚平息一年多,私营企业还处在"躲躲闪闪""不光彩"的舆论氛围中。市政府工作人员没有在电话中给予答复,表示需要向上级主管部门请示。

经贵港市相关部门引荐,吴小龙联系到广西壮族自治区住房和城乡建设厅(简称"住建厅"),再次表达希望成立私人建筑公司的强烈愿望。住建厅分管领导对于他的理想与勇气极为欣赏,但由于历史原因,很多政策性问题无法快速解决,仍需继续上报。

众所周知,改革开放初期,国家政策不允许开办私人企业,挂靠集体企业成为不得已而为之的选择。明明是自筹资金、自主经营、自负盈亏的私人企业,却因挂靠问题造成产权纠纷,一部分幸运儿通过转制明晰产权,成为民营企业;还有很多不幸者改制失败,湮灭在历史长河中。吴小龙别树一帜,放下历史遗留问题与产权归属纷争,另起炉灶注册成立新公司。然而,任何"零的突破"都是改革的一部分,必将引发思想交锋、体制改革,推动政府出台鼓励政策引导发展。改革成果将促进社会更加进步、多元,市场经济不断完善、健全,继而促进新一轮改革开放。这是一个相互影响、彼此促进的曲折过程,政府的引导扶持与企业家的创新精神,共同成就了中国民营企业改革发展之路。

吴小龙重新提交材料,开始进入旷日持久的漫长等待。开办私人企业不只是个人事务,甚至涉及"国家改革议题",需要各管理部门研究论证,并征求专家学者和相关社会团体的意见,考虑方方面面的因素,审批流程繁琐而漫长。在吴小龙度日如年的期盼中,全国人民也在密切关注另一项"世界级"审批——北京申办 2000 年奥运会。豪情万丈的中国人发出"让世界了解中国!"的邀请,以前所未有的热情表达对奥林匹克运动的期盼。然而,1993 年 9 月 24 日凌晨,当北京以两票之差败给悉尼的消息传到贵港,吴小龙难掩沮丧,但很快慷慨激昂地告诉众人:"这一届申奥虽然没成功,我们还有下一次！北京一定能成功！"

那天晚上，吴小龙辗转反侧、彻夜无眠。在他看来，北京申奥万无一失，却仍然未能如愿。成立广西第一家私人建筑企业的创举，何尝不是一次突破历史的"申奥"？申请本身就是在参与改革、推动发展，成功与否都体现出自己对理想的追求和向往。想到这些，吴小龙重拾信心，矢志不渝地奔向新征程。

为了方便递交材料、咨询沟通，吴小龙专门购买一辆吉普越野车，在贵港与南宁之间奔波，一来一回300多公里。司机蒋耀华回忆："当时广西没有私营建筑公司，所以审查很严格、慎重，甚至都不敢帮我们办理。老板也很谅解，经常强调不能因为自己要办公司而让工作人员为难，不然心里过意不去。"与政府打交道，吴小龙极其谦逊低调，特别注重待人接物的细节之处。别的老板都把车开到政府大楼的大堂门口才下车，蒋耀华觉得很有面子，有几次也想把车开到市政府大楼门口，吴小龙却坚决制止，要求在政府大院门外停车，然后步行前往。蒋耀华说："受到老板影响，现在我也不会把车开到人家大门口，很注意细节。"他还记得，短短一年多时间，那辆车行驶里程达到75000公里。吴小龙不辞劳苦辗转各有关部门，想尽千方百计，说尽千言万语，经常被冷眼相对、拒之门外，却丝毫没有动摇他的决心。

常年杳无音信，忽然喜从天降。在住建厅的关心与支持下，审批手续终于有些眉目。经过多次查阅、讨论申报材料、相关资质后，住建厅广泛听取专家意见，并专程前往全国仅有的两家私营建筑企业参观、学习。尽管没有当场给出定论，但吴小龙感觉到曙光就在眼前。

1994年7月1日，《中华人民共和国公司法》正式实施，这是我国首部为规范公司的组织和行为，保护公司、股东和债权人合法权益，维护社会经济秩序，促进社会主义市场经济发展而制定的法律。冰河解冻，万物复苏。公司法为公司保驾护航，为我国现代企业制度完善和民营企业发展壮大开启了新篇章。

三天之后，1994年7月4日，吴小龙终于等到了贵港市人民政府的批复："经研究，同意成立广西贵港市小龙建设工程公司（简称"小龙建司"）。公司成立后施行归号管理，隶属市建委领导；性质为私营企业，经济上独立核算、自负盈亏，依法经营，照章纳税。请有关部门给予办理审批技术资质等级证书、核发营业执照等手续。"这是值得小龙人铭记不忘的历史时刻，吴小龙将记录审批意见的两张纸留藏至今，对那天激动欣喜的心情永生难忘，眼含泪光说道："我有家了。企业终于成立了，我真正有了事业上的家！有了这个平台，我们的建筑公司就要迎来大发展了！"

广 西 壮 族 自 治 区

贵港市人民政府

贵政函字（94）第43号

贵 港 市 人 民 政 府
关于同意成立广西贵港市小龙建设
工 程 公 司 的 批 复

市建委：

　　吴小龙同志请示成立"广西贵港市小龙建设工程公司"的报告，符合改革开放精神，是深化建筑企业制度改革的又一重要变革，经你委及有关部门审核，该同志组建的"广西贵港市小龙建设工程公司"已具备以下条件：

　　1、该同志从事建筑专业工程施工十五年，获得了高级工程师（集体）职称，曾任贵港市教育建筑工程公司经理。由该同志组建的小龙建设工程公司，技术力量较强，有专业职称技术人员16人（其中拥有高级职称1人，中级职称3人，初级职称12人），具有中级岗位证书的在岗人员20人；

　　2、该同志近几年来承担的一批工业与民用建筑工程的

1

施工，工程质量全部合格，优良品率达30%以上，先后获得区、地、市工程质量优良奖多项；

3、拥有固定资产700万元以上（其中生产性机械设备不少于500万元），流动资金100万元以上；

4、年完成建筑安装产值超过1200万元。

根据上述条件，已符合建立该行业公司的要求，经研究，同意成立广西贵港市小龙建设工程公司。公司成立后实行归口管理，隶属市建委领导；性质为私营企业，经济上独立核算、自负盈亏，依法经营，照章纳税。请有关部门给予办理审批技术资质等级证书、核发营业执照等手续。

此复

贵港市人民政府
一九九四年七月四日

主题词：成立　公司　批复

发：市工商局、税务局、财政局、城建局、吴小龙。

贵港市人民政府办公室　　一九九四年七月六日印发

（共印15份）

1994年7月4日，贵港市人民政府关于同意成立广西贵港市小龙建设工程公司的批复

此时距离贵县大圩建筑工程队十二队成立已经整整过去12年。老员工百味杂陈，心潮起伏，他们对于成立广西第一家私营建筑企业的影响理解不深，但是从公司成立庆典的盛大景象中也能感受到意义非凡。那一天，庆典现场人山人海，欢天喜地，来自广西、贵港相关单位的红色巨型祝贺条幅迎风舒展，舞龙舞狮的精彩表演在震天的鼓声和鞭炮声中赢得阵阵喝彩。围观群众将道路堵得水泄不通，交警大队不得不以封路、限流维持秩序。

小龙建司成立庆典现场

嘉宾为庆典剪彩

　　贵港市委、市人大、市政府、市政协等领导班子成员莅临现场，与吴小龙一起剪彩，共同庆贺。吴小龙在致辞中百感交集地回首奋斗历程："在改革开放的大潮中，我们以敢于竞争、勇于开拓的精神，坚持守质量、严要求、讲信誉、守工期的生产经营方针，依靠自身的优势，面向广阔的市场奋力拼搏，经历了由小到大、由弱到强的艰苦历程，形成了具有相当规模的管理体系，施工能力、施工水平不断提高……"这一年，吴小龙40岁，正处在年富力强的事业黄金期，他已经从时代变局中嗅出巨大商机，意图以敢为天下先的勇气和担当，大胆地闯、拼命地干，开创一片新天地。

　　四十年大浪淘沙，商海变幻，吴小龙见证了中国民营企业发展的风雨历程：从"谈私色变"到允许"有限范围内存在"，从"公有制经济的补充"到"鼓励发展"，从"和公有制经济共同发展"到"大力发展"，再到"毫不动摇鼓励、支持、引导非公有制经济发展"。正是这些微妙的措辞转换与变迁，折射了改革开放的艰辛探索与巨大成就。吴小龙的创业史，在这场波澜壮阔的历史航程中如沧海一粟，却同样激荡人心、隽永绵长。

2 走出贵港，试水玉林

1995年10月27日，经国务院批准，县级贵港市从玉林地区的行政管辖中独立出来，升格为地级市，并于1996年6月22日正式挂牌成立。古老而又年轻的贵港市从此掀开了历史崭新的一页，开启了城市发展的新纪元，从百废待兴的港口小城逐步发展为现代化核心港口城市、战略性新兴产业城。

就在那个万众欢腾的1995年，为了总结表彰举全市之力集资办学的丰功伟绩，贵港市教委编辑出版了《功垂千秋》画册第一集、第二集，全景记录了145万贵港人民尊师重教、艰难办学的奋斗历程，共同树立起一座座教育历史丰碑。画册中收录了500多幢新建学校楼房校舍照片，每幅照片都附有筹建领导小组成员、集资金额、建筑面积、施工队长姓名。吴小龙和他带领的13位队长是出现频率最高的施工团队，在全市450多所学校都留下了吃苦耐劳的汗水和足迹，承建了上千栋楼房校舍中的多数工程，成为群星闪耀的建设英雄队伍中最闪亮的一颗明星。

随着小龙建司声名鹊起，特别是相继交付贵港市建行大厦、桂平市建行大厦以后，吴小龙在贵港建筑行业的发展前景更加气势磅礴、势不可挡。1995年，吴小龙乘势而上，拿下玉林建行大楼项目，这是小龙建司走出贵港的第一个项目，也是在整个原玉林地区一飞冲天、名满天下的重要战略机遇。尽管质疑之声不绝于耳，"当地人都不信，一个私营企业怎么可能建起来那么高、那么复杂的楼？"但是吴小龙满怀期待，他渴望抓住契机走出贵港，到群英荟萃的广阔天地绽放光彩。

玉林建行大楼寄托着建行人对这座城市的美好期待，设计理念超前、建设标准超高，建成后将成为提升商业价值、引领城市发展的新地标。然而，这是吴小龙创业以来承建的建筑结构最复杂、施工难度最高、工程规模最大的工程，仅标新立异的设计方案就令人望而却步，19层高的大楼分为三种风格迥异的造型：一到三层形似心脏，三到九层又像卷轴，十到十九层为芒果形状的椭圆结构，设计师的奇思妙想无疑增加了施工难度，对保质量、保工期也充满考验。尤其是当时新奇少见的地下室、圆弧楼梯等工程，对于包括吴小龙在内的工程师而言都是完全陌生的未知领域。

建设中的玉林建行大厦

尽管吴小龙建立了最具战斗力的建设队伍，而且购买了3台可以在30层楼高空作业的大型塔吊，填补了贵港市建筑施工企业高层建筑起重机械的空白。但是，他必须面对眼前的现实，小龙建司刚刚起步，项目众多、人才短缺，结构复杂的高层建筑经验不多，技术相对薄弱。为了攻坚"最难啃的骨头"，吴小龙派出一位经验丰富的公司副经理坐镇督战。然而，施工队伍奋战了大半年时间，依然处在打基础阶段。更严峻的挑战在于，业主方负责人对工程建设非常专业、精通，他不仅担忧从项目经理到施工人员的团队能力，还质疑小龙建司诚信和质量的金字招牌迟早崩塌。

到1996年初，玉林建行大楼项目团队士气一蹶不振，老员工纷纷萌生退意，谁能够临危受命扭转局势？向来行事稳健谨慎的吴小龙决定赌一把，点将入职不久的梁正居勇挑重担。梁正居1962年生于贵港，1981年中专毕业进入贵县钢铁厂，经过14年脚踏实地的努力，一步步从基层岗位被提拔为基建处副处长。早在1989年广西住建系统组团到教育建筑工程队观摩学习时，作为来访者的梁正居就对吴小龙的质量理念与管理方法印象深刻。几年之后，一位贵县钢铁厂同事跳槽小龙建司并被提拔重用的消息令梁正居倍受鼓舞，毅然决定放弃国企副处长的优厚待遇，追随吴小龙建功立业。

梁正居面相忠厚，身材健硕，说话声如洪钟，但节奏沉稳练达。吴小龙慕求贤才，直截了当地提出："你过来当我的副经理，我每个月给你2500元的工资。"副经理相当于吴小龙的左膀右臂，收入直接提高到原来的四五倍，梁正居并不否认优厚待遇的吸引力，但他更佩服吴小龙的超前意识与经营理念，看好企业未来发展前景："首先，老板人品很好，值得员工信赖；其次，他懂得培养人才、管理人才，搭建人才向上发展的空间。他能够带领一支作风过硬的团队攻克难关，公司一定能有长远的发展。"

眼下正是攻坚克难的危急时刻，梁正居必须敢勇当先。1996年3月，吴小龙亲自驾车，载着梁正居一起奔赴玉林项目现场。吴小龙言辞恳切而有力地嘱托："梁副，你一定要把这个工程做出来。甲方现在对我们有疑虑，员工也信心不足。如果做不好，我们的企业就很难走出去了！"

梁正居刚毅果决地答复："我一定尽力！"

抵达玉林以后，梁正居立刻找建行相关负责人沟通，将困难和计划推心置腹地告诉对方。谈及建筑结构、施工技术、现场管理等话题，他们有许多共同语言，并且在此基础上建立了互信。这种迅速形成的信赖感源于专业能力的支撑，也与彼此都想干事、干成事的事业心相关。显然，梁正居的到来缓和了双方紧张脆弱的合作关系，信任基础得以修复。

梁正居从建造地下室开始推动施工进度。为了学习先进经验，他多次带队到玉林各工地参观请教，有些工地上已经使用混凝土搅拌站和输送泵等设备，搅拌力度大、输送距离远，操作简便、高效灵活。小龙建司只有滚筒式搅拌机，不仅产量远远跟不上，还因为效率低下造成混凝土凝结硬化，不利于施工。工地上两百多人同时施工，共同使用三台搅拌机，施工秩序混乱不说，怠工误工、材料浪费等现象非常严重，生产效率极其低下。如何提升施工效率呢？

梁正居研究出一套"扑克牌现场管理法"，将两百多工人分成三班倒，搬运、过磅、下料、倒砂，各工序严格按照标准流程操作。为了激发积极性，他将三台搅拌机按容量分成三个等级，每个等级对应不同的收入。为了方便管理，他买来几幅扑克牌，每张牌都盖上公司项目章，一剪为二，不同花色对应不同搅拌机，收工时凭盖上公章的扑克牌结算工资，多劳多得。

"扑克牌现场管理法"不仅提高了生产效率，还避免了下料混乱、无人认领或是多人争抢等现象。那段时间，三台搅拌机昼夜轰鸣，梁正居每天晚上都要听着"轰隆隆"的响声才能入睡。整整连续作战七天六夜，工人们竟然浇筑了1600立方米的混凝土，圆满完成地下室施工任务。时过境迁，小龙集团的实力今非昔比，梁正居感叹道："说来好笑，当年就这样用土办法把它干出来了！"

　　吴小龙经常对员工强调：质量是建筑的生命，也是小龙长远发展的根基，直接决定企业的兴衰成败。玉林建行大楼项目的现场管理与施工进度已走上正轨，但质量把控绝不能放松。在一次巡查过程中，吴小龙发现立柱靠近楼顶的位置有少许鼓起的小水泡，立即正色危言道："我们跑到这么远做这个工程，你们就是这样对待的吗？"施工人员不敢怠慢，立即整改。一楼、二楼的施工技术最复杂，甲方派驻三名质检员全程监控，捧着施工规范手册对每一处细节严格把关。吴小龙非常赞同这样的监管措施，不仅积极支持配合，而且要求比质检员更加严苛。

　　梁正居请人买回一整套施工规范手册，要求工人严格对照规范要求施工。为了减少偏差、精准施工，他每天晚上都要召集团队，对每项数据都精益求精，"哪怕是一块斜板平面的两厘米弧度，也必须准确标注"，以便第二天施工前与工人进行技术交底。在施工技术上，梁正居继续大胆创新，将国家科委 1993 年度重点推广的竖向电渣压力焊接技术应用到钢筋熔焊过程中，复杂密集的"钢筋阵"横平竖直、整齐结实，挑不出一丁点毛病。特别是大堂顶上那根直径 1 米、跨度十几米的大梁，捆扎了将近 30 根粗壮的钢筋，拆完模板以后既光滑又明亮，令质检员都忍不住赞叹有加。

新落成的玉林建行大厦

三年来历尽艰辛,建设者们奉献了汗水和智慧建造的玉林建行大楼项目终于顺利通过验收。行长对吴小龙高度赞赏:"建行的工程做得相当不错,你派的施工经理与团队既懂专业、又有责任心,很值得托付!"无论在质量、进度、技术创新、现场管理、资源整合等方面,小龙建司都取得了显著成果,完成了一次有意义的尝试与探索。

20多年过去,这栋19层大楼没有因为质量问题进行过大修,始终巍然矗立,以岁月沉淀和卓越品质见证了这座城市的快速发展和繁荣未来。

3 舞台也是擂台

随着1996年6月地级贵港市挂牌成立,港北区成为新设立的县级行政区。港北区地理位置优越,处于南宁、柳州、北海、梧州四大城市的几何中心,距离均在200公里左右;公路、铁路、水路贯通,黎湛铁路复线、324国道、南梧公路、南广高速公路、梧贵高速公路、南广高速铁路、西江黄金水道交汇于此,以及华南地区最大内河港口——贵港港,是广西重要的交通枢纽。按照城市发展战略规划,港北区将成为贵港市中心城区,以政治、经济、文化中心的角色担当新使命。

尽管港北区当时满目荒芜,杂草丛生,还没有一座像样的建筑,但吴小龙高瞻远瞩地看到,作为贵港市经济发展、城市建设的核心阵地,港北区具有极高的投资价值和广阔的发展前景,小龙建司将在这片生机盎然的土地上改天换地、开创新局。

1998年,以新世纪广场与贵港市行政中心大楼两大"世纪工程"的规划建设为序幕,港北区上演了一场加快基础设施建设、提高城市整体形象的发展盛会。小龙建司不负众望，成功参与这两座城市地标项目建设，其中贵港市行政中心大楼项目竞争达到白热化，吸引了整个广西最优秀的建筑企业激烈角逐。贵港市行政中心项目被分为 AB 两个标段，最终，小龙建司如愿夺取 A 标段，承建市委和市人大的建设工程；来自南宁的广西建工集团第二建筑工程有限责任公司（简称"区二建"）中标 B 标段，承建市政府和市政协的建设工程。

区二建是成立于 1965 年的老牌国企，多次获得全国建设工程质量最高奖"鲁班奖""国家优质工程奖"等荣誉，具备建筑工程施工总承包一级资质；小龙建司相形见绌，不过是一家成立仅四年、只有三级资质的私营建筑企业，何以超群绝伦？原来，小龙建司早在 1994 年就承建过贵港市人大办公大楼，并凭借优质工程斩获玉林地区质量评比一等奖、玉林地区 20 家私营企业先进单位、自治区重合同守信用单位等诸多殊荣，深受领导信任和器重。自 1994 年成立到 1997 年，小龙建司飞速发展，实现总产值 1.9 亿元、利税 1930 万元；连续 4 年工程合格率达 100%；优良率达 70%，高于广西平均优良率的 4 倍；先后荣获地级与市级工程质量检查评比优良奖 9 次。此外，1994 年荣膺"广西百强私营企业金杯奖"，1995 年跻身全国 500 家最大私营企业第 208 位、广西 200 家私营企业第 6 位；1996 年、1997 年连续两年被广西壮族自治区工商局授予"全区先进私营企业"称号，广西建筑业联合会授予的"建筑工程质量承诺单位"等奖项不胜枚举。

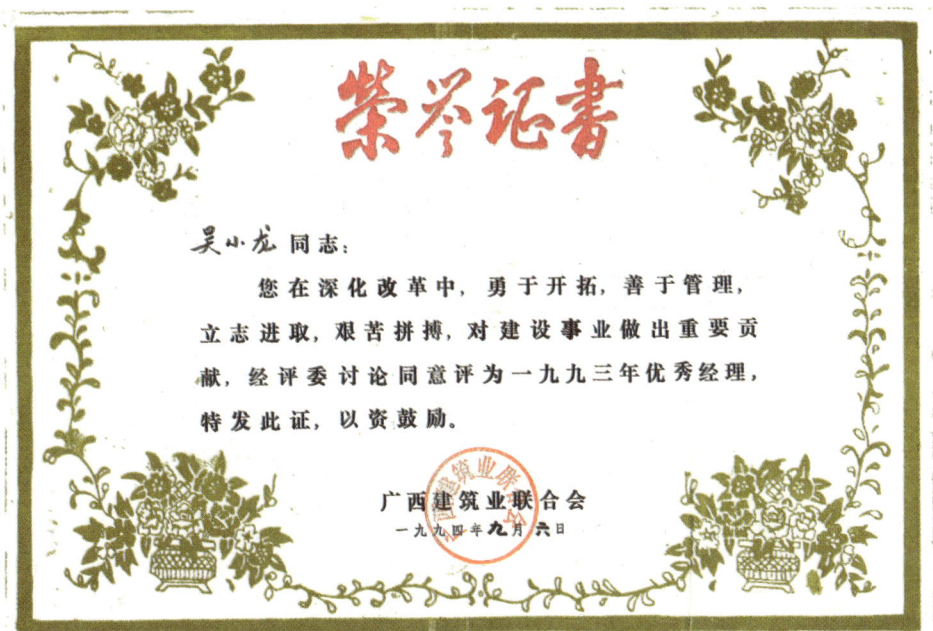

荣誉证书

吴小龙 同志：

您在深化改革中，勇于开拓，善于管理，立志进取，艰苦拼搏，对建设事业做出重要贡献，经评委讨论同意评为一九九三年优秀经理，特发此证，以资鼓励。

广西建筑业联合会
一九九四年九月六日

授予：吴小龙 同志

广西优秀建筑企业家

广西建筑业联合会
一九九七年七月

上世纪九十年代，吴小龙获得"一九九三年优秀经理"

"广西优秀建筑企业家""中华跨世纪杰出人才"等诸多荣誉

作为后起之秀，拿下 A 标段意味着小龙建司登上了贵港建筑行业的最高舞台，也是与广西一流建筑企业不宣而战的擂台，吴小龙顶着巨大压力表示："小龙建司不能丢我们贵港市的脸，必须把这个工程做好！"

建设中的贵港市行政中心大楼（摄于 2000 年）

项目建设正式启动后，区二建以泵送机输送的混凝土如流水般源源不断地注入基础桩中，施工进展非常顺利；小龙建司只能依靠小斗车运送混凝土，像蜗牛一样缓慢推进。B 标段已经完成基坑、承台、框架柱、地梁等基础承重结构，A 标段却还未倒完地面以下的低承台桩基。设备落后是关键瓶颈，吴小龙立即投资数十万元购进一套先进的混凝土泵送设备，并安排员工学习操作方法。由于工人对新设备的配料、下料、拌料等流程还不熟悉，塞管等状况时有发生，有时长达三四个小时都送不出水泥浆。吴小龙吃住都在工地，召集技术人员共同探讨解决方案，绞尽脑汁培训操作方法、改进施工流程，终于解决混凝土输送效率问题，施工速度大幅提升。在混凝土浇筑过程中，小龙建司摒弃了普遍流行的造价较低的松木板，改用柳州市钢模板厂生产的工艺先进的钢模板，虽然成本增加不少，但效果立竿见影。钢模的标准形制克服了木模长短不一的缺点，混凝土浇筑硬化之后线条平整、流畅、光滑，几乎没有瑕疵。

关注质量、安全、进度、成本是吴小龙每天的例行工作，他喜欢在施工现场发现问题、解决问题。中午骄阳似火，工人们饭后在阴凉处歇息，吴小龙却四处巡查，当时在项目部协助采购装潢的黄勇顺印象深刻："老板每天都来，下午 1 点、2 点、3 点……不同时间段都要到工地上走一遍，检查工程、关心员工。"吴小龙检查工作特别细致严格，就连刮完腻子墙面平整度误差 0.5 厘米都能一眼看出来。他会在检查过程中严格要求工人按照图纸施工，绝不允许偷工减料，对材料供应、进度安排、质量把控以及工人思想状态都及时掌握，针对薄弱环节采取有效措施，提高工程质量。

项目验收是对工程质量的阶段性考核。小龙建司的内部自检标准比甲方要求更高，从施工流程到质量标准严格按照标准原则进行验收，质检员说："施工质量首先由我们质检部门严格把关，材料进场、施工管理、质量验收……每一个环节都按照规范做出来才验收，不符合规范的坚决喊停！"极其严苛的内部自检流程倒逼施工人员按照图纸和规范进行作业，这样不仅能保证工程质量，而且减少了因质量不合格而返工的时间浪费，A 标段的建设进度很快与 B 标段旗鼓相当。

经过两年的实践与探索，吴小龙终于在品质与效率之间找到最优的综合方案，而且指挥调度有方、施工人员紧密配合协作，A 标段大有后来居上之势。甲方每次到工地督查，都对吴小龙的质量把控与现场管理赞声不绝，于是经常带着区二建相关人员前来参观交流。吴小龙当然明白其中深意，从灰头土脸到扬眉吐气，从心慕力追到齐头并进，他和同事们付出了太多努力。

脚下沾有多少泥浆，心中就积攒多大底气。吴小龙成竹在胸，临近项目收尾阶段，工地上忙着全力冲刺、会战攻坚，他却像西汉开国功臣张良那样"运筹帷幄之中，决胜千里之外"，安若泰山地远赴德国慕尼黑考察，仿佛十拿九稳。

竣工的日子近在眼前，有一天晚上，坐镇现场的梁正居突然接到汇报：B标段楼顶脚手架上，不知何时挂上了庆祝封顶的巨幅标语，而且周围还挂满喜气洋洋的气球。他心里清楚，两个标段都进入收尾阶段，A标段只差一些钢钉没有检查完毕，对面是想先声夺人，提前宣布成功封顶。

梁正居立即给吴小龙打电话请示："咱们和区二建同一天封顶，要不要庆祝一下、搞个标语？"

吴小龙斩钉截铁地说："必须要搞！而且要隆重热烈！"

工人连夜行动，定做横幅已经来不及了，他们找来几块木板拼接在一起，形成一块长约6米、宽约3米的底板当作横幅，再请擅长书法的退休老员工蘸满红色油漆刷出"封顶大吉"四个大字。为了让油漆尽快干燥凝固，工人拿着太阳灯整整烘烤了一晚上。直到天边泛起鱼肚白，油漆终于烘干，工人们用塔吊将标语升至楼顶，固定在外墙上，完成这场突如其来的、与时间赛跑的荣誉之战。

新落成的贵港市行政中心大楼（摄于2002年）

第二天清晨，当第一缕阳光穿过地平线，将天空染成金黄，城市焕发出新的生机。人们路过新世纪广场，不管是懒洋洋散步，还是急匆匆奔走，老远就能看到贵港市行政中心大楼"封顶大吉"的醒目标语——既是小龙建设者对城市的祝贺，也是迈向新世纪的响亮口号。标语虽然简陋，却唤起一种力量，让每个人都心怀美好、充满希望。

新世纪机遇无限，也挑战不断。

4 初具规模的多元化实业集团

新世纪到来之前，吴小龙试图探索多元化扩张之路，打造以实业为基础的大型集团公司。

吴小龙的决定并非一时冲动，而是深思熟虑的战略调整。1995 年，《财富》杂志首次将所有产业领域的公司纳入"世界 500 强"评选范围，有三家中国企业进入榜单，此后半年内，将近 30 家企业提出冲刺"世界 500 强"时间表。沿着"抓大放小"的改革思路，中央政府将进入"世界 500 强"作为一项经济目标，各省列出扶持企业名单冲击"中国 500 强企业"，各地市相应提出打造"省级百强企业"计划，一场自上而下的"500 强竞赛"愈演愈烈[1]，小龙建司在 1995 年名列全国 500 家最大私营企业第 208 位、广西 200 家私营企业第 6 位便是竞赛成果的见证。"做大做强"的时代浪潮鼓舞着吴小龙"到中流击水、浪遏飞舟"，建筑业利润率每况愈下的颓势也在逼迫他未雨绸缪。国家统计局数据显示，1983 年建筑业利润率达

---

[1] 吴晓波. 激荡三十年：中国企业 1978-2008[M]. 中信出版社，2017 年 12 月第 3 版.

到 8.2% 的顶峰，此后在高低起伏中不断下降，到 1998 年只有 1.2%。而且，建筑业属于劳动密集型产业，工程投资大、周期长，各种保证金、垫资累计占营运资金 80% 以上，利润只能维持企业生存，要想获得可持续发展，必须寻找新引擎、新动能，实现从单一支柱到多轮驱动的战略升级。

随着中国医疗保障制度逐步完善，制药厂将迎来高速发展的新机遇，吴小龙独具慧眼地瞄准具有高科技、高附加值的药用塑胶片材市场，以守正出奇的发展理念引领潮流。1995 年，吴小龙投资 1450 万元成立天龙塑胶有限公司（简称"天龙塑胶"），从深圳引进高新科技项目 PVC 胶片生产线，专业生产无毒透明聚乙烯塑胶片材、制品及医药食品包装。天龙塑胶填补了广西的产业空白，迅速占领广西、广东、湖南、贵州、云南、四川、重庆等市场。11 月在北京举行的一次会议上，吴小龙豪情满怀地表达了全新的战略理念："在竞争激烈的建筑市场上，我深切体会到蛮干只会自取其辱，科学技术就是生产力。只有不断引进人才，应用推广新技术、新工艺，改造和更新建筑设备和施工工艺，才能使企业注入新的活力，才能不断迈上新的台阶。事业的发展道路是漫长的，可人生的征途又是有限的，我正处于年富力强的时期，一定要把握时机，尽快把小龙建设工程公司发展成为管理现代化、年产值超亿元、资质为二级的建筑施工企业。此外，我正积极把自己的事业扩大到其他领域。我将努力同公司全体员工一道，为国家的繁荣富强做更大的贡献而努力奋斗！"

吴小龙的眼光果然独到，中国 PVC 行业迅猛发展，由 1995 年的 137.4 万吨增至 2003 年的 400.7 万吨，年均增长 14.3%；表观消费量[1]由 1995 年的 186.9 万吨增至 2002 年的 560.3 万吨，年均增长 17%。令人遗憾的是，虽然吴小龙精准把握住战略机遇，产品质量也达到了国内先进

---

[1] 表观消费量是指当年产量加上净进口量。

水平，可惜 PVC 包装产业主要集中在以珠三角、长三角、福建泉州、河北白沟为代表的四大中心，贵港离主流市场较远，发展后劲不足。而且，在贵港发展 PVC 包装存在缺少产业集群、难以规模化的局限性，难以走向更远的市场。几经努力未果，吴小龙在失望、遗憾中逐步退出，但没有完全罢手。PVC 产业应用领域广泛，以门窗、各类型材、管材等为主的硬制品与建筑行业联系紧密，几年之后，吴小龙以另一种方式继续在 PVC 产业高歌猛进。

1996 年是"九五"计划的开局之年，宏观经济实现"软着陆"，在企稳回升的态势中探索再度起飞的动力。中央提出，住宅建设成为新的经济增长点和消费点，房地产行业迎来触底反弹的重大转折，从此掀开了新的篇章。吴小龙顺势而上，成立贵港市小龙房地产开发有限公司（简称"小龙房司"），实现了从专业建筑公司向房地产开发与建筑施工业务融合发展的模式变革，为行业带来了新风气、新希望。

1997 年 5 月 20 日，经有关部门评估认定，由贵港市工商行政管理局印发的资产证明显示：小龙建司、天龙塑胶、小龙房司三家企业的总资产达到 8100 万元。1997 年 12 月，以小龙建司、小龙房司、天龙塑胶为基础，共同组建成立广西小龙集团有限公司（简称"小龙集团"）。经过 15 年艰难探索，小龙集团终于从一支建筑施工队发展成为初具规模的实业集团，并实现多元化经营、现代化管理、综合性发展的战略布局。

广西壮族自治区
经济体制改革委员会文件

桂体改字〔1997〕63号

关于同意组建广西小龙集团的批复

广西贵港市小龙建设工程有限公司：

你公司报来的《关于申请组建广西小龙集团的报告》收悉，经研究，批复如下：

1、同意以广西贵港市小龙建设工程有限公司为核心（即集团公司），组建广西小龙集团。

2、广西小龙集团的成员企业有贵港市天龙塑胶有限责任公司和广西贵港市小龙房地产开发有限公司。

你公司接到此批文后，请及时到自治区工商行政主管部门办理登记注册手续，并按桂体改字〔1994〕15

号文的要求，壮大集团核心力量，加强集团核心企业与成员企业的联系，发挥集团的规模优势，以质量为根本，讲究信誉，创出名牌，为广西的经济发展作出贡献。

自治区体改委

一九九七年十二月十六日

主题词：组建 私营集团 批复

抄 送：区工商局、区建设厅、区人民银行、区地税局、贵港市人民政府、贵港市体改委、贵港市工商局、贵港市建设局、区工商联、区私营企业协会。

广西壮族自治区经济体制改革委员会办公室 一九九七年十二月十六日发

（共印20份）

自治区体改委关于同意组建广西小龙集团的批复

实施集团化运营以后，小龙集团继续多元化探索。2002年4月29日，贵港市小龙塑料型材有限公司（简称"小龙型材"）成立。小龙型材第一期投资1500多万元，年产PVC塑料型材2000多吨，年产值达2000多万元。这是一家无"三废"污染的环保型企业，也是广西两家生产PVC塑料型材的高科技企业之一。经过国家化学建筑材料测试中心检测，"小龙"PVC塑料型材和塑料门窗的性能均超过国家标准，并通过广西壮族自治区建设厅科技新成果认证。

天龙塑胶公司、小龙塑料型材公司厂区

面对机遇与挑战，吴小龙加快建筑行业与房地产行业、制造行业融合发展的步伐，推动价值链、产业链向上下游延伸，打造较为完善的产业集群，探索可持续发展之路。在贵港乃至广西范围内，立足特色优势产业，完善产业配套，发挥产业集聚效应，就能形成竞争优势和规模效益。从战略谋划与总体布局来看，吴小龙对行业未来的发展趋势具有深刻洞察，这种超前眼光、战略思维非比寻常。然而，多元化的诱惑有多大，扩张就有多危险。尽管小龙型材很快实现盈利，但始终无法扩大规模；天龙塑胶虽然有一定的销量，也没有达到预期收益；再加上房地产行业处于剧烈变革期，小龙房司的房地产开发业务还不稳定。多线受挫，小龙集团出现资金链紧张，一度陷入裁员自救的境地。

吴小龙从不避讳谈论多元化扩张的经验教训，战略上的成功毕竟无法弥补战术上的失败。但如果以 30 年为周期复盘，这次产业升级的探索不仅积累了宝贵的经验，而且形成了具有高度协同效应的"房地产＋建筑"模式，成为小龙集团在 21 世纪继往开来、再创辉煌的基石。

为了应对亚洲金融危机、提振经济发展活力，1998 年，我国结束了稳健紧缩的货币政策，推行单位直接分房改为货币化分房的新政策[1]，银行推出相关按揭服务，房地产行业进入市场化的高速发展期。一批尊重市场规律、管理制度先进的民营房地产公司乘势而起，迎来无比辉煌的成就和更加壮阔的前程。世界文学巨匠莎士比亚说过："草木是靠着上天的雨露滋长的，但是它们也敢仰望穹苍。"穹苍无垠、滋养众生，"同一个太阳照着他的宫殿，也不曾避过我们的草屋"。迎着新的历史机遇，小龙集团在挑战中突围，在稳健中创新，在前行中汇聚力量。

站在 20 世纪的尾声回顾吴小龙的奋斗历程，你会发现一条清晰轨迹。他出生于国弱民贫的 50 年代，成长于风雨如晦的 60 年代，创业于欣欣向

---

[1]1998 年 7 月，国务院发布《关于进一步深化城镇住房制度改革加快住房建设的通知》，宣布从下半年开始全面停止住房实物分配，实行住房分配货币化，首次提出建立和完善以经济适用住房为主的多层次城镇住房供应体系。

荣的 80 年代，腾飞于突飞猛进的 90 年代。可以说，吴小龙的个人成长与事业发展，始终与时代脉搏同频、与国家发展同步，不断书写人生路上的精彩诗篇。

第五章

向房地产进军

从港宝商贸街项目开始,吴小龙就携手经验丰富、实力强大的房地产开发企业紧密合作,有效降低风险、缓解资金压力,通过优势互补实现合作共赢,一次次把握机遇、乘胜前行,站上房地产发展潮流之巅。

1 "炮轰"招商引资

只有将时间的标尺拉得足够长，2001 年的开创性意义才愈发凸显。7 月 13 日，经国际奥委会投票表决，北京成功夺得 2008 年第 29 届夏季奥运会举办权，中国人终于实现"奥运梦"；10 月 7 日，中国男子足球队获得 2002 韩日世界杯出线权，首次闯入世界杯；12 月 11 日，经过 15 年艰苦谈判，中国正式加入世贸组织（WTO），迈出重返全球经济舞台的重要一步。那一年，举国上下一次次被"我们赢了""我们出线了""我们来了"等振奋人心的呼喊激励得热血沸腾、群情澎湃，亿万个"我们"共同迈出了许多第一步、关键一步。

新世纪开启的新纪元鼓舞着每一个"我们"，回想起那个朝气蓬勃的 2001 年，吴小龙至今都感到激动兴奋，中国迈向狂飙突进的高速发展期，一切都蒸蒸日上、欣欣向荣，未来的无限可能正在向龙的传人敞开怀抱。

2001 年 5 月，贵港市将在东方红电影院召开"改善投资环境、振兴地方经济"大会，吴小龙被安排作为企业家代表发言。招商引资是贵港发展地方经济、促进产业振兴的"头等大事"，多年来注重以亲商、安商、富商的营商环境拼经济、谋发展。然而，招商乱象引发违背市场公平竞争原则的问题也客观存在，特别是引外轻内、喜新厌旧的做法令吴小龙愤慨难当，同样的投资水平、业务范围、市场能力，在招商引资过程中往往优先外地企业、忽视本土企业，有些企业家形象地描述为"招来姑爷，气走儿子"。吴小龙认为，立足贵港产业特色优化资源配置、用好本地企业，也是一种招商。在项目签约、审批、开工、建设等环节及时回应企业需求、提高工作效率，让企业腾出时间和精力尽快开工运营，这才是内外客商更关注的营商环境和招商优势。

"炮轰"政府招商引资弊病需要极大的勇气，可现实面临的困境令吴小龙如鲠在喉、不吐不快。2000 年，中国工商银行贵港分行邀请小龙集团参与所持地块开发，这块地原定由贵港市贵城镇房地产开发公司独立开发，进行风险评估之后，中国工商银行贵港分行决定引入两家房地产开发商联合开发，以实现优势互补、强强联合。吴小龙积极响应，港宝商贸街项目应运而生。然而，各项文件都按照项目审批流程报批，却迟迟不见政府批文，严重影响开发进度。吴小龙心急如焚，却无计可施。一筹莫展之际，市里恰好安排吴小龙在招商引资大会发言，他决定抓住这个难得的机遇。许多年后重提此事，他在感慨勇气可嘉之余，还表达了对机遇的精妙解读："机遇就像一阵春风，令人愉悦、振奋。抓住了，就春风化雨，滋润大地。然而，春风不会无穷无尽、大家共享，它吹过去了就永不再来，谁抓住了就归谁独有。好比在一条街上，春风吹过，有人打开门探出脑袋一鼻子嗅尽了春风，其他人只能眼巴巴看着，等待下一次春风。"

思前想后，吴小龙决定说实话、谏真言，当着全市领导干部和企业家等各界人士抒发肺腑之言。长期以来，"讲真话难"成为我国社会的普遍现象和严重病症，往往是报喜得喜、报忧得忧，只好"报喜不报忧"；如果反映领导工作中的问题，最后却变成自己有问题；如果总是说领导不爱听的真话，迟早要付出代价。然而，讲真话是解放思想、实事求是的起点，也是做人的基本信仰和价值底线，只要提出的意见对解决实际问题、发展贵港经济有好处，吴小龙就要讲真话、讲实话、讲心里话。

全市非国有经济
工作会议发言材料

励精图治　开拓创新　求实发展

贵港市小龙公司总经理　吴小龙
(2001年4月17日)

各位领导、同志们：

正当全国各族人民认真贯彻党的十五大、十五届五中全会精神和全国"两会"精神，以高昂的姿态积极投身实施"十五"计划和西部大开发，为夺取新胜利而努力奋斗的时候，我市今天在这里隆重召开非国有经济会议，我能够与各位领导和同行们畅谈公司发展体会，深感荣幸！

小龙公司创业之初，仅有几十号人马，靠的是"肩挑人抬"的施工办法，而今天已发展到拥有员工1200多人，集建筑施工、房地产开发、塑胶制造于一体的综合性企业。小龙公司经营规模日益扩大靠的是什么？我心里非常清楚，靠的是邓小平理论指导和以江泽民同志为核心的党中央领导；靠的是党和政府发展非公有制经济的政策和富民政策的指导；靠的是市委、市政府的关心、爱护、支持。正是在国家政策支持、鼓励和引导下，我公司坚持以特色创业，以"守约、保质、薄利、重义"为服务宗旨，依法经营、照章纳税。2000年，我公司实现产值达6000多万元，利税超过450万元，荣获广西区"纳税大户"，为增强国家经济实力、促进地方经济发展尽了一份责任。

作为一家私营企业，必须以人为本，依靠科技进步、强化质量管理，才能不断提高市场竞争力。因此，我公司在招聘大中专毕业生的同时，积极吸收有一技之长的国企下岗职工充实企业实力。在用人机制上唯贤任用，实行能者上，平者让，庸者下的竞岗制度，充分发挥员工的主动性和创造性。目前公司拥有高级、中级、初级管理人员160多人，成为公司发展的中坚力量。近几年来，公司从施工设备和技术两个方面努力营造优势，增强企业的发展后劲，先后购进8套管

1

理软件和400多台(套)先进施工设备,其中4台可施工30层楼(100米)的大型塔吊和一座日产500立方米混凝土输送泵。公司人均机械设备率达13kw,实现了施工机械化,有效地提高了施工能力,确保了施工工期和工程质量。同时我公司不断攻克技术难关,提高施工手段和技巧,从而掌握了高层建筑和大跨度建筑技术要领以及大型车间砼施工精密预留孔、防酸碱、防漏、耐高温等一系列特殊工艺处理技术。历年来,公司对所承建的项目做到精心施工、严格管理、实行项目经理责任制,有效地确保了工程质量。十多年来,公司所承建的工程项目合格率达100%,优良率50%以上。由我公司独立承建的贵高科技楼、与市建筑公司联营承建的供电局调度大楼及与市二建联营承建的市规划建设局培训中心大楼荣获1999年度广西区优质工程奖。1994年至2000年,我公司曾被评为全国最大500强私营企业、"广西优秀私营企业"、"广西光彩之星"、"重合同守信用企业"等。严格的工程质量管理和良好的社会信誉,获得社会一致好评,去年我公司通过了ISO9002国际认证,提高了市场竞争力。

公司有今日的发展业绩离不开党的方针政策和社会各界支持,作为我们公司也应回报社会,尽我们微薄之力,为政府排忧解难,尽量安置下岗职工再就业,多年来累计安置国企下岗职工250人参加就业,减轻了社会就业压力,另一方面响应政府号召,积极参加光彩事业,今年4月份,为残联捐资12000元。多年来我公司为助残兴教、修桥铺路、兴建老人乐园等社会公益事业捐资260多万元,体现了公司以实际的行动回报社会的善举,取得了良好的社会效益。

我国即将加入世贸组织,面对扑面而来的机遇和挑战,一方面我公司健全内部管理体制,努力建立现代企业制度,为公司参与国际竞争打下基础;另一方面与员工签订了劳动合同并缴纳了社会劳动养老保险金,解决了员工的后顾之忧,保持了企业的旺盛生命力。

今后,我公司将在市委、市政府的领导下,依法经营,致富思源,富而思进,共创贵港美好的明天!

最后,再次感谢市委、市政府对非公有经济的支持!

谢谢大家!

2

2001年4月17日,吴小龙在"全市非国有经济工作会议"中的原始发言稿

临近大会开幕,吴小龙专门向主持会议的副市长请示:"我能不能不按发言稿讲话?我想说点真心话。在座的每个人文化水平都比我高,这篇发言稿他们应该都看完了,我就不照着念了。我想提点实际存在的问题。"

副市长未置可否,低声问道:"你想说什么事情?"

吴小龙长话短说:"港宝商贸街的事情。我正在办开发证,手续进展

缓慢，我想把它作为招商引资的一个案例讲出来。"

副市长思想开明，当场点头同意。

吴小龙抑制不住内心的激动心情，连忙拿笔在纸上列出 11 项发言要点，包括贵港市丰宝化工总厂职工安置和还贷等港宝商贸街项目开发过程中遇到的突出问题。当主持人宣布"有请小龙集团董事长吴小龙发言"时，吴小龙穿着笔挺的中山装，头发向后梳得整整齐齐，气宇轩昂地迈开步伐走向发言席。

发言刚开始，吴小龙简明扼要地介绍了企业发展与项目建设相关情况，"港宝商贸街项目能够盘活 3000 多万元国有资产，妥善安置 600 多名下岗职工。关停化工总厂、推动'退二进三'工作后，对中心城区污染排放减少，项目还可以创造税费收入超过 2000 万元……"他善于以事实阐述逻辑，说起话来既犀利又有条理，往往在峰回路转中直击要害，"港宝商贸街已经报政府审批很长时间了，我们依然在等待批复。我认为，目前的营商环境对于本地民营企业的支持力量还不够，政策层面过于重视外来企业，我们本地企业也应该得到相应的政策扶持……"

话音未落，原本略显沉闷的会场立刻爆发出热烈而持久的掌声，就像干旱已久的土地骤然被倾盆大雨浇灌的声响。在吴小龙坚定有力的发言鼓舞下，本地企业家内心深处的委屈和愿望被振聋发聩的话语尽情释放，现场气氛变得激昂起来，人们开始交头接耳、议论纷纷。可能是担心吴小龙的"刺耳"发言引发骚动甚至失控，有人从台下传上来一张小纸条，委婉提醒他"注意时间"。

此时此刻，吴小龙就像一匹脱缰的野马，方寸发言席就是他自由驰骋的辽阔草原。"您的讲话已超时……"吴小龙逐字念出纸条上的内容，继续抒发豪言壮语："今天就算超时我也要讲下去！"

观众席又是一阵经久不息的掌声，人们侧耳倾听吴小龙求真务实、催人奋进的发言，继续对招商引资政策提出具有针对性、指导性和可操作性的建议，让本地企业和外来企业能够公平竞争、共同繁荣。发言即将结束时，吴小龙发出富有浪漫主义情怀的畅想："有人认为'众星朗朗，不如孤月独明'，我认为在月明的同时更应该众星拱照，共同形成一个美妙的、灿烂的夜空！"

一石激起千层浪。会后，不少人对吴小龙的未来处境感到担忧，他当众指出政府工作中的不足，以后很难获得支持。吴小龙满不在乎地回应："领导想开好这次大会，想搞好投资环境，他们应该能理解也会鼓励我这样实在、敢说的人，不会对我有什么看法。"

果然如吴小龙所料，市委、市政府第二天就召开专题会议、听取项目汇报，第三天就正式下达批文，半年多悬而未决的难题迎刃而解。此后一个月之内，政府不但批复项目开发事宜，而且参照外地企业优惠政策对本地企业投资项目减半收取项目行政费用。更值得欣喜的是，在 2001 年 6 月 7 日举行的贵港市第二届人民代表大会第一次会议上，市长在《政府工作报告》的"千方百计增加财政收入"部分，专门提到小龙建筑工程有限公司等 11 家重点企业，"要加强新产品和新技术的开发应用，把企业搞大搞强，壮大支柱财源。"

时势造英雄，英雄也造时势。吴小龙紧跟社会趋势和市场变局，以港宝商贸街项目进军房地产，再一次站在时代机遇的风口上。

2 一条港宝街，造福半座城

翻开尘封的贵港地图，港宝商贸街这片土地就像被历史长久遗忘的存在。1956 年 7 月，黎（塘）湛（江）铁路自西向东从贵港穿城而过，这座古城从此和铁路有了交集。铁路线将这块区域一分为二，一边是日渐没落的旧城区，另一边是杳无人迹的荒野，火车轰鸣的短暂喧嚣过后便归于长久的宁静。老人们用"非常荒凉"概括当时印象："都是羊肠小道，没有路灯，晚上都不敢往这边走。开摩托车路过，风一吹，车子都摇摆得厉害。"

一座城市要不断引入外来思想、注入新鲜事物，才会变得越来越现代，吴小龙以港宝商贸街为试验田，希望给贵港带来一些改变。他专程带队前往广东参观学习，考察结束便确定"紧抓市场定位，打造精品楼盘"的开发思路。为了挖掘市场需求，小龙集团聘请专业人员进行三个月的调查分析，发放近千份调查问卷，完成近百个电话抽样，回收了 87% 的有效问卷。策划人员将一线城市的先进经验与贵港本地市场需求相结合，形成了一份完善的规划设计方案，然后组织了三次评审会，由行业主管部门、专家等共同组成的项目规划评审组对方案进行修改完善，力求尽善尽美。为了顾客出行方便、吸引更多客流，小龙集团还出资修建了一条道路，一直修到黎湛铁路桥，与政府规划的金港大道遥相呼应。

取得商品房销售许可证以后，港宝商贸街以"一生好轻松"为主题开展营销。港宝商贸街整体规划为四个楼盘，南边的丽桐园与康雅园紧邻江北大道，车水马龙、热闹繁华，销售情况比较理想。北边的廊景园、馨泉园离江北大道较远，门可罗雀、落寞无声，几乎无人问津。整体销售效果远不如预期，关键问题出在新修的港宝街往北被黎湛铁路桥横向截断，"最后一公里"没有打通，"断头路"就像横在老百姓心中的"拦路虎"，路走不通，心里添堵，房子自然卖不出去。

面对营销困局，小龙集团邀请南宁的咨询公司出谋划策，一位专家建议在港宝商贸街正中间建造一座花园，以景观为卖点打广告，这个提议得到许多人应和。吴小龙心中有数，当众发问："人家买我们的铺面是为了做生意、讨生活，我们不想办法吸引客流，光做景观有什么用？"他未作停顿，直奔主题："从长远来看，必须先在黎湛铁路下面打通一座立交桥，同时将新修的港宝街向北延伸，与政府规划的金港大道连接起来，从江北大道直通金港大道，贯通新旧城区。这样商铺才能真正旺起来，港宝商贸街才有出路！"

会议室顿时炸开了锅，找谁投资？投资多大？由谁审批？可行性如何？一连串问题都需要反复斟酌，每一个问题都遍布荆棘。面对众人的疑惑与迷茫，吴小龙娓娓道来："建设港宝街铁路立交桥可以连接新旧城区。延长城市主干道、贯通港宝街之后，将有效减少中山路部分路段的交通压力，政府应该会大力支持的。有了政府的支持，由小龙集团投资建设，事情是有把握办成的。"他总是在关键时刻想出出其不意的妙计，然后晓之以理、动之以情地打动众人，等到大多数人点头认同，他就会毫不迟疑地拍板推进了："建设铁路立交桥、贯通港宝街、打通市区南北的广告，这两天就会打出去，我们一定要抢占市场先机！"

道路是城市的脉络，连接着过去、现在与未来，城市发展的步伐伴随着道路无尽延伸。每座城市都有一条极具价值的道路，记录着城市的发展与变迁，承载着市民的生活与梦想。对于贵港市而言，贯通港宝街意味着打通港北区的"主动脉"，构建起连接南北、畅通东西的综合交通体系，"一条港宝街，造福半座城"的说法并非夸张。吴小龙为了打造一座楼盘，自掏腰包修建铁路立交桥、打通城市主干道，无论是投资动机还是实施难度，听起来都令人难以置信。先不说投资金额巨大、施工难度复杂，仅协调城建、规划、环境、交通、公安、发改等政府部门关系就是一团乱麻，还需获得铁路部门支持。对于这项史无前例的"越俎代庖"工程，外界将信将疑。

为了打消疑虑，一个星期后，小龙集团就在贵港市地方电视台、报纸等媒体宣布："2004 年之前打通立交桥，实现区域升值"，并且做出"打不通，我们赔，买一赔二"的承诺。广告引发全城热议，营销效果立即奏效，短短几天就销售了100多套商铺。

7月份雨季到来，即将实现"三通一平"的港宝商贸街项目工地接连遭受台风、暴雨侵袭，严重影响施工进度。"榴莲""尤特"两场台风导致贵港普降暴雨，民房倒塌、农田被淹，部分交通、电力、通信设施被毁，企业被迫停业。吴小龙多次率领员工带着盒饭、矿泉水、八宝粥等食品慰问抗洪军民，并捐资5万多元帮助灾民重建家园，"要多为地方做善事"。洪涝灾害造成中山路排水缓慢、拥堵加剧，周边大片农田、民居被洪水浸泡，吴小龙更加坚定修建黎湛铁路立交桥的决心，而且增加修建贵糖专项铁路立交桥的规划，缓解港宝街交通与泄洪压力。

小龙集团的做法利国利民，贵港市政府全力支持，很快就对规划方案做出批复，由管辖运营黎湛铁路的柳州铁路局审核方案，由小龙房司出资建设，同意支持港宝商贸街暨贵糖专项铁路立交桥、黎湛铁路立交桥建设。

关于贵糖小铁路、黎湛线贵港站北端 K51+632m
下穿立交桥有关建设问题的报告

贵港市人民政府:

为了解决广场西路项目的拆迁安置问题,根据市政府关于广场西路及井塘整治工程现场协调会议要求,我们计划在港宝商贸街以北建设"广场西路、井塘整治拆迁安置"项目,为了通过项目的建设使我市的新老城区连成一体,需要在贵糖小铁路、黎湛线贵港站北端 K51+632m 处建设下穿立交桥。现在,贵糖小铁路立交桥项目已经报建、黎湛线贵港站北端 K51+632m 处的下穿立交桥也已经完成了方案设计。为使立交桥项目尽快开工建设,请求政府协调解决以下问题:

1、贵糖小铁路立交桥项目已经建设局批准核发建设工程规划许可证(临时),根据国务院《建设工程质量管理条例》和建设部《建设工程施工图设计文件审查暂行办法》规定,该工程施工图设计文件要送有资质的审图机构审查。但经与柳州铁路局、工程设计单位联系,在自治区内还没有相应的审图机构,工程施工图设计文件没法送审。希望政府根据这一特殊情况,采取特事特办的办法,予以办理工程施工许可证等有关建设手续。

2、黎湛线贵港站北端 K51+632m 下穿立交桥的设计方案已经完成,应"柳师技函[2002]63 号"函的要求,请求政府组织土地、建设、电讯、供水等有关单位对设计方案进行评审,以便开展下一步的建设工作。

此致

敬礼！

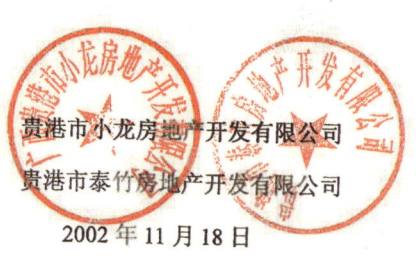

贵港市小龙房地产开发有限公司
贵港市泰竹房地产开发有限公司
2002 年 11 月 18 日

关于贵糖小铁路、黎湛线贵港站北端 K51+632M 下穿立交桥有关建设问题的报告

2001 年 9 月 28 日，港宝商贸街暨贵糖专线铁路立交桥举行开工奠基仪式，吴小龙在致辞中宣布：一条 23 米宽的大道将贯通贵港市最繁华的两条街道——江北大道和金港大道。项目建成对改善城区商住环境、提升贵港市整体形象，进一步促进我市经济发展有着深远的意义。

不管如何定义修建两座铁路立交桥、打通主干道的意义和价值，都要回归商业本质，让商家生意好做、收获财富，让业主居有所乐、物有所值，才是王道。随着交通道路改造升级方案正式实施，港宝商贸街的发展潜力和长期价值毋庸置疑，到 2002 年元月，港宝商贸街首期推出 300 多套商品房销售火爆，预订率超过90%。作为贵港市当时最大的房地产开发项目，港宝商贸街被列为全市重点示范工程。吴小龙双喜临门，小龙房司由房地产开发四级资质晋升为三级。

港宝商贸街（2001年）建成实景图

现在还未到给港宝商贸街项目画句号的时候，"2004年之前打通立交桥"的承诺让吴小龙历尽千辛万苦、付出各种代价。尽管自治区、贵港市两级政府积极支持，各部门全力配合，但是要在不影响铁路正常运行的前提下施工建设，需要调动各种资源力量，施工难度极其复杂，仅工程施工图送审就一波三折、反复修改。经过两年锲而不舍的坚持，2003年，历经重重考验，贵糖专项铁路立交桥完工、黎湛铁路立交桥顺利开工并如期建成，吴小龙果然言而有信。港宝街终于全线贯通，成为港北区一条重要的交通主干道。

吴小龙再一次兑现承诺、超越梦想。不过，这都是两年之后的故事。眼下，一场危机已经迫在眉睫，处理不好将前功尽弃，甚至倾家荡产。

3 草船借箭：盘活五千万贷款

进入腊月，临近春节，迎来一年中最寒冷的时节，也是房地产业和建筑业最难熬的"年关"。春节前既要支付农民工工资、供应商货款，又要向员工发放工资、奖金等，还得准备节后开工的流动资金。2002年2月1日即农历腊月二十，距离除夕夜不到十天，小龙集团银行账户只剩下11.5万元，现金流岌岌可危。"年关"未过，港宝商贸街项目即将动工，小龙集团陷入资金链困境。

港宝商贸街项目开发地块原本属于丰宝化工厂，因经营不善，导致欠下中国工商银行贵港分行本金2247万元、利息494万元的贷款无力偿还。在政府主导下，化工厂进入改制程序，贵港市房地产综合开发公司为首选合作对象，将化工厂抵押给银行的土地进行房地产商业化开发，经营收入除了偿还2700多万元的银行贷款本息外，还需自行安置600多名化工厂下岗职工，或将土地出让金全额返还用于下岗职工安置。贵港市房地产综合开发公司认为开发成本太高，不愿接手。几经辗转，项目落到小龙集团与贵港市贵城镇房地产开发公司手中。

首期300多套房已预售90%，小龙集团却没有资金用于开发建设，贵港市贵城镇房地产开发公司亦捉襟见肘。吴小龙绞尽脑汁，想出一举多得的良策：向中国工商银行贵港分行申请5000万元贷款，先将化工厂的贷款本息付清，剩余 2000 多万元用于港宝商贸街项目开发。借新还旧、以债化债的方案获得银行支持，2002 年 2 月 3 日，5000 万元贷款顺利汇入小龙集团账户，项目开发资金终于有了着落，吴小龙化险为夷、转危为机，重新掌握主动权。

　　资金到账第一时间，吴小龙叮嘱秘书："一分钱也不许动，马上把资信证明[1]开出来！"

　　第二天，秘书从银行拿回资信证明。吴小龙逐字逐句念出资信证明上的信息，确认无误后，他小心翼翼地将 5000 万元资信证明锁进保险柜中，日后将有"草船借箭"的妙用。

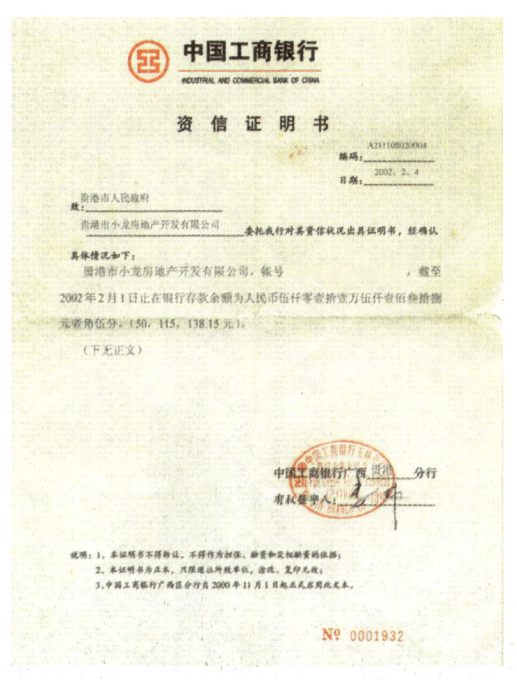

2004 年 2 月 4 日，资信证明书

---

[1] 资信证明是由银行提供的具有法律效力的书面证明，一般包括存款、贷款、结算、授信等资金状况及信用状况的相关资料，既展示企业经营实力，又体现商业信誉，对于办理贷款、信用评级以及参与公开招标、政府采购等商业活动益处甚多。

　　顺利拿到 5000 万元贷款，快速开出资信证明，入职不到一年的董事长秘书吴守西劳苦功高。20 世纪 90 年代，在中国工商银行贵港分行信贷科工作的吴守西就因业务关系与吴小龙相识，在不多的交往中，吴守西对吴小龙印象深刻："这个老板与众不同，不抽烟、不喝酒，一心扑在事业上，而且还捐款成立教育奖励基金。事业心强、人品又好，这样的老板很难得。"吴小龙在建筑业以重质量、守信用著称，承建的贵港市政府大楼、教育局综合大楼、建行大楼等项目闻名遐迩，吴守西深感佩服。由于小龙集团地处吴守西上下班必经之路，有时会跑进吴小龙的办公室喝杯茶、聊聊天，交流经济形势与金融政策。在打交道的过程中，吴守西的专业知识与办事能力深得吴小龙赏识，几次想将这位不可多得的人才招致麾下。

2002 年，吴小龙与吴守西于贵港市行政中心大楼前合影

　　2000 年底，吴小龙胸怀凌云壮志，打响开发港宝商贸街的转型之战，

尝试由建筑商转型为房地产开发商，急需懂业务、善沟通、会管理的金融专业人才。彼时，波涛汹涌的国有银行股份制改革已进入倒计时阶段，中国工商银行贵港分行也将在这场"输不起的改革"中"涅槃重生"，一批勇敢者主动打破"金饭碗"另谋出路，更多人继续守在舒适区里等待观望。作为信贷科副科长，吴守西负责发放贷款、资格审核，对企业进行尽职调查与财务分析，被老板们半开玩笑地尊称为"财神爷"。当吴小龙正式发出邀请，吴守西怦然心动，自从大学毕业他一直在工行坚持奋斗，如今彻底放弃并不容易，但他去意已决，以"停薪留职"为借口说服父母以后，他正式提交辞职报告。

按照行业惯例，吴守西可以领取一笔离职补偿款，当他找领导提出申请时，却被严词拒绝：因改制被迫下岗的员工可以给予补偿，主动离职不能获得补偿。吴守西没有为此纠结，他急不可待地奔向更广阔的天地，于2001年2月28日正式加入小龙集团。

入职三个月后，有一天，吴小龙专门拿来一万元现金，吴守西有些不知所措。当吴小龙告知这是为了弥补离职补偿款时，吴守西既意外又感动，一来是他没有向任何人提起这件事情，老板怎么会知道？二来是他主动放弃补偿，这笔钱不应该由小龙集团支付。这些年来，吴守西始终铭记这件小事，并感激吴小龙的知遇之恩。凭借勤奋、能干、坚持、有格局、知分寸，吴守西深得吴小龙器重，屡获提拔，先后担任董事长秘书、董事长助理、总经理，2010年出任小龙集团总裁兼决策委员会成员，全面负责集团管理工作。

"千里马常有，而伯乐不常有。"吴守西的新事业能够如鱼得水，得益于吴小龙对人才格外重视，以及与时俱进地转变用人观念。古希腊先哲阿基米德曾言："给我一个支点，我将撬动整个地球。"对于企业家来说，创新是企业加速发展的"杠杆"，人才便是至关重要的"支点"。然而，一路走来，小龙集团的人才培养之路殊为不易，吴小龙呕心沥血，终有所获。

在20世纪七八十年代的创业起步期，不管是大圩社办建筑队水工队还是贵县大圩建筑工程队十二队，吴小龙只能从大圩镇及周边招揽青壮劳力，都是洗脚上田的农民，不懂建筑、没有技术，只要吃苦耐劳就行。他们追随吴小龙一起东跑西颠"打江山"，在不同时期对企业发展做出了不同贡献，奠定了发展基础。

直到九十年代，民营企业依然很难招聘高素质、能力强的大学生，连中专生都不多见，很少有人愿意放下国家分配的"铁饭碗"去当"打工仔"、"打工妹"。1994年小龙建司成立之初，吴小龙就在电视台播出招聘广告，当时分配到国家单位的大学毕业生月工资最多四五百元，小龙建司承诺月薪不低于两千，还有年终奖、节日红包、定制西装、旅游培训等优厚福利，成功吸引来一批优秀人才。小龙建司副总经理韦继件、小龙集团副总裁兼决策委员会成员梁文杰、小龙集团工程经理杨庆忠、小龙集团采购总监徐海波、小龙建司副总经理钟才文、小龙建司总经理梁正居、小龙建司总工程师李志有等（按入职先后顺序排列），就是这段时期入职的杰出代表。

进入21世纪，多元化的小龙集团百花齐放，需要来自全国各地的各领域、各专业的精英人才。尤其是进军房地产行业以后，吴小龙步入创业黄金期，小龙集团人才济济，真可谓"百里挑一"。小龙集团总裁兼决策委员会成员吴守西、小龙集团财务总监黄嘉毅、小龙集团总裁助理覃伟康、小龙集团运营经理刘丽、小龙物业副总监林同荣、小龙幼儿园总园长林希希等（按入职先后顺序排列），陆续加入小龙集团。他们受过良好教育，聪明好学、激情飞扬，在不同岗位发挥着独当一面的重要作用。

2010年以后，随着小龙集团全面启动管理提升变革，建立现代企业管理制度，吴小龙大胆起用名校毕业的年轻人才担任重要岗位，同时从社会招聘高级人才"空降"完善管理团队。小龙集团董事长兼决策委员会成员吴玉经[1]、小龙集团副总裁兼决策委员会成员黎少东、小龙集团成本总监郭志极、小龙集团总裁助理甘沛安、小龙集团融资主管吴春瑜、小龙集团总裁助理胡赛龙、小龙集团人力资源主管陈小涧、小龙集团行政主管尤健等，逐渐成长为小龙集团在新时期的中流砥柱。

这是一段跨越 40 年的人才发展史、团队建设史，人才是小龙集团最大的生产力，没有人才就没有企业的过去、现在和未来。吴小龙在每个阶段都不断寻找一批合适的人才，给机会、给资源、给平台，用事业造就人才、用文化凝聚人才、用机制激励人才，锻造出一支专业、诚信、有文化、有激情、有战斗力、有责任感的团队，诚信和质量的价值理念是吴小龙留给这支团队的宝贵精神财富。

清代顾嗣协的《杂兴八首》（之三）写道："骏马能历险，力田不如牛。坚车能载重，渡河不如舟。舍长以就短，智者难为谋。生材贵适用，慎勿多苛求。"如诗中所言，吴小龙用人坚持求真务实，从事业需要出发以事择人、因才适用，努力实现人尽其才、各显其能。不过，成事者守正出奇、虚实相济，吴小龙在战略布局、营销策划、资源整合方面擅长"无中生有"、借风使船，活用 5000 万元资信证明便是妙不可言的神来之笔。

在吴守西的协助下，小龙集团顺利获得 5000 万元贷款，还清了丰宝化工厂欠中国工商银行贵港分行的贷款本金和利息，妥善安置 600 多名下岗职工，启动港宝商贸街项目建设。建筑施工是吴小龙的老本行，秉承质量为先的理念，他亲自控质量、抓进度，港宝商贸街项目开发进展顺利。为了奖励小龙集团对城市建设与交通发展作出的贡献，政府将港宝商贸街北面的 230 亩土地交给其连片开发，刚好可用作项目安置用地。吴小龙还不失时机地提出开发旧城改造项目"广场西路"的建议，也得到政府支持。

---

[1] 吴玉经 2006 年 7 月 15 日加入小龙集团，后考入英国阿斯顿大学攻读电子商务硕士学位，2009 年 10 月毕业回到小龙集团见习，2010 年初正式出任小龙集团运营副总裁。

在小龙集团提交的申请材料中，5000 万元资信证明起到举足轻重的作用，再加上多年积累的质量口碑与社会信誉，吴小龙如愿以偿，小龙房司第二个住宅项目"国际生活港"蓄势待发。

重新聊起这段"草船借箭"的往事，吴小龙神采飞扬地说："虽说好汉不提当年勇，但现在想起来还是回味无穷。"

4 国际生活港：占天占地，宜商宜住

由于拆迁难度太大，"广场西路"项目此后被叫停，吴小龙不遗余力推进国际生活港项目。

然而，拆迁依然是最头疼的老大难问题，项目覆盖的 230 亩土地中有 55 亩涉及村民土地，尽管当地政府给予的征地补偿标准远远超出广西平均水平，但政府与村民始终没能达成一致意见。征地困难导致项目开发进度一再拖延，出身农村的吴小龙清楚，土地是农民赖以生存的根基，唯有对父老乡亲给出更多补偿，他们才有足够的安全感和自信心融入城市生活。吴小龙提出，拆迁过程要认真听取群众意见，坚持最大限度保障老百姓的利益不受损，同时，他表示在政府补偿之外，小龙集团将额外提供生活补贴，将村民每亩地的补偿金额翻了一倍多。消息传开，停滞已久的征地工作得以快速推进。在整个拆迁过程中，没有出现任何冲突事件，项目建设有序稳步推进，真正做到了让群众满意、让政府放心。

进入项目策划阶段，小龙集团从南宁聘请房地产咨询机构策划及定位，专家结合南宁的市场特点和先进经验多次建议："不要做商业住宅，只做小高层住宅。后期配置一座小商场作为物业自持，满足业主一部分生

活需要就够了。"南宁房地产开发一直走在广西前列，截至 2003 年，南宁、柳州和桂林三市的商品房销售面积占整个广西的 78.4%，其中南宁占 36.7%，将近另外两座城市的总和。毫无疑问，来自南宁的成功经验极具参考价值，大多数人都赞成专家意见，吴小龙却有不同看法，他广开言路、从善如流，但绝不迷信权威。

从政策来看，2003 年 8 月，国务院发布《关于促进房地产市场持续健康发展的通知》，针对房地产投资过热、房价增长过快等风险实施紧缩调控政策。不过，此轮宏观调控重在商业地产而非住宅，吴小龙主张将建设土地证全部办成住宅用地而非商业用地性质，合理合法规避政策。智纲智库创始人、知名战略咨询专家王志纲在《王志纲论战略：关键阶段的重大抉择》中写道："小老板做事，中老板做市，大老板做势"。势就是对局势、形势的理解和把握，吴小龙顺应宏观经济大势、区域经济趋势、行业发展态势，与时俱进，引领市场潮流。

从区位来看，小龙集团建设铁路立交桥、贯通港宝商贸街后，新旧城区完全打通，港宝商贸街片区全盘皆活。吴小龙始终坚持一条原则：结合土地区位特点，以最恰当的开发方式实现地尽其用。从国际生活港的区位来看，地块位于新旧城区的连接点，交通极为便捷：西邻中山路，北邻新华路，横穿港宝商贸街，是贯穿江北大道与金港大道之间的交通要道，铁路立交桥通车在即，客流有保障。该地段具备得天独厚的经商优势，应该因地制宜开发"占天占地"的天地楼。

贵港人对天地楼情有独钟，通常是四至六层的独栋楼房，既有土地证也有房产证，一楼可以做商铺门面，既可自用也可出租，占天占地、宜商宜住的优势深受城镇居民追捧。国际生活港位于市中心车流、人流交汇处，开发成天地楼不仅需求旺盛、市场广阔，而且开发周期短、资金周转快，还可以出租商铺获得长期稳定收入。相比之下，小高层开发成本高、售价低、周期长，孰优孰劣一目了然。

自从试水玉林经历绝境突围后，吴小龙再也没有进行区域扩张，始终扎根本土、深耕贵港。与外来企业相比，本地企业更了解当地人的生活习惯、家庭构成、人居需求、消费偏好等，吴小龙充分吸收一线房地产开发商的先进经验，结合本地市场特色进行融合与创新，"占天占地"的天地楼便是大获成功的经典之作。国际生活港开盘就被一抢而空，即便涨价销售也挡不住购买热情，吴小龙的战略远见和商业智慧再次得到验证。

如果将国际生活港融入港宝商贸街整体来看，港宝商贸街堪称贵港在新世纪大力推进改革开放的城市创新样本。吴小龙敢于自建铁路立交桥、打通"断头路"、改造新旧城区，攻坚克难、锲而不舍的建设与开发历程背后，是一种把不可能变成可能、战胜自然更战胜自我的超越精神，生动诠释出"功成不必在我"的精神境界和"功成必定有我"的历史担当。吴小龙身上爆发出的人格力量与贵港开拓进取的城市精神融为一体，最终汇聚成改革开放的洪流，焕发出前所未见的发展活力。

在港宝商贸街开发过程中，港北区迎来日新月异的发展。2004 年。贵港市以城北新区建设为重点，一批道路、高层建筑、生态商住小区等重点工程建设陆续投建，城市基础设施逐渐完善。金港大道拓宽、改造工程基本完成；概算投资总额 1.6 亿元的城西大道于 11 月 15 日开工建设；北环路进城大道、进港公路完成前期工作；城北新区新建道路 12 条（段），计划投资总额 8159 万元，其中重要的城市道路——城五路由小龙建司承建。

将发展理念融入每一座建筑，赋能城市发展，是小龙集团的使命；将诚信和质量的文化广泛传播，推动商业文明与社会进步，是小龙集团的责任。无论是作为建筑企业还是房地产开发企业，小龙集团始终与群众需求同呼共吸，与城市发展同频共振，以时光为笔，以匠心为墨，描绘出一幅城市人居的美好画卷。

　　房地产开发具有高投资、高风险、长周期等特点，市场波动性和风险性极高，而且报批、征地、建设、销售等流程环环相扣，在毫无经验的情况下进军房地产行业将面临巨大风险。吴小龙不断告诫团队：房地产开发将是今后很长时间内的主要业务，一定要发挥小龙建司的优势，抓好工程质量，同时积极与同行合作、学习开发业务，全面掌握开发设计、报建、建设、融资、验收等工作，尽可能由外行变为内行，为以后独立开发项目做好准备。

　　从港宝商贸街项目开始，吴小龙就携手经验丰富、实力强大的房地产开发企业紧密合作，有效降低风险、缓解资金压力，通过优势互补实现合作共赢，此后陆续开发了国际生活港、美嘉宝花城、金港商贸城、东方巴黎、唐人街等多个地产项目，一次次把握机遇、乘胜前行，站上房地产发展潮流之巅。

　　不知不觉间，小龙集团的房地产开发能力已经完成从量变到质变的飞跃，在更高远的天空继续突破自我、展翅腾飞。

国际生活港

东方巴黎（现改名为"东方铭城"）

第六章
盛世名门：打开高品质之门

　　盛世名门不仅占据优势地段、建造高品质住宅、匹配高档园林景观，而且在社区配套方面也虑无不周。在盛世名门项目中，吴小龙希望融入一种与精英共鸣、与城市共生的情感，在漫长岁月中不断奏响时代旋律、丰富城市记忆。这才是小龙集团的深耕之道。

1 再造"星河湾"

在小龙集团发展史上，2003 年是容易被忽略却值得书写的跨越之年，吴小龙似乎占尽天时、地利、人和，从联合开发转向自主开拓，从商业地产为主转向高层住宅，开启了进入房地产行业以来迅猛发展的新征程。

8 月 31 日，国务院发布的《关于促进房地产市场持续健康发展的通知》指出，"房地产业关联度高，带动力强，已经成为国民经济的支柱产业"，明确了房地产业在国民经济中的支柱地位，为房地产未来前景奠定了基调，吴小龙可谓"抢抓天时"。在 2 月 12 日的政府工作报告中，市领导明确提出，"围绕把贵港市建设成为桂东南区域性经济中心城市、重要工业基地、华南地区重要内河港口城市、交通枢纽、商贸中心、南国特色园林城市的科学定位，高起点抓好城市规划。"《2003 年贵港国民经济和社会发展统计公报》显示，全年全社会建筑业完成增加值 5.83 亿元，增长 66.42%；资质等级在四级及四级以上的建筑企业实现总产值 10.15 亿元，增长 36.6%，利润总额增长 2.6 倍；房屋竣工面积 117.86 万平方米，增长 40.93%；房地产开发投资完成 4.74 亿元，增长 56.9%。贵港市房地产市场如火如荼，巨大发展潜力正日益显现，吴小龙堪称"占据地利"。小龙集团内引外联，既招聘高学历、高素质人才补强团队，又与同行广泛、深入合作，在实战中学习全流程开发、建设、营销、运营的经验和能力，吴小龙称得上"赢得人和"。

在吴小龙看来，2003 年即将开启的小龙集团第一个独立开发项目，必须打造成为引领潮流、全面超越的现象级楼盘，因为它具有里程碑式的意义。从 1996 年小龙房司成立算起，吴小龙进军房地产行业已有七年；如果追溯到 1982 年成立"十二队"、涉足建筑行业，吴小龙已积累 20 多年从业经验。在贵港市许多地标性建筑、轰动性楼盘背后，都能看到小龙集团的身影。只不过，小龙集团始终低调务实、默然屹立，经过长期探索、沉淀，现在终于要走到前台、独自上场了。

吴小龙不仅在办公室打开贵港地图和港北区地图圈点、标记，还经常开车到荒郊野岭实地踏勘，用脚步考察每一寸心仪的土地。毕竟，对土地价值的挖掘、选址是房地产开发的重中之重。有一天，港北区中山路西侧一块 283 亩的规划用地进入吴小龙的视线，此地距离贵港市行政中心只有300 米，到新世纪广场仅 1.5 公里，是贵港实行土地招拍挂政策以来最大的开发地块。今天这块地已成为贵港市中心黄金地段，20 多年前仍被荒草遮蔽、位置偏僻，有意竞拍的房地产企业寥寥无几。

吴小龙清楚这块地的发展潜力与开发价值，每隔几天，他就叫上吴守西开车一起绕着地块来回转几圈，越看越有信心："随着港北区的发展，这块地大有可为！"还是在年初的那份政府工作报告中，市领导强调遵循

"以新区开发为主，带动旧城改造"的方针，集中力量抓好城北新区的开发建设，并明确抓好中山路延伸段等五条道路建设，继续抓好城北新区的高楼工程，加快高层建筑工程建设步伐，力争用3至5年时间把城北新区建设成为环境优美、商贸繁荣、现代文化气息浓郁、富有南国特色的新城区。吴小龙向来注重时事热点、政策规划，不仅认真研读、学习政府工作报告，而且吸收、转化为企业发展方向与战略布局的实施纲领，经过分析、研判，他对这块地势在必得。

港北区、中山路、高层建筑、现代气息、南国特色等关键词，既是政府的要求与期待，也是小龙项目规划的线索与指引。吴小龙对贵港房地产市场有长期观察与深刻认知，他发现一个严峻问题：小高层住宅建设成本更高、市场售价低、开发周期长，而且楼盘同质化非常严重。小龙集团要想一举成名，充分发挥区位价值、质量优势与建设能力，必须定位高端住宅开发。

考察星河湾项目期间留影（左为梁正居、中间为吴小龙、右边为吴守西）

为了学习高端楼盘开发经验，2003年，吴小龙专程带队前往广州星河湾考察学习。两年前，星河湾在番禺一片滩涂上拔地而起，开盘12天就创造热销神话，《南方都市报》以"18万人涌华南，满城争说星河湾"为标题报道盛况：用光了26万双鞋套，吸引了18万人次慕名而来，每天有240多趟看房班车出入，所有停车场全部停满。"地产界的劳斯莱斯""中国高端豪宅的教科书"等美名传遍大江南北，打算进入高端市场的房地产企业都在争相参观、学习。星河湾高端先进的设计理念、优美独特的建筑风格、风景如画的园林景观、美轮美奂的室内装修、完备齐全的配套设施等，令参观者既震撼又向往，可以算得上"中国房地产行业品质化的启蒙"。

吴小龙对于那次考察印象深刻，星河湾的建筑设计以自然村落式的排列、半围合式的空间布局、错落式的楼间关系为特色，与立体化的热带园林景观相互映衬，构成建筑与环境的和谐统一。吴小龙意识到，园林不仅是楼盘的点缀，也可以打造成50年都不过时的经典景观。另外，星河湾对于车库的细致规划也走在国内前列，车辆干道和行人步道完全分隔，车辆出入直接进入地下车库，业主从电梯入口直达住所，保证社区内无车辆通行。考察途中，吴小龙对同行的考察团队要求道："以后我们贵港楼盘的规划布局和园林设计，就要按照星河湾的标准，一点都不能打折扣！"

看样子，吴小龙打算在贵港再造一座星河湾。从定位来看，星河湾符合吴小龙对于高端住宅的全部设想，主要面向既重视楼盘品质、人居环境又注重精神追求的高收入人群，楼盘均价约7000元/平方米，比同区位楼盘高出约1500元。然而，贵港的消费能力无法与广州相提并论，作为珠三角地区的代表，2003年广州市在岗职工年平均工资为28806元。与之相比，2003年贵港城镇单位在岗职工年平均工资9717元，难怪考察结束时有人望洋兴叹："星河湾的楼盘是天价！贵港今后造不出这样高档次的小区，就算造出来也买不起。老板还真敢想啊！"

吴小龙说过："只有想不到的事，没有干不成的事；只有想不通的人，没有走不通的路。"他安排团队参与招拍挂流程，竭尽全力拿下这块土地。然而，由于小龙集团多个项目同时开发、建设，资金非常紧张，连土地投标保证金都拿不出来，吴小龙如何破局？

"穷则思变，必须超越常规思维！"吴小龙在办公室来回踱步，计上心头。2002年，吴小龙与一位女老板在城北新区合作开发美嘉宝花城项目，对方占股70%，主要负责房地产销售；小龙集团占股30%，主要负责施工及管理。由于大量同类产品蜂拥入市，竞争异常激烈，美嘉宝花城销售少人问津，甚至连临街铺面都卖不动。惨淡经营之下，女老板前来商讨解困之计，吴小龙决定一箭双雕，既帮对方减轻销售重压，又破解自己的资金难题。

吴小龙心直口快说道："现在房子销路不好，我想买20间铺面分给四个子女，每栋出价65万元！"

女老板又惊又喜，难以置信。就算是临街铺面售价才58万元，吴小龙一口气买20间、每间至少高出7万元，相当于要多掏140多万元。

这还不算，吴小龙继续说道："我只要最偏的位置，你把最难卖出去的'边角料'给我就行了。"

喜从天降，女老板再怎么熟悉吴小龙的为人、相信他言出必行，也想听听葫芦里究竟卖的是什么药。

吴小龙提出，先请女老板垫付购房资金，吴小龙再以20间商铺向银行申请按揭贷款，将这笔钱用作资金周转。一年之内，以上钱款全部付清，绝不拖延。

任何人提出如此异想天开的合作条件，女老板都会毫不犹豫地拒绝，唯独吴小龙令她充分信任，爽快应允，顺利签订了购房合同。

然而，吴小龙将按揭贷款的材料送到银行审批后，一个多星期仍然音信全无。眼看着土地招拍挂的报名截止日期日渐临近，吴小龙多次前往银行催促、询问。原来，工作人员看到购房者为吴小龙的四个子女、每人五间商铺，怀疑是虚假交易，拒不放款。吴小龙闻言抚掌大笑，详细说明购房真实情况，完全合法合规，终于获得审批、拿到贷款。

　　赶在报名截止最后一天，小龙集团火速交付保证金，有惊无险地获得了竞标资格。出奇顺利的是，除小龙集团之外竟然没有其他房地产企业参与竞标，投资额度较高、地块偏远荒芜、商业氛围冷淡等不利因素令同行退避三舍、纷纷放弃，小龙集团顺利取得项目用地。

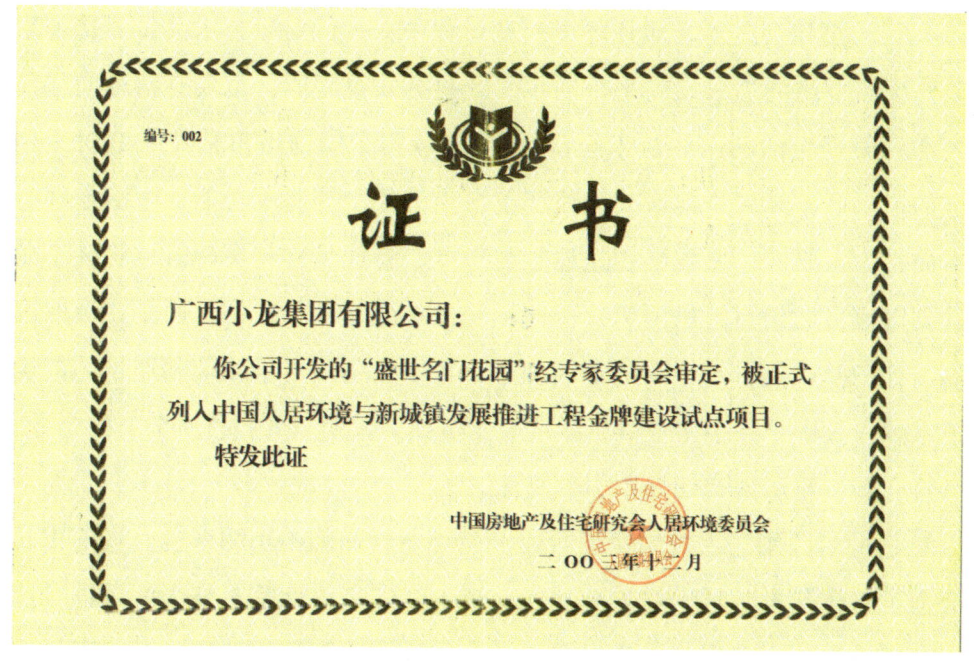

2003 年 12 月，盛世名门花园被列入中国人居环境与新城镇发展推进工程金牌建设试点项目

　　2003 年 12 月，盛世名门花园被列入中国人居环境与新城镇发展推进工程金牌建设试点项目，吴小龙终于让"星河湾"的梦想照进现实，以盛世名门的响亮招牌在贵港赢得万众瞩目。

2 推倒重来，超前设计

在人类社会进步与居住环境演变过程中，人们对于艺术品位、精神享受与生活空间的追求始终平行同步，既要有安身之所，也要有精神向往，人类对美好生活的向往从未止步。到 2004 年，中国城市精英家庭对于住宅的追求已超越区位地段、居住环境、生活配套等基本功能，生活空间的本质是为人服务，要能够表达思想与态度、释放精神与灵魂。尽管吴小龙计划以盛世名门再造星河湾，但并不是简单地复制和模仿，而是在汲取内涵与神韵基础上打造全新的空间理念，将小龙集团对于诚信和质量的高度追求融入其中。吴小龙坚信，奉行专业精神、长期主义、品质至上的企业，必将在新一轮房地产变局中引领潮流。

盛世名门刚进入规划设计阶段，吴小龙就面临不小的考验。贵港市政府为了整体开发、科学规划港北区，请上海知名设计院对整个区域进行统一规划设计，不仅明确了盛世名门地块作为住宅用地的性质，而且审批通过了项目规划设计方案。这套方案充分借鉴了北方一线城市的流行趋势与先进经验，布局科学合理，综合利用率高，方正规整、稳重气派，设计水平无可厚非。正常来说，小龙集团拍得这块土地后，完全可以按照政府提供的设计方案开工建设，省钱、省时、省力，何乐而不为？

为了平衡功能性、合理性、经济性，现代住宅给人们提供了便利舒适的居住环境，却牺牲了丰富多元的审美感受与精神追求，变成全球趋同、千篇一律的设计格局与建筑造型，丧失了与自然环境的连接、融合。拿到政府部门提供的规划设计方案之后，吴小龙挑不出任何毛病，只是对一成不变的"火柴盒"式的刻板设计提不起兴趣，星河湾的惊鸿一瞥让他难以忘怀，那才是他心中的桃花源。盛世名门是小龙集团独立开发的第一个住宅项目，他不仅要学习星河湾精益求精的品质、世外桃源的气质，还要学习它浑然天成的景观设计。吴小龙打算抛弃世俗的"住宅"概念，与贵港"山、湖、江、港"的城市特色、自然环境有机结合，为住宅赋予更多开放性、现代性、多元性的功能，打造精品，成就经典。

学习星河湾，就要敢于不计成本、不惜代价。吴小龙推倒重来的举动，在今天看来没有太多新奇之处，但是在当时来看，他不仅要额外掏一笔不菲的设计费用，还冒了得罪市领导的风险，毕竟原方案已获得领导审批通过。而且，就算重新设计，新方案也需要相关部门审批，万一领导否决新方案而选用原方案，这不是徒劳无功、画蛇添足吗？

享誉世界的华裔建筑大师贝聿铭说："最美的建筑，应该是建筑在时间之上的，时间会给出一切答案。"吴小龙深以为然，住宅不仅是钢筋、混凝土、玻璃、石材的冰冷组合，更是生活方式与自然环境的艺术表达，让住宅本身成为最美的自然环境，而且随着时间沉淀、岁月变迁而愈发美好。吴小龙是一位具有自我否定、自我批判精神的完美主义者，一心追求经得起业主口碑、经得起时间考验、经得起市场对比的精品杰作，绝不会满足于合格、良好的设计标准，哪怕为此付出各种代价。

要想再造星河湾，还得继续下广州。几年前筹建港宝商贸街时，吴小龙带着梁正居、吴守西到广东珠海出差数日，在几座城市参加过各种不同的房地产开发业务培训，房地产咨询专家赵卓文的营销理念与策划创意不同凡响，给吴小龙留下深刻印象。吴小龙立即联系赵卓文，希望由他全权负责盛世名门的营销策划及销售代理，双方签订合作协议后，吴小龙委托赵卓文推荐一家广州知名规划设计公司，做出一套可以媲美星河湾的设计方案。

盛世名门下沉式广场效果图

三天之后，一位长发飘逸、满脸络腮胡的艺术家气质十足的男人出现在盛世名门项目现场，他就是广州纬纶国际建筑设计有限公司（简称广州纬纶）董事长范文峰。不到20天时间，范文峰就将全新的设计方案递交到吴小龙面前。这套方案设计新颖、格局大气，楼宇错落有致，景观精巧自然，吴小龙大喜过望，越看越觉得心潮澎湃。这种强调艺术美学、精致生活与舒适宜居相结合的设计理念，完美诠释了吴小龙对于美好生活的顶层设想，在贵港绝无仅有。

　　此后几天，吴小龙从规划、建筑、园林、排水、机电、装修等模块全盘审视设计方案，以整体施工的思维检验产品设计、环境设计、装修设计、物业管理等是否紧密结合。不可否认，吴小龙的想法比来自广州的范文峰更大胆、更超前，表达了对设计方案基本满意之后，提出要做地下车库和电梯房，按照一梯两户、一户两车位的规划继续完善设计方案。

吴小龙意识超前，盛世名门是贵港市第一个拥有地下车库的小区

　　今天这两项设施已是不可或缺的"标配"，当时却是天方夜谭，遭到公司内外强烈反对。对于一般家庭而言，汽车属于想都不敢想的奢侈品，条件好一些的才有摩托车，随手停放在路边就行，根本不需要车库、车位。当地人住惯了占天占地的天地楼，对于电梯房难以接受，甚至谈电梯色变——高耗电、不安全。有外部专家提出折中方案："贵港没有电梯房，

肯定不好卖。地下车库不如做成一楼的分间式车库，还能当杂物间放东西。"

吴小龙态度坚决，力排众议："在香港、深圳、广州等城市，电梯已经普遍使用，他们的今天就是我们的明天。电梯上下楼方便，能够为老人省去爬楼的辛苦，凭这一点就会成为主流。小汽车是未来主要的交通工具，停在路面容易出事故，还会发出噪声影响社区环境，地下车库必须要做。"他不只是在推行地下车库和电梯房，而是以未来眼光、超前意识彻底革新贵港人的居住观念和生活习惯。

修改完善的设计方案经有关部门审批与论证后，需要提交分管副市长定夺。吴小龙担心节外生枝，将其与被推翻的设计方案一起递到领导面前。认真审阅、对比之后高下立见，副市长对新方案点头称赞，同意按照新方案规划建设。

在盛世名门项目中，吴小龙希望融入一种与精英共鸣、与城市共生的情感，在漫长岁月中不断奏响时代旋律、丰富城市记忆。这才是小龙集团的深耕之道。

3 精工细作：修合无人见，存心有天知

高周转、快扩张是房地产行业长期流行的主旋律，紧紧围绕规模、利润、市场占有率等指标运转。吴小龙摒弃了这条跑马圈地的捷径，早已将高品质理念融入企业文化中，融入每位员工的内心深处。不管是规划设计、建造工艺、选材用料、园林绿植上的锦上添花，还是现场管理、质量监督、过程验收上的一丝不苟，流程在变、项目在变、行业在变，不变的是质量至上的永恒追求。

为了将广州纬纶精妙绝伦的规划设计从美好蓝图变为精彩现实，负责盛世名门报批报建的甘容付出很多。她虽然是一名普通员工，但身兼多职，其中一项工作是对接图纸。在数字传输和物流快递尚未普及的 2004 年，通过跨省班车运送图纸是方便、快捷、实惠的最佳选择。图纸通常在下午六七点钟从广州托运出发，第二天凌晨三四点钟到达贵港，甘容接到电话后睡眼蒙眬地穿上衣服，赶紧骑着电动车到车站等着接图纸，"对接图纸，为了赶时间真的会哭的。你不赶紧过去，大巴马上又出发，去往柳州或者别的地方。"甘容最怕下雨，天黑路滑，她先将厚重的图纸分成两大摞，一摞堆在踏板上，一摞捆在车后座，然后用雨衣将图纸完全罩住，身体以一种极不协调的方式在雨夜缓缓前行，"人可以被淋湿，但图纸不能湿"。

吴小龙很推崇百年企业同仁堂的经营理念，药店门前有一副对联："炮制虽繁必不敢省人工，品味虽贵必不敢减物力"，祖辈还留传一句古训："修合无人见，存心有天知"。制药既要真材实料，又要对得起良心，房地产行业更应精工细作、注重品质，以货真价实的材料、精雕细琢的工艺传承打造小龙集团诚信和质量的行业口碑。吴小龙在盛世名门建材采购方面优中选优，大胆选用技术先进、环保优质的材料，门窗由小龙型材提供，他非常自豪地介绍："我们生产的第四代 PVC 塑料型材门窗，长期使用不变形、阻燃隔音性能良好、绿色环保，比传统材料强 30% 以上；塑钢门窗采用多腔体结构，比传统材料节约能源 30% 以上。"

在现场施工环节，吴小龙一如既往的事必躬亲、规行矩止。墙面抹灰是建筑工程的基础工艺，也是关键环节，一般施工标准是"一底两面"，但吴小龙要求"一底三面"，虽然耗费了工时、增加了成本，却极大提高了涂料的附着力、饱和度和耐用性，"你们多刷一两遍涂料都没关系，一定要把质量做到最好！"吴小龙对工人要求道，"要不惜工本、精益求精地对待每一项工艺。"小到填一道缝、刷一面墙，大到整体结构，吴小龙都以精细化的品质控制标准严格要求。

负责水电施工的赖桂勇介绍，吴小龙对于产品质量、施工安全要求非常高，在项目建设过程中，容不得有丝毫马虎与差错，精神必须高度集中。水电施工先从地下室预埋开始，横平竖直的管线、清晰明了的标记，顺利推进施工进度，同时做好已安装管道、线路、给水、排水系统的相关验收工作。预埋完成后还要进行疏通，确保管道通畅，为后续工序做好准备。赖桂勇说，"在工地上要多沟通，相互配合，尤其是与班组的沟通，要及时做好对班组成员的技术交底。"他坚信只有付出才有回报，一分耕耘一分收获。

经过设计师们的精密计算与反复推演，盛世名门的入户门宽度确定为90厘米。然而，当工程建设负责人梁文杰到现场巡查时，却以"入户门做窄了"为由要求全部砸掉重做。施工人员心里委屈："我们严格按照图纸施工，到底哪里出了问题？"梁文杰既同情又坚持："尽管贵港入户门宽度普遍是90厘米，但是现场察看之后发现还是不够大气。如果入户门宽度改做成1.05米，居住体验会更好。"在实际建设过程中，吴小龙考虑到百姓过年贴春联的风俗，要求再额外预留出25厘米的宽度。梁文杰说："老板几乎每天都到项目办公室，有什么问题可以直接跟他汇报，如果有精妙的点子他当场就拍板实施。"

盛世名门全景

　　"庭中有奇树，绿叶发华滋。"盛世名门的园林景观虽谈不上名贵木材，但布局、选材独具新意，每一株绿植、每一块景石、每一条小径都经过精心设计、用心挑选，每一道精致的存在都是一种力量，构成了人们的生活与情感。盛世名门不仅将乔木、灌木、地被、草坪等交叠排布，连水生植物都丰富细腻，再辅以四季常开的花卉，闲看庭前花开花落、漫随天外云卷云舒的体验不再是诗词中的意境，而是诗情画意的生活图景。通过对道路、绿植、景观的用心打造，吴小龙树立了气质鲜明的识别标准，以至于参观者不看建筑、不看标识就感受到已置身于盛世名门，离开之后仍流连忘返、回味无穷。

　　盛世名门不仅占据优势地段、建造高品质住宅、匹配高档园林景观，而且在社区配套方面也虑无不周。在项目规划之初，吴小龙就提出配套先行，除了小龙集团自行创办第一家幼儿园——盛世名门幼儿园之外，还积极规划、引进合作学校、医疗中心、商业街、交通中心等配套设施，一站式满足业主的教育、医疗、消费等居住需求，提高了房地产的附加值和竞争力。

　　作为小龙集团第一个自主开发的项目，盛世名门以引领贵港高端住宅新风尚的势头吸引各界关注，尚未建成就经常接待各级领导、外国友人、业内同行参观考察，他们对规划设计、建筑质量、园林景观等给予高度评价，盛世名门从一座楼盘、一种现象升级为一个标杆。当时贵港在建的最大楼盘普罗旺斯占地 500 亩，项目总经理参观时赞叹道："以后贵港的楼盘怕是都难以超越盛世名门了。"如众人所期待，2010 年盛世名门获得国家住房和城乡建设部授予的房地产行业最高荣誉"广厦奖"，成为当年广西唯一入选项目，至今仍是贵港高端楼盘的扛鼎之作。

2010 年，盛世名门花园荣获"广厦奖"

毫无疑问，吴小龙正在以一种独特的姿态，改变着贵港房地产行业。

4 为有暗香来

2004 年 3 月 12 日晚上，小龙集团会议室内灯火通明，吴小龙与销售代理团队展开了激烈的讨论与碰撞。盛世名门第二天开盘在即，大家却因为定价问题产生严重分歧，吵得不可开交。

通过对贵港房地产市场进行充分调研，销售代理团队终于算出开盘价格，他们认为这已经是贵港消费水平和心理承受的极限，"我们拿数据说话，这个价格不低了！"

"我们的房子这么好，做得这么用心，为什么价格定得这么低？"吴小龙强烈反对，"别人说贵港是穷得两眼发直的地方，我偏要做最好的产品；贵港一千来块的房价，我偏要按照广州那些高档次的七八千的房子来做。不仅是因为我追求完美，更在于贵港市民需要更好的房子。只要我们看准了方向、敢于一搏，就不愁卖不出去！"

吴小龙大声地为销售代理团队鼓舞士气，越说越有信心，坚决将开盘价格调高 200 元。小龙集团在贵港家喻户晓，从港宝商贸街、国际生活港、美嘉宝花城到富丽堂皇的盛世名门，每一个项目都涌现出一批投资者、追随者，在房产升值的物质满足和精神愉悦中不断加深信任关系。更重要的是，从地理位置到装修用材，从楼盘品质到景观打造，盛世名门的规划设计与营销定位在贵港极具独特价值，完全配得上更高的定价。

销售代理团队左右为难，既担心定价过高，开盘不温不火，功亏一篑；又担心定价偏低，开盘大火，肯定会被吴小龙骂惨。他们采取随行就市定价法，基于竞争格局、平均水平制定价格，减少经营风险。吴小龙相信多年来无往不胜的商业直觉与独特判断，价格战并非商业竞争的唯一方式，"你打你的，我打我的，以我为主"，他擅长主动竞争定价法，根据产品的特色、优势围绕营销绩效确定价格，尽管高定价会失去一部分消费者，但能够快速筛选出目标客群。

不同定价方式的分歧背后，是利益追求、思维方式的差异。吴小龙一方面描绘愿景，从贵港市的经济发展、地方政策、区域规划、市场前景等角度，分析盛世名门作为高端住宅的美好前景；一方面对销售代理团队施激将法，试图把大家的好胜心激发起来，让一切变成可能。然而，直到晚上11点半，双方仍僵持不下，无法达成一致。

定价对于盛世名门成败至关重要，吴小龙清楚，定价一旦失误，很有可能无法一炮打响，自己的努力与投入就会前功尽弃。仲春的夜越来越深，吴小龙见反复沟通无果，不容分辩地拍板第二天按照自己的定价开盘，然后直接宣布散会。会场顿时鸦雀无声，所有人都能感受到吴小龙的信心与决心，谁要继续反对，谁就先成为明天这场开盘之战的出局者。

那天晚上，许多人彻夜未眠。一部分是小龙集团员工，他们心中既兴奋又担忧，老板一意孤行，究竟胜算几何？一切充满未知。另一部分则是赶到营销中心通宵排队的购房者，不少人拖家带口、呼朋唤友，还有人做起代人排队的"黄牛"。

盛世名门开放庆典现场

3 月 13 日是一个星期六，盛世名门一期正式开盘，销售代理团队忐忑不安，丝毫没有把握。没想到营销中心的沙盘前围了不少人，与营销人员热烈交谈。宣传视频的画面吸引购房者驻足观看：高层与低层错落围合式布局别具匠心，干净整洁的步道令人心情愉悦，水景园林、大型欧式喷泉与豪华洋房相得益彰，阳光伴着清风穿过宽敞明亮的窗户，幸福温馨的生活触手可及。这样的人居环境、生活场景，几乎满足了贵港人对于美好生活的全部向往。开盘第一天，踊跃争先的购房者就让盛世名门的成交量冲到了 400 多套，销售面积超 6 万平方米，一举刷新贵港行业纪录。

盛世名门销售中心人山人海

　　开盘大卖，吴小龙的预言再次成真，代理销售团队深受鼓舞，期待乘胜追击，为即将到来的盛世名门二期开盘再创辉煌。然而，众人还没来得及回味美梦成真的幸福，一场汹涌澎湃的退房风波不期而至。

　　由于 2004 年房价不断上涨、进入快速增长通道，2005 年初，高房价已经成为举国热议的社会问题，调控政策不断加码，"国八条""新国八条""国六条""十五条"等相继出台，房地产市场一度陷入低迷，房价出现短暂回落。在此期间，全国各地退房潮此起彼伏，贵港不少房地产企业深陷业主退房、索赔差价的危机，在建楼盘纷纷降价开盘冲击市场，也冲击着购房者的心理防线。

"房子还没到手，价格已经缩水，我们就算掏一些违约金也要退房！"盛世名门一期部分业主蜂拥而上，态度强硬，"必须将退房进行到底！"当初他们购房有多么喜悦、庆幸，现在就有多么沮丧、愤怒。

行业寒冬之际，盛世名门一期退房风波愈演愈烈，悲观情绪笼罩小龙集团，盛极而衰的大溃败似乎近在眼前；盛世名门二期建设如火如荼，开盘如箭在弦上不得不发，销售代理团队建议降价开盘，否则根本卖不动。内忧外患深重，吴小龙似乎坠入计穷力竭的境地。

如果盛世名门二期降价销售，能否达到成交量预期尚未可知，但一期业主的退房风波将被彻底激化，小龙集团无法收场。纵使面对巨大危机，吴小龙都不会被困难吓倒，更不会自乱阵脚，就算所有人质疑、反对，他都抱定"虽千万人吾往矣"的决心，鼓起"破釜沉舟、背水一战"的勇气，再度剑走偏锋，提出逆市涨价——二期比一期提价200元开盘销售。

"墙角数枝梅，凌寒独自开。遥知不是雪，为有暗香来。"在吴小龙心中，盛世名门如同王安石笔下孤芳独赏、暗香浮动的梅花，骨子里浸润着不惧严寒、傲然独放的气质。出乎所有人的意料，盛世名门二期开盘依然热销，不少一期业主继续在二期购房，他们相信盛世名门的增值潜力。吴小龙出其不意、一举两得，一期退房风波骤然平息，二期开盘大卖好评如潮。吴小龙具备义无反顾、勇往直前的胆识，但楼盘独一无二的品质才是突出重围的关键，他说："谁都想在力所能及的情况下买到最好的商品，我们的房子质量过硬，其他楼盘没有可比性。"

对于小龙集团而言，盛世名门只是起点，吴小龙对小龙集团还有更宏大的愿景，对房地产行业也有更长久的耐心。此后数年，小龙集团旗下楼盘占据港北区60%以上的市场，"盛世"系列高端住宅小区名满天下，吴小龙将一片荒芜变成一座庞大的"盛世之城"，这是深耕贵港、扎根港北的成果。如今，吴小龙每年都会抽空去盛世名门看看，了解物业服务、幼儿园运营、基础设施维护等情况，亲身观察体验各种细节问题，他对每一栋楼、每一片区域的来龙去脉都一清二楚，甚至对每一段路、每一级台阶都如数家珍。盛世名门开盘已经过去 20 年了，建筑群落、园林景观放在今天来看也不落后，整体格局与贵港的城市气质浑然天成、完美融合。

美国著名城市理论家、社会哲学家刘易斯·芒德福在著作《城市发展史》中写道："我们处在这样一个时代：生产和城市扩张的自动进程日益加快，它代替了人类应有的目标而不是服务于人类的目标。城市的主要功能是化力为行，化能量为文化，化死的东西为活的艺术形象和音标，化生物的繁衍为社会创造力。"城市的发展变迁由各种元素生长、培育和沉淀形成，盛世名门就是丰富城市内涵的元素之一，成千上万个这样的楼盘与城市既互相促进又互相影响，不断生长、茂盛，而所有的创新和坚守都是为了更美好的生活。

第七章

管理提升，向现代化企业迈进

吴玉经从运营入手，抓管理提升，找出最关键的问题对症下药，他分析道："管理错位、职权不明、执行不力，说明小龙集团亟待建立一套清晰的目标管理体系，让战略、信息、资源和运营协同起来。只有把这个链条跑通了，才有可能彻底解决管理顽疾。"

1 恰逢其时

一个人创业、闯天下，初期往往需要亲朋好友、同学故交帮衬、辅佐，否则很难快速形成齐心协力的人才优势。这些人是一家企业最初的人力资源，优秀者往往成为开创基业的元勋。随着市场日新月异、企业快速发展，靠情感纽带、观念传承的管理方式已力不从心，企业要讲流程规范、靠制度文化，提升管理水平的第一场戏往往从"大义灭亲"开场。

父亲吴俊荣非常关心和支持吴小龙的事业发展，退休后在吴小龙的建筑公司担任财务和采购，对资金结算、材料进出严格把关，为儿子当好后勤管家，在创业初期做出了大量贡献。当越来越多的外部优秀人才加入后，吴小龙意识到管理制度和人才结构都需要优化提升，他必须以大局为重，共同走过艰苦征程的部分创业元老必须忍痛离开。

采购中心总监徐海波对这段改革历程记忆犹新。入职头两年，徐海波一直在工地担任装修等工作负责人，时任财务、采购负责人正是吴俊荣，采购员几乎都是吴小龙的亲戚。徐海波记得，公司搬入新办公楼以后，吴小龙劝说吴俊荣放下手头工作，回家安享晚年。最难的日子好不容易熬过去了，眼见着公司蒸蒸日上、生机勃发，此时离开心里难免别扭。一些声音开始传播开来，忘恩负义、过河拆桥、卸磨杀驴……什么难听的话都有人说。吴小龙心意已决，尽管要得罪父亲、乡亲，他还是硬着头皮、顶住压力完成最初的人才升级。

2003 年，吴小龙将徐海波调入采购科，虽然只有两个人负责，却肩负着重大采购、庞大资金等重任。徐海波逐渐在工作中发现，小龙的采购链条上都是与吴小龙沾亲带故的熟人在参与，他立即明白老板的良苦用心。管理变革意味着原有的权力结构和利益范围重新划分，势必遭到既得利益者的强烈反对，新老交替引发的不仅仅是摩擦和碰撞。那段时间，公司内外弥漫着复杂、敏感的情绪，老员工心有不甘，亲戚朋友怨声载道，新员工彷徨观望。面对阻力，吴小龙展现出铁腕治企的一面，他在公司会议上专门强调："我是做企业的，不是做慈善的。我的亲戚如果需要帮助，我会接济他，但我的企业不允许这样下去。你们放心大胆地干！"

铁面无私是职责使然、使命所在，但吴小龙从来不搞"一刀切"，急于求成不是他的风格。他经常强调在工作中避免裙带关系，也鼓励任人唯才、举贤不避亲，在管理变革过程中尽量为老员工安排力所能及的工作。受限于地域、理念、规模、成本等多方面因素影响，尽管吴小龙全力支持，但小龙集团的管理提升工作收效并不显著。

吴守西 2001 年入职之初，小龙集团既未形成系统的业务流程体系，也没有量化的业绩指标管控，管理方式完全依赖吴小龙亲力亲为，"小龙连人力资源部都没有，经常都是老板冲在前面。"在吴小龙的支持下，吴守西曾试图引入绩效考核体系、组织架构设计等理念和方法，逐步解决"剪不断，理还乱"的管理问题。然而，吴小龙和核心高管的主要精力在于提升品质和拓展市场，吴守西回忆："我曾在会议上提出管理提升方案，但大家每天忙得团团转，对变革的必要性没有直观感受，更无暇顾及。"他感慨道："再好的变革理念，如果不能恰逢其时，没人去抓落实，最终只能不了了之。"

此后多年，吴小龙和吴守西从未放弃管理水平提升的长期目标，他们以深厚的变革底蕴和文化，不断完善管理体系、提升管理效能，持续推动企业治理体系和治理能力现代化。不过，直到 2010 年，一位年轻人回到小龙集团，吴小龙和吴守西共同期待的管理提升才出现脱胎换骨的彻底转变。他激情澎湃，血液里充满理想主义的雄心壮志，真的希望顺应时代、改变小龙集团。他就是吴小龙的儿子吴玉经。

在此期间，房地产市场发生了急剧而深刻的变化。从 2002 年至 2007年，房地产发展过热、涨幅飙升，政府出台调整土地供应、信贷结构和开征交易税费等政策，遏制失速增长；2008 年国际金融危机爆发后，为了扩内需、促增长，刺激住房消费、推出信贷支持、增加保障房供应和税收减免等政策出台，2009 年全年商品房销售面积、销售金额同比大幅增长。2009 年底，促进房地产市场健康发展的"国四条"出台，房价过快上涨的势头得到控制。小龙集团把握国家政策与市场机遇，通过盛世名门、盛世名都两大明星楼盘向高品质战略迈进，以房地产开发为核心，集建筑施工、商业运营、物业管理、教育等于一体的产业化集团基本成型。

作为这段辉煌而深远历程的见证者、观察者，吴玉经增长了很多见识，也发现了不少问题。当然，这种认知来自父亲吴小龙潜移默化的影响，是在过往二十多年耳濡目染、润物无声的教诲中形成的，亦师亦友的父子感情源于血缘关系，久于信任关系，但吴玉经表现得冷静而职业，他希望凭能力而非关系得到父亲、高管乃至集团所有人的尊重与认可。

作为吴小龙唯一的儿子，吴玉经在高中阶段就被赋予接班的期望，他被要求旁听重要会议，陪同出席重大活动，每逢寒暑假、节假日还要去集团实习。吴玉经从小对数字尤其敏感，读书期间特别擅长数理化，2002年以优异成绩考取西安交通大学之后，他并没有前往古都西安求学，而是选择申请英国诺丁汉大学[1]管理学专业本科，独自一人前往英国求学。留学期间，吴玉经没有沾染有些富二代的坏习气，而是专心向学。吴小龙不会给儿子太多生活费，只能满足日常开销，吴玉经靠打工赚取收入，向父母证明自己独立生活的能力。

2006年留学归国后，吴玉经短暂进入小龙集团，经过全面深入的调查研究后，他第一个提出要进行管理提升，并从绩效考核、考勤制度、财务管理等方面提出具体建议，吴守西对此印象深刻。但是，由于种种客观原因所致，这项改善计划暂时搁置。与众不同的是，吴玉经没有像他的很多同学那样空降家族企业，而是孤身奔赴深圳独立奋斗、自我磨炼，在享誉全球的房地产服务和咨询顾问公司戴德梁行从事理财顾问、房产中介等工作，在投融资、房地产开发等方面积累不少实践经验。谈起这一年多的职场经历，吴玉经充满回味："每天都去'扫楼'，还跑到上海，把所有的写字楼都跑了一圈，被拒绝、驱赶过无数次。渴了就喝瓶矿泉水，饿了就在路边快餐店随便吃几口，日子过得特别充实，"他感慨道，"工作之后，我才对父亲创业的艰苦有了更深刻的体会，也更珍惜他打下的基业。"

---

[1] 诺丁汉大学创办于1881年，是英国著名的重点大学，是欧洲各国公认并推崇的高等教育学府。2000年，英国《金融时报》与《泰晤士报》评诺丁汉大学为"英国十大顶尖大学"之一。

此时，吴玉经发现电子商务在一线城市蓬勃兴盛，互联网也许能在各行各业掀起滔天巨浪，他决定再赴英国留学，申请阿斯顿大学[1]电子商务专业并被成功录取。2009年10月，吴玉经硕士毕业，回到小龙集团见习，深入了解两三个月以后，他发现三年前提出的问题并未解决，反而越来越严重，"责任、权利不知道怎么分，管理太扁平、很混乱。我父亲是总经理，下面有七八个副总经理，所有的人都在越级汇报，他一个人管所有事情，有时候哪怕买一个小物件都来找他汇报。我感觉完全本末倒置了，他应该更多地做一些方向性的战略管控。"不过，吴玉经没有像以往那样直接反映问题、提出建议，而是给父亲分享一些管理类文章，认真聆听他对集团发展的思考。

吴玉经不是变得胆怯隐忍，而是更加成熟稳重，他有一个大胆而生猛的管理变革计划，只是时机未到。

2 一锤定音

2010年初，27岁的吴玉经正式出任小龙集团运营副总裁。此时正是中国经济转型、房地产调控最剧烈与深刻的时期，小龙集团面临的处境亦是国内地产企业的命运缩影，与国内宏观形势非常吻合。2010年之前，中国企业都处在巨大机遇中，只要抓住机会就能快速成长。房地产行业整体处于大规模、低成本、快周转模式，只有具备一定规模才能掌握市场话

---

[1] 阿斯顿大学创办于1895年，商科、工科、设计、语言及教育专业尤为出色。2017年《经济学人》统计，阿斯顿大学在提升毕业生人均薪酬中排名全英第二，高于牛津大学、剑桥大学与其它罗素大学集团成员。

语权，只有低成本才有竞争力。然而，这种基于要素成本最低而建立的发展模式未来不可持续，品质驱动、效率驱动、服务驱动的新模式已经拉开了另一个时代的序幕。变局近在咫尺，小龙集团无法置身局外，吴玉经已经从小龙高速扩张的状态中感到一些不安，甚至发觉这辆高速列车已冲刺到悬崖边缘，由此决心启动有史以来最剧烈的管理变革。

吴玉经工作照（拍摄于 2010 年）

吴玉经从运营入手，抓管理提升，找出最关键的问题对症下药，他分析道："管理错位、职权不明、执行不力，说明小龙集团亟待建立一套清晰的目标管理体系，让战略、信息、资源和运营协同起来。只有把这个链条跑通了，才有可能彻底解决管理顽疾。"

如何推行管理提升并无最佳答案，也无成功经验可循，全靠在实践中探索和总结。与吴小龙亲自主导、上行下效的改革方式不同，作为年轻一代管理者，吴玉经在国外接受过多年的商科专业的系统化学习，拥有开阔的国际视野与全面的知识体系，对于外国公司聘请专业咨询机构服务的"借智"策略印象深刻。他从课堂案例、商业杂志与媒体报道中了解到，世界500强企业发展壮大背后，往往有许多知名咨询公司出谋划策的身影，有时多达上百家咨询机构同时服务。吴玉经渴望确切地了解到，在机遇与挑战并存的形势下，小龙集团距离一流企业究竟有多远？有没有可能发展成为管理能力、运营效率更强的现代化企业？为此，他不惜花费重金，遍寻知名管理咨询公司取经问道。

吴玉经首先想到向全球知名咨询机构学习，包括麦肯锡、贝恩、波士顿三家历史悠久的全球战略咨询公司（简称 MBB）在内，他逐个致电联系沟通，几乎全筛选了一遍，但是没有特别匹配的合作对象。"这些公司赫赫有名，但他们的解决方案不适合贵港本地企业。"吴玉经认为，作为外脑，咨询公司接地气远比名气大更重要。

随着了解不断深入，吴玉经将眼光转回国内，运用互联网工具查找、研究国内知名咨询机构，北京的正略钧策[1]就此进入视线。在其官网介绍中，吴玉经读到以下信息：正略集团是一家在咨询行业内广受尊敬的中国咨询公司，被誉为中国咨询业的"黄埔军校"。经过沟通交流，正略钧策向吴玉经提供了以往服务的企业名单，有两家外地企业与小龙集团的规模实力、发展模式极为相似，"这两家也是当地标杆企业，同样只深耕本土、适度多元化。"

稳妥谨慎起见，吴玉经提出想去正略钧策服务过的企业实地探访，了

---

[1] 北京正略钧策企业管理咨询有限公司创办于1992年，是中国成立时间最长、规模最大的本土管理咨询公司之一。

解其咨询理念、服务能力与变革成效，后者积极支持、完全开放，并帮助对接安排好参访行程。吴玉经带着两位分管副总和负责运营的刘丽频繁出差，前往重庆、昆明、贵州等地参观考察，到正略钧策推行管理提升落地方案的各大房地产公司学习经验。在考察学习的两个月里，吴玉经愈发感受到专业人才、合理分工、权责统一对于提升经营管理效率、激发员工积极性、焕新企业生命力的重要意义，他说："在这样的管理氛围下，即便业务强劲增长、商业版图不断扩大，企业依然能做到既大胆创新又行之有序，绝非偶然。"他推行管理变革的决心更加坚定。

2010 年 3 月 25 日，正略钧策团队正式进驻小龙集团，从战略管理、组织架构、核心流程体系、绩效薪酬体系和信息化建设规划等方面，全力以赴制定一套科学有效的管理提升方案。

吴玉经没有选错，专业咨询团队的实力很快显现出来。驻场第一个月，项目组主攻管理诊断与战略明晰，通过集中访谈、资料研究等方式，撰写出《小龙集团内部管理诊断报告》，明确了集团发展战略，并制定了详细的战略目标。同时，确定了"至精至诚，创新永恒"的企业愿景和"创造品质生活，提升城市形象"的企业使命。在企业文化的核心理念上，小龙集团保留了吴小龙始终倡导的"质量"与"诚信"。吴玉经说："这是小龙的立身之本，它贯穿始终，未来依旧是集团的使命。包括我们后续提出的工匠精神和服务理念，其实都是锦上添花的优化，使之更适应新时代企业发展的需要。"

4 月底，项目进入第二阶段：组织体系及核心流程优化。以组织架构及岗位配置为例，管理团队分为董事长、决策委员会、总裁，下设人力资源部、行政部、运营管理中心、财务管理中心、成本管理中心、采购中心、研发中心、工程管理中心、投融资中心、营销中心十大部门，明确各部门职责分工，用权责明晰的组织架构规范管理，避免互相推诿、人浮于事等弊病。

6月3日，项目进入第三阶段，人力资源管理体系的设计成为工作重点，项目组用一个月时间重新评估岗位价值，优化薪酬管理方案、绩效管理方案，并建立培训体系、设置职业发展规划通道，为人才的可持续培养建立了有效机制。7月初，项目组对于信息化建设制定了适应未来业务发展需要的前瞻性规划，并逐步完成全套管理提升方案。

这是吴玉经第一次全权主导变革项目，也是小龙集团第一次聘请咨询机构，他所承受的压力和困难毋庸赘述。周围的人很难理解吴玉经花钱请咨询机构推行管理变革的行为，这在贵港本地的企业中闻所未闻。在一片欣欣向荣的景象下，为什么要兴师动众搞改革？以往每一次调整变革都是按部就班的自我革新，何必花钱让外人指挥、掀起疾风骤雨呢？吴玉经坚如磐石，他深知这场变革对小龙集团的现实意义和深远影响。

四个多月的时间里，吴玉经深度参与其中，他和咨询团队一起出现在施工现场、培训课堂、会议室，与员工对话交流，讨论报告和方案。当项目推进遭遇困难的时候，他总是站在咨询团队一边，义无反顾。当然，吴玉经并没有偏听偏信、照搬照抄咨询团队的建议，他说："我们不能盲目跟从，北京大企业的东西不是拿来就能做到，我们本身就有一套管理逻辑，生搬硬套反而会影响效率。我们需要梳理出一个真正符合自身、高效实用的架构和流程。"

8月2日，吴玉经早早来到父亲的办公室，将厚达100多页的管理提升方案郑重递交到吴小龙手中。对于这份凝聚自己的智慧与心血、承载着小龙未来命运的改革蓝图，吴玉经胸有成竹地说："这些改革内容丰富详实，也没有全盘推翻公司之前的架构和流程，很好地阐释了我们推行管理提升的初心，这是特别难得的一点。"他非常清醒的强调："没有十全十美的方案，当务之急是将管理提升付诸实践，在推进过程中不断修正、优化。"

　　呈现在吴小龙面前的这份改革方案，将流程审批、成本控制、项目协同、资金管理等困扰多年的复杂管理问题变成一张张图表，条分缕析地拆解，并针对性地提出可操作、可落地的改善措施。吴小龙当机立断："一定要改！"

　　吴小龙一锤定音，无疑给吴玉经吃下一颗定心丸。

　　一场声势浩大的管理提升动员会立刻召开，吴小龙召集所有员工，将那份被反复讨论、修改、打磨的方案第一次完整地展现在众人面前。吴小龙当场宣布：全力支持企业管理提升。在他的号召下，集团高层纷纷表态支持。

　　现场气氛热烈，但吴玉经没有被冲昏头脑，他冷静思考道："大家看在父亲的面子上肯定会支持我，但这和认可是两码事。只有把变革推成功了，我才能得到真正的尊重。"

　　在吴玉经带领咨询团队推行管理提升项目的日子里，吴小龙并未发表意见、进行干预，他始终站得远远的，像教练那样观察，内心却始终放不下作为父亲的呵护。不管在会上还是私下，吴小龙不止一次对员工流露真情："我就这么一个儿子，你们一定要支持他的工作。"

　　但是，吴小龙非常清楚，推动集团管理变革不是吴玉经一个人的事情，也并非出一部报告、写一份方案就万事大吉、高枕无忧。而且，吴小龙对于时代的变化一直具有敏锐的直觉，他知道一路狂奔的小龙必须停下来重新发现自我、再造自我，与时代背道而驰永远没有好结局。

　　他需要和吴玉经一起敞开怀抱，吸纳所有对小龙有效、有益的管理思想，并且坚定不移地在实践中验证、提升。

3 循序渐进

成功是前进的动力，也是前进的障碍。当成功的方法固化为路径依赖，改革必将经历痛苦和磨难。

管理咨询专家深谙优化制度流程的方法，也有丰富的实战经验，他们不是纸上谈兵、指手画脚的外来者，而是良师益友的角色。但是，对于小龙的管理者和员工而言，这毕竟是一场触及灵魂深处的变革，随着管理提升项目从方案设计转入落地实施阶段，抵制甚至敌对情绪开始在公司蔓延。考勤、绩效、采购审批等都改成在线操作以后，一些文化程度不高的员工难以适应，怨声载道："我每天实实在在在干活还不够，非得填表做记录才可以？"吴守西回忆："有的老员工连电脑都很少用，突然间要同时学习电脑操作和线上办公，他们感觉被套上了'紧箍咒'，一下子出现了很多反对的声音。"这些人大多从 20 世纪 80 年代开始追随吴小龙，他们不接受新的工作方式，不理解为什么放着好日子不过要折腾改革，对管理提升毫无概念，处于无所适从、茫然失措的处境中，有些人干脆从一开始就拒绝配合。

对于需要较长时间适应线上办公的员工，吴玉经要求运营经理刘丽安排专人一对一指导。"通过循序渐进的方式让员工明白，变革是自上而下、不存在特例的。员工可以清楚地知道新的管理制度是怎么来的，特别是要着重讲解哪些条款对他们有益。员工感到安心，有了信心，才愿意跟着你往前走。"

吴玉经是一个敏于心、讷于言、敏于行的年轻人，他比很多老员工都要熟悉这家企业，却始终以新员工的谦逊姿态与人交谈。只有在讨论如何提升管理水平、运营效率时，他才会一针见血、毫不客气地直击痛点，尽管语调不徐不疾、沉静从容，却足以让倾听者背冒冷汗，仿佛整个小龙集团随时都处在无形的巨大危机中。他已经做好了在重压与挫折中孤勇前行的打算，一副黑框眼镜充满了书卷气，丰富阅历却将他磨砺得老成练达、胸怀宽广。

然而，不只是基层员工，部分高层也在消极应对变革。吴守西说："以前职权不清，处理不了的问题甚至很小的细节，一个电话打给老板，他就帮你处理好了。大家习惯了之前的管理方式，不愿意参与变革。"尽管吴玉经勉力推进，改革的声音总会被杂音干扰，如在培训会议上敷衍了事，在推进过程中推诿拖延，对于改革方案中的要求置若罔闻，甚至恶语相向。

有一次，刘丽向一位副总传达新的流程制度，对方拍案而起，指着她的鼻子破口大骂："你算什么？你有什么资格要求我们做这个？"回到办公室，刘丽委屈得哭了起来。2003 年大学毕业时，吴小龙在一叠简历中发现了这个擅长电脑操作、担任过学生会干部的年轻人，爱惜人才的他写亲笔信邀请她加入，几年后被提拔为企划部经理，负责规章制度的设立与完善。2010 年，吴玉经将刘丽纳入管理提升工作小组核心成员，协助推动变革。刘丽后来语气坚定地总结道："我知道管理提升一定会经历阵痛，压力特别大时也想过退出工作组。但如果我半途而废，恐怕以后再也没有机会推动了。"

尽管阻力重重，吴玉经仍然负重前行，他每周开高层会议、每月开计划会议、多次召开动员会，对于反对、批评之声耐心解释，说明变革的原因和好处，展望今后的发展方向和目标，鼓励大家在实践中不断调整和完善。只是有一次，遇到冥顽不化的保守者，吴玉经在大会上义愤填膺地呼喊："任何战略方案，如果不能贯彻执行，那就是废纸一张！"

这种情况并不多见，大抵是吴玉经遇到了有心无力的棘手难题，比如向德高望重的老前辈开刀。组织架构调整之后，按照优化提升原则，一位年高德劭、位高权重的副总裁没有合适的岗位安排，吴玉经五味杂陈、内心矛盾。副总裁与吴小龙在大圩镇自幼相识，上一辈还有些亲戚关系，自1987年开始在小龙教育建筑工程队工作，为人踏实、不辞劳苦。2000年以后，小龙集团的业务重心转向房地产开发，副总裁主管的厂房建设业务逐渐下降，随着人才结构不断完善、人员素质不断提高，吴小龙曾经倚重的老臣很难适应新的职责要求，退出只是时间问题。

吴小龙看到了吴玉经的难处，他决定亲自出马与副总裁深谈，在关键问题、关键时刻上推动管理变革。吴玉经笑着说："对于我很坚持的事情，父亲始终支持。如果遇到阻力，他会用对方易于理解或喜欢的方式沟通，很多问题迎刃而解。"这次矛盾化解得出奇顺利，虽然话题比较沉重，但氛围轻松愉悦，吴小龙在退休待遇、生活保障等方面解决了副总裁的后顾之忧，对方通情达理地表示主动退出，没有任何抱怨或不满。新陈代谢是自然规律，有时候离开才是最大的支持，小龙集团需要一代又一代人接力奋斗，让新生代放手推动变革转型，才能走得更远。

改革成功不仅在于内部"人和"，还需要"天时、地利"。小龙集团推动管理提升之际，正值房地产行业严厉管控信贷资金、遏制房价过快上涨的政策调整期，吴守西说："当时公司比较艰难，资金吃紧，我们又准备选择咨询公司辅助管理提升。企业最怕的是变革不成又退回原样，这比不变革还要受伤，损失也无法估算。"事后回顾，吴守西用了一句经典名言总结这场有惊无险的变革："道路是曲折的，前途是光明的。"

随着咨询成果逐步落地，尤其是组织架构调整、制度流程优化、绩效考核体系完善后，极大地激励了各业务部门的运营能量，也促成了此后两年业绩和管理同步提升的局面，这是小龙发展历程中一块重要的里程碑。2012 年，小龙集团业绩全面开花：房地产销售额超 6 亿元，创造历史最高水平；完成建设封顶项目 2 个、新开工项目 2 个、交房项目 1 个，建设面积和进度是历年以来最多、最好的一年；融资工作超额完成，表现远超本地同行；物业管理服务水平得到较大幅度提升，幼儿园招生、管理、保教工作有条不紊，品牌配套建设取得新突破。同时，管理提升迈上了新台阶：计划管理和绩效考核得到贯彻执行，进入常态运行；内部规范化管理得到稳步推进，极大地改变了责权不清的局面；运营能力继续得到加强；企业品牌的内涵从硬件、软件两方面得到了丰富和深化，为无形资产的积累注入了新潜力。

对于企业而言，通过管理提升将科学的管理方式与小龙的文化基因融合，建立科学、健康、持续的管理体系，不仅提高了运营效率，而且提升了抗风险能力。对于吴玉经而言，通过管理变革，他能够快速理解并掌握战略、组织、运营、人才、文化等管理实战能力，有利于承担更重责任、发挥更大作用。当然，这些变化与成长是吴小龙最喜闻乐见的结果。

享誉世界的"现代管理学之父"彼得·德鲁克说过："管理好的企业，总是单调无为，没有任何激动人心的事件。那是因为凡是可能发生的危机早已被预见，并已将它们转化为例行作业了。"没有惊涛骇浪的灾难，自然不需要扭转乾坤的英雄，绝处逢生的神话往往没有看起来那样美好。因此，小龙的管理变革并非颠覆性的推倒重来，它走出了另一条道路：每一个步骤都进行合理改善才能完成改革的梦想。

正如吴玉经总结所言："小龙的变革和创新都是基于父辈的基础，我们只是跟着时代的风去重新打磨它，在接力中融入责任和热爱。"

4 任重道远

从产生管理提升念头的第一天起，信息化就成为吴玉经"念念不忘，必有回响"的信念。他拥有英国阿斯顿大学电子商务硕士学位，比其他管理者更理解信息化的重要作用。他说："国外的信息化普及比国内早，我留学时就体会过信息化带来的便利性。从最基础的信息检索到数据分析和沟通协作，借助于信息化有着事半功倍的效果。"在欧美房地产行业，信息化的应用已十分普及，但国内房地产企业的信息化水平整体偏低，三、四线城市更加落后。

在吴玉经看来，信息化不是一种工具、一个方法，而是一套需要长期实行的管理理念。通过互联网技术实现信息流通和数据共享，管理步骤层层分解、管理语言完全统一，不仅能够优化资源配置、规范运营流程、提高管理效率、推动转型升级，还意味着优化成本管控。吴玉经对于成本管控尤其在意，他说："小龙的成本系统原来是空白的。信息化也好，管理提升也好，都要通过运营来实现，通过更高效的管理来减少官僚化管理成本、腐败成本和时间成本，把成本投入到最有效的地方，好钢用在刀刃上，用在业主和客户最在乎的地方，用在最容易形成口碑的地方。"

信息化既是关乎成本管控的生存底线，也是成就未来梦想的效益工程。经过管理提升与变革调整后，小龙集团所有人责权分明、各司其职，各项目井井有条、节节攀升，信息化会产生新的生产力、新的运营方式、新的组织文化，这对于正在深化变革、追求卓越的小龙集团来说是非常好的发展契机，也是推动企业创新发展、提升竞争力的重要途径。

小龙集团运用信息化的历史，最早可追溯到20世纪90年代，锐意进取的吴小龙就为财务部门购置电脑设备，希望年轻人转变观念、大胆尝试，在互联网浪潮到来之前傲立潮头。然而，因循守旧的思想占据上风，有人甚至认为计算机还没有手中的算盘打得快。吴小龙坚信未来企业经营一定会走向信息化、数据化，在采购设备、引进系统等投入方面积极支持，但因为缺乏系统性、协同性、持续性整体规划，小龙集团的信息化建设进展缓慢，收效甚微。

2011年春节刚过，正略钧策的咨询顾问团队完成辅导、项目交付后，吴玉经摩拳擦掌，将信息化建设融入管理提升落地，同步推行、互相促进。当优化提升以后的制度、流程等管理方法用信息化的管理工具固化、落地，原本复杂的工作得以简化，员工效率提高，将发挥更大的潜力和价值。

参与信息化提升的信息主管胡世阳回忆，2010年3月刚入职时，小龙集团的信息化工作堪称"一片荒漠"，"工程部有两三台电脑，只是用来看图纸。财务部有一台电脑，用来记账。有一套用友R9财务软件，还是单机版。"吴玉经带着他考察信息化系统的供应商，开启信息化提升项目。

在荒漠上建高楼谈何容易？吴玉经先从基础设施投入开始，安排采购人员为每位员工配备一台电脑，并对全员开展电脑培训。这正是上文所描述管理变革初期员工抵触、反对的矛盾源头，刘丽说："因为信息化要填很多资料，大家认为平时工作已经很忙了，为什么要去学电脑？还要在电脑上填各种信息？特别是老员工，对操作电脑非常反感。"吴玉经既同情又批评："老员工有优点也有缺点，他们对公司非常认可、非常忠诚，做事非常踏实，但是他们的创新理念、管理能力不足。信息化很复杂，我们的人员素质有些跟不上。"

人们对事物的认知是一个由表及里、由浅入深的过程，需要突破感性、表象、浅层的思考，进入理性、本质、深层的探寻，透过现象抓住本质。无论是管理提升还是信息化建设，都不是闭门造车，也不是用来粉饰小龙集团的科技领先、管理先进，最终目标是为了提升员工能力、满足客户需求，这个过程虽然艰难，但并不虚度。吴玉经逐渐厘清推行信息化提升的关键要点，按照无纸化办公、建立业务系统、上线 OA 系统[1]的"三步走"节奏有序落实。

从 2010 年到 2013 年，无纸化办公前后历时三年，是信息化提升中比较基础、相对容易的工作，关键在于扭转员工传统工作思维、形成电脑操作习惯。信息化不仅需要员工认识、接受，更重要的意义在于实践。员工可以在信息化过程中发现问题，不断调整、改进。

2013 年，吴玉经选定 POM 系统[2]供应商后，先进行内测，组织员工熟悉新系统。随着员工对 POM 系统逐渐掌握、运营商完成调整与优化后，POM 系统于 2014 年顺利上线运行。项目设计、招投标安排、施工进度、销售数据、交房情况等都实时可见。吴玉经认为，POM 系统提供的成本管理服务对小龙集团尤其重要，"通过系统化的成本测算和经营指标分析，我们在拿地、项目规划和采购等方面才更有底气。"

2014 年，吴玉经推动 CRM 系统[3]上线运行，小龙房司的销售流程

---

[1] OA 系统全称办公自动化（Office Automation，简称 OA），利用现代化设备和信息化技术代替传统的部分手动或重复性业务活动，达到优化办公场景、辅助决策等目的。

[2] POM 系统全称运营管理系统（Project Operation Managemen，简称 POM），包括三个方面：项目计划管理软件、成本管理软件和采购招投标管理软件。

[3] CRM 系统全称客户关系管理系统（Customer Relationship Management，简称 CRM），利用软件、硬件和网络技术，为企业建立一个客户信息收集、管理、分析和利用的信息系统。

变得规范、透明，通过信息化同步记录售前跟进、售中管理、售后服务进程，投放信息、竞争楼盘分析、签署合同、按揭贷款等各项工作均得到了提升。

除了 POM 系统、CRM 系统外，吴玉经在此后几年间陆续引入成本管理系统、投资决策系统、项目计划管理系统等业务系统，每一个经营管理环节都实现可视化，让每一个操作环节的效率得以大幅提升。

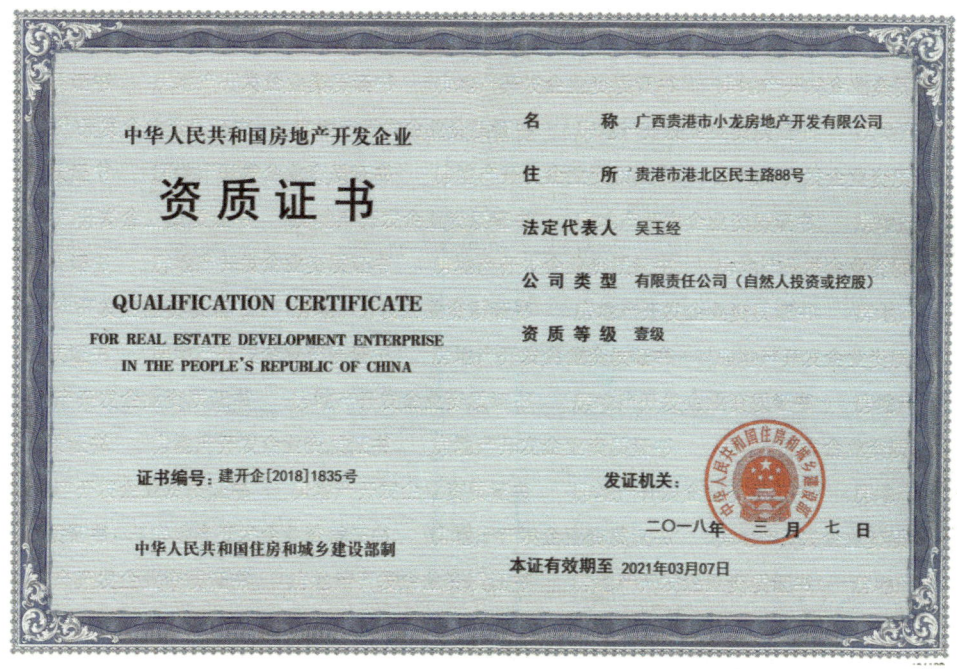

2018 年，小龙房司晋升房地产开发企业壹级资质

管理提升与信息化建设的效果逐步显现，在 2018 年体现得淋漓尽致。小龙集团在售、在建项目达到历史新高，盛世名都、盛世荷城、盛世嘉园、盛世悦城、盛世天禧、盛世荷悦府和盛世青云府等争奇斗艳、春色满园。小龙地产晋升房地产开发企业壹级资质，成为贵港首家获得该资质的企业。在突飞猛进的高速发展期，小龙集团的各项管理系统经受住了市场检验，令企业竞争力如虎添翼。

2019 年底，用以推动协同办公的 OA 系统上线。谈及初衷，吴玉经叫苦不迭："以前想召集几个部门的人开会，没有统一的平台和工具，只能当面喊话或者打电话、发短信，折腾几个来回，不但浪费时间，还会导致信息传递不畅。"比无纸化办公更为先进，OA 系统可以让日常办公和经营管理全部脱离线下场景，员工无需拿着各种文件、单据在部门间等候审批、签字、盖章，信息共享、文档管理、多人会议、决策支持、资产管理等功能可以在线上即时完成。

一套科学的信息化系统足以对抗不期而至的危机。OA 系统运行不久，新冠疫情暴发，小龙集团迅速启动线上办公、线上看房、移动验房等应用，在全民居家隔离期间依然能满足"云购房"需求。吴玉经谦虚表示运气好："如果我们还是深度依赖线下办公和交易场景，无疑将在疫情中受到严重冲击。"

对于管理提升与信息化的意义，吴小龙多年后在致辞中评价道："2010年，小龙集团进行信息化管理提升，完成了由家族企业向现代化企业迈进，并正式提出全新的使命、愿景、经营理念等企业文化。这次管理思想和精神文化重塑，既是对小龙集团奋斗史的总结，更是指引未来发展的升华，一代代小龙人高擎诚信和质量的精神火炬，继往开来，勇往直前！"

行百里者半九十。包括信息化建设在内的管理提升工程，是一项长期而艰巨的战略任务，新的一代人任重道远。经历管理变革的洗礼与磨炼，吴玉经才慢慢懂得父亲的良苦用心，吴小龙曾语重心长地说："有些事你是对的，但也有你错我对的时候，当时我怎么也说服不了你，时间长了你自己会明白。"

吴玉经在不断成长，管理变革在不断推进，吴小龙对于高品质的追求又将迈向新境界。

第八章

盛世名都，高歌猛进

从某种意义来说，盛世名都的高层豪宅是会说话的，建筑艺术本身就代表一种全世界通用的语言，吴小龙的高品质追求经由盛世名都的外墙瓷砖、大堂吊灯、车库地漆、园林草木等无声地广而告之。

1 "赌一把"

在时代浪潮面前，小龙将何去何从？即将进入六十耳顺之年，吴小龙心头不断萦绕这个问题。在小龙的发展过程中，每一次变革创新都顺应潮流、指引未来。管理提升是小龙站在房地产行业拐点到来之前，变革力度最大、态度最坚决的一次，吴小龙对于企业、行业的前瞻视野与竞争变局都可从中找到答案。经历2010 年的管理提升后，他深知实现理想之艰难，更懂得英勇无畏之珍贵，坚守诚信和质量是永恒不变的使命，他仍将为追求高品质奋勇拼搏。

小龙不断聚焦高品质战略是一段厚积薄发的漫长历程，打造超越盛世名门的高端楼盘、树立贵港人居典范是吴小龙梦寐以求的理想，也是水到渠成的结果，源头活水于 2006 年荡起涟漪。随着港宝商贸街、国际生活港连战连捷，特别是盛世名门一战成名，吴小龙更加坚信以高品质迈向高端的房地产开发路径。然而，随着 2005 年国务院办公厅提出两个"八条"[1]、2006 年下发"六条"等调控措施实施[2]，全国房地产市场迅速降温，"土地和信贷"两道闸门被严格控制。北方的寒流吹到广西致冰冻三尺，很长一段时期内，贵港几乎没有公开推出大型地块，市场上寸土难觅，吴小龙无计可施。苦闷无奈之际，天赐良机突然降临到吴小龙面前。

2006 年的一天，上海某大型房企（简称"上海房企"）几位驻贵港高管慕名到盛世名门考察学习，吴小龙亲自陪同客人参观并做详细介绍。随着交流不断深入，吴小龙逐渐明白对方来意，他们正处于骑虎难下、进退两难的尴尬境地，希望在小龙集团找到解困的良方。

过去几年，贵港市加快招商引资步伐，以大规模基础设施建设提速城市化进程。2004 年 11 月 3 日至 6 日，首届中国—东盟博览会在广西南宁隆重举行，这是一个立足全国、服务东盟、面向世界的综合性、国际性博览会。在这次博览会上，贵港市政府重点推出的招商引资活动——民族文化公园配套用地项目备受关注，最终与一家上海房企达成合作意向，上海房企出资建设民族文化公园，建成后归政府所有并由政府管理，政府另外配套相关土地给上海房企开发，所有土地报批费用由上海房企先行垫付。此举意味着上海房企将在贵港黄金地段拿下 400 余亩优质地块，在土地供应稀缺的政策背景下，上海房企如同漫长黑夜里熠熠生辉的星光，在贵港大地上焕发夺目光彩。

---

[1] 2005 年国务院办公厅分别下发了《关于切实稳定住房价格的通知》（国办发明电 [2005]8 号）和《关于做好稳定住房价格工作的意见》（国办发 [2005]26 号）。

[2] 2006 年国务院办公厅下发《关于调整住房供应结构稳定住房价格意见的通知》（国办发 [2006]37 号）。

吴小龙对于这段故事早有耳闻，但是此后发生的波折与变故却鲜为人知。2005 年，上海房企按协议向贵港市政府支付 1180 万元预征地款，并花费 70 万元聘请知名规划设计院做设计。然而，随着一系列房地产宏观调控政策出台，市场行情如被风霜雪雨摧残，仿佛进入难熬的寒冬。上海房企总部对贵港并不熟悉，本无意在这座四五线城市深耕，房地产市场急转直下、持续低迷，驻守贵港的团队对项目开发信心不足，对贵港房地产的未来更不看好。他们希望尽快撤出泥潭、全身而退，不求项目溢价，只要能收回预征地款与设计费，避免国有资产受损失，就愿意转让并退出该项目。

上海房企贵港团队怎么都不会想到，吴小龙当场表态愿意接手，并安排下属立即对接、跟进。此后不久，双方团队经过紧锣密鼓的沟通协商，终于在政府许可下达成合作意向。

吴小龙习惯以终为始看问题，站在未来目标反向思考现实处境，往往能够在危机中发掘先机、于变局中开创新局。"人生成功有四部曲，基因 + 机遇 + 拼搏 = 成功"，吴小龙说，"这是一个千载难逢的好机会，你想得到超出常人的回报，就必须要有超出常人的付出！"这种商业思维与巴菲特著名的"在别人恐惧时贪婪，在别人贪婪时恐惧"所见略同。商海沉浮三十余载，每一场风浪都是认知结构和人生阅历的迭代更新，吴小龙对贵港房地产市场的洞察与远见超越常人。

上海房企急于出手的地块，位于贵港市中心的中山北路与桂林路交汇处，毗邻贵港市委、市人大、市政府、市政协集中办公的贵港市行政中心大楼，与小龙集团旗下的盛世名门仅隔一条马路，堪称寸土寸金的黄金地段。有人曾问华人首富李嘉诚买房升值的考量因素有哪些，他的回答简单而深刻："决定房地产价值的因素，第一是地段，第二是地段，第三还是地段。"这句话一直被房地产行业奉为至理名言。在风靡一时的美剧《纸牌屋》中，弗兰克总统有一句经典台词："权力就像房地产，位置是所有的一切，你离中心越近，你的财产就越值钱。"吴小龙不仅认准黄金地段的独特价值，而且善于整合资源、借势发展，将房地产市场周期与小龙集团发展战略紧密结合，书写点石成金的神话。

没想到，进入签约阶段，上海房企提出的转让条款却颇为苛刻：不管民族文化公园建成后小龙能否拿到配套用地开发权，都必须支付上千万元的预征地款和设计费，而且需要在一年之内分三次付清。

毫无疑问，上海房企迫不及待想扔掉这块"烫手山芋"，小龙集团内部出现反对与担忧之声。吴小龙态度坚决地表示，上海房企作为外地企业都有信心拿到配套用地开发权，小龙集团没有理由拿不到。就算没有拿到，小龙集团也可以拿着债权向政府部门赎回预付款，大不了回款周期长一点。而且，作为本地企业，小龙集团在政府沟通、项目开发、楼盘销售等方面更有优势。他说："相对未来可能的回报，这点风险是值得承担的。"

2007 年 4 月，吴小龙带领团队飞往上海，与上海房企签订项目转让合同。小龙集团出资成立贵港市恒信房地产开发有限公司，履行、承担上海房企与政府签订的合同中涉及的权利和义务，承接项目前期设计成果，继续推进项目落地各项工作。别人都不做的事情，往往不是因为不能做，而是不敢做。吴小龙笑着说："我赌一把。这个项目我接过来，成或败我都认了。"

这场"赌局"一旦开启就无法回头。按照上海房企与贵港市政府此前达成的协议，小龙集团需捐资 3000 万元建设民族文化公园。不少高管认为按要求捐资就行，没必要参与建设："建公园没什么利润，而且政府工程款结算周期长达十年，不利于资金周转。"吴小龙却认为："公园是民心工程，休闲娱乐、人来人往。由我们把公园建设好，就是一块'活招牌'；由别人建设，如果资金不到位，很容易成为'半拉子工程'，影响市容市貌。

而且，我们的配套用地就在公园边上，建好了对小区业主的生活环境也有好处。"

绿植葱郁、环境优美的民族文化公园建成后，得到政府和市民一致好评，成为贵港百姓最爱去休闲的公园之一。根据协议，小龙集团将民族文化公园移交政府管理，并按要求缴纳了配套用地报批费用，这笔巨款对于还未从 2008 年国际金融危机中完全走出的小龙集团而言雪上加霜，吴小龙咬牙带领团队负重前行。直到 2010 年初，小龙集团通过招拍挂方式依法获得配套用地开发权，众人纷纷称赞吴小龙赌对了。此时，房地产市场进入新一轮增长周期，下半年贵港土地价格迎来暴涨，人们用"赌赢了"夸赞吴小龙料事如神。

吴小龙没有被眼前的胜利冲昏头脑，他很冷峻地告诉高管：真正的考验才刚刚开始。

2 管理深度成就楼盘高度

看似孤注一掷的豪赌，除了天时地利人和的机遇、大开大合的勇气，也有吴小龙通盘谋划发展战略的考量。2010 年是小龙集团管理提升元年，如何将管理变革与战略落地、产业升级紧密结合，用更先进的管理方式成就更高品质楼盘，在商业实践中学习管理方法、软件系统？盛世名都，正是小龙集团在管理提升后交出的一份崭新答卷。

面对这块来之不易的土地，吴小龙计划打造一片城市核心超高层公园豪宅，成为贵港全新的地标建筑。在考察香港、广州等房地产市场时，吴小龙发现，城市中心的豪宅居住者既不愿离开繁华发达的市区，又希望生活在宁静优美、鸟语花香的自然环境中，"大隐隐于市"的生活状态成为都市人的精神向往，他举例说："香港高层豪宅的今天就是我们的明天，这是一眼就能看到的。"2010年，贵港市GDP达544.66亿元，城镇单位在岗职工平均工资26210元[1]，这样的消费水平能否承托起豪宅市场？在小龙集团内部，许多高管心存疑虑，房子建得好大家喜欢，但价格市民能否负担得起？吴小龙却洞悉当地房地产市场的巨大潜力，人们对于美好居住环境的向往日益提升，小龙集团追求高品质的道路永无止境。

盛世名都全景

尽管上海房企已花费70万元完成规划设计，吴小龙却将设计图纸扔进废纸篓里，邀请老朋友范文峰重新设计。吴小龙坚持高起点规划、高品位设计，带着集团高管、设计师一起，前往北京、上海、广州、深圳等地知名楼盘参观学习、汲取精华。在范文峰提交的设计方案中，他充分利用毗邻民族文化公园的优势，采用一轴两翼大围合园林布局，从入口广场到社区拱门再到迎宾大道，沿坡逐级而上，加以景墙、水景、特色雕塑点缀，

[1]数字来源：贵港市统计局。

营造移步换景的景观视野。楼宇设计与民族文化公园融为一体，尽可能满足 90% 的户型观赏到公园美景，使景观视野达到最大化，而且还引进空中花园、入户花园等创新设计。楼盘以 37 层高度规划，接近 140 米物理层高，令采光更为充足，视野更加开阔，打造出领先贵港的超高层项目，第一次真正定义了"云端生活"。

以高层豪宅来说，盛世名都占地面积大，内部设计精妙，每一个细节都倾注了设计师、建筑师的心血，以打造出独一无二的居住空间，彰显着奢华与尊贵。

作为豪宅业主回家的必经环节，通常被忽视的地下车库对提升业主体验至关重要。盛世名都真正意义上完全实现人车分流[1]，又一次开创贵港先河。吴小龙将停车场入口设在小区大门外，业主进入地下车库停车后，可以从车库内的电梯或步梯直达大堂，雨雪天气出行都不受影响；而在小区内部，老人与孩子可以享受到更宁静的步行时光，更多的绿化空间、更安全的儿童游玩与社交空间。考虑到城市家庭今后一户多车的需求，吴小龙要求盛世名都设计两层地下室，车位配比达到惊人的 1:2[2]，就算夫妻分用两辆车、亲朋好友来访，仍有部分机动车位调剂应急。而且，地下车库的装修也精雕细琢，在贵港首创使用地坪漆，车库地面刷得整齐美观，防水防涝性能极好。

豪华而典雅的大堂装饰在豪宅品质打造中举足轻重，高挑的天花板、华丽的吊灯、精美的地板与壁画，每一处亮点都透着品位。吴小龙在香港考察时发现，很多豪宅大堂与电梯间的硬件设施达到五星级酒店的品质，

---

[1] 人车分流，通过在小区主出入口附近设置能够直达地下车库的出入口，车辆无需进入小区地面人行路，直接从地下车库出入口进出地下车库，确保车流和人流分开。

[2] 车位配比指的是小区的"业主总户数"和"车位总户数"之间的比例，一般用"1：X"表示，1代表小区住户数量，X代表小区车位数量。通常住宅小区车位配比在 1：0.4 到 1:0.8 之间，由此导致车辆占位、乱停乱放的现象屡禁不止，业主苦不堪言。

于是要求盛世名都大堂装饰达到同样标准，别具匠心的选材与工艺成就了美轮美奂的大堂样貌：超高的穹顶带来恢宏大气的体验，水晶吊灯散发着精致的生活气息，高端的大理石质地细腻、花色统一，欧式的雕刻线条流畅优雅，真正诠释了贵港高品质生活的真谛。为了体现高品质，吴小龙在选择地面建材时提出用全石材料，负责盛世名都二期大堂建设的国华装饰总经理黄学升使出浑身解数。他曾采购一块巨石，切开后发现花纹与一期的大堂风格不一致，为了保持审美格调，他拿着样板片前往广东，经多方寻找，终于在云浮市一个石材市场找到最适合的石料，特意使用当地工艺加工合格后才运回贵港，这才满足吴小龙精益求精的品质追求。

盛世名都入户大堂

为了让电梯间硬件设施达到五星级酒店标准，盛世名都引入了德国蒂森克虏伯电梯。蒂森克虏伯拥有两百多年历史，是全球三大电梯和自动扶梯生产商之一，以高科技创新享誉全球。高速、可靠而安静的电梯往往造价不菲，吴小龙花费重金，只为在任何一处细节都给业主营造安全、安静的生活空间。业主从大堂进入电梯，得以享受舒适、轻松的乘梯体验，生活更显优雅、尊贵。

"出则繁华，入则私密"是业主对城市核心区域豪宅的期待。出梯入户，身处高空却听不到窗外一点噪声，这样的居住环境让人远离喧嚣、放下烦恼。为了这份闹中取静的心境，贵港市腾兴装饰老板杨兴文倍感压力，他在广州、深圳打拼多年，正想将新品断桥铝门窗引入贵港，配合中空玻璃，节能、隔音效果非常好，3D 木纹增强了整体质感。然而，好产品意味着高成本，贵港楼盘每户家庭门窗造价在 300 元左右，盛世名都仅门窗成本就高达七八百元。让杨兴文钦佩感动的是，吴小龙不仅同意使用成本更高的新材料，还鼓励他不断创新、超越，提供更好的产品。

盛世名都是吴小龙 16 年房地产开发经验的集大成者，是管理提升成果转化的"改革试验田"，也是小龙集团高品质战略全面铺开的关键一步，公司上下都寄予厚望。吴守西感慨地说："能够做成超高层豪宅，关键在于管理水平上去了，施工其实没有太大难度。盛世名都的管理提升体现在方方面面，从每一个环节的流程优化中，都带来了直接的效益与效率双重提高。"

管理提升启动后，随着 POM、CRM 等软件系统的全面推广及应用，小龙集团数据共享与信息互动变得更加流畅，为项目建设提供了更好的决策依据。各公司、各部门分工明确、权责分明，与供应商、检验员等各方实现有效对接，各类文本都有效归档，避免"踢皮球""口头允诺"等风险，极大提升了工作效率。小龙房司副总裁梁文杰说："我们早期承建的单位工程规划相对单一，图纸也比较简单。从盛世名都开始，房子建得越来越高，甚至达到 140 米，楼盘体量也越来越大，对供水、供电、消防、网络都提出更高要求。管理提升后，各部门专门成立小组与各项目对接，有针对性地审查每个细节，把好每一个关卡，在图纸阶段就不留任何问题，施工图纸把控能力得到提高。"

在成本核算方面，成本管理中心利用信息化系统按计划监控在建项目，了解动态成本，确保项目成本数据相对准确。工程结算按合约规划、按控制科目分类归纳，通过前期测算与预算对比，找出并分析工程量及造价方面的差异，控制工程的结算更加准确。以盛世名都二期钢筋实际用量的统计分析为例，实际损耗率为 4.42%，超定额综合损耗 0.38%，超 37.71 吨，比一期少了 0.86%，节约 155.85 吨钢筋。项目开发实际结算成本比目标成本节余 952.15 万元，差额节余幅度 2.36%，开发成本的变化幅度在－2.5%之内，成本变动率幅度较小，而且有结余。也就是说，盛世名都二期在坚持一期高品质的同时，成本控制水平更高。

从某种意义来说，盛世名都的高层豪宅是会说话的，建筑艺术本身就代表一种全世界通用的语言，吴小龙的高品质追求经由盛世名都的外墙瓷砖、大堂吊灯、车库地漆、园林草木无声地广而告之。高品质战略是实现超常规发展、打造口碑和市场认同的法宝，这是小龙集团多年来信守的经营理念，吴玉经说："高品质是小龙集团的发展方向、决策根基，经营管理、决策部署都围绕这个战略展开。高品质意味着在市场里定位高端，提供相匹配或是高出预期的产品和服务。从纵向看，高品质意味着企业通过高效管理、企业文化落地和员工责任感的驱动，不断追求极致的诚信和质量；从横向看，高品质意味着在合理市场定价的情况下，我们要提供比任何竞争对手都更胜一筹的产品和服务。"

管理深度成就楼盘高度，每一次建筑标准提升都意味着考验、挑战更严苛，小龙人始终干劲十足、信心百倍。正是源于对品质的更高追求，不断提升住宅品质与服务质量，小龙才能成为标杆品牌。

3 自建营销团队

过去很多年里，小龙集团极其注重品质、追求极致，倍受地产行业重视的营销工作却被忽略。他们认为，只要专业技术过硬、工程质量优越，就能获得信誉和口碑，吸引源源不断的客户，房子建得好根本不需要营销。2010年推行管理提升后，小龙集团根据组织变革要求划分为九大部门，营销中心急需重组。吴小龙求贤若渴，迫切需要一位多谋善断、能征善战的得力助手，能为小龙集团管理变革与营销重构助一臂之力。

吴玉经郑重引荐了黎少东，他1982年出生于贵港，2004年从上海同济大学毕业，在中原地产实习半年，后来进入上海建工集团，在工作中对工程管理的理解更加具体深刻。南下深圳后，黎少东在戴德梁行担任咨询顾问，老乡、同学加同事的关系让他和吴玉经建立了深厚情谊。此后吴玉经远赴英国求学，黎少东跟随项目南征北战，足迹遍布广东、广西、贵阳、湖南、江西、安徽等省市。2010年春节，吴玉经约回乡过年的黎少东喝茶聊天，希望他能够在管理变革与集团发展的关键时期鼎力相助。走南闯北多年，黎少东也有回乡发展之意。两个月之后，黎少东在清明节回乡扫墓期间与吴玉经再次深聊，许多想法不谋而合，一切水到渠成。黎少东终于下定决心，20多天就办完离职手续，4月27日回到贵港，第二天就前往小龙集团入职，出任营销总监，人生事业的转折点从此开始。

黎少东就此进入吴小龙的视线，他一向敢于起用有能力的年轻人，聘请营销总监既是管理提升的未来趋势，更是企业经营的现实要求。小龙集团一直没有组建营销团队，所有楼盘都交给一家专业营销顾问公司代理销售，这是房地产公司入行初期普遍采用的销售模式，经验丰富的代理团队可以快速实现推广品牌、销售楼盘、回笼资金的目标，效果立竿见影。然而，吴小龙逐渐发现，代理公司在楼盘定价时优先考虑快速出售，降低售价成为习惯性策略；到了宣传推广期，他们就尽量压缩开支，楼盘的亮点、特色、价值并没有最大化得以彰显；进入尾盘阶段，他们就将人力、物力抽调到其他项目，表现得虎头蛇尾，并未善始善终。

盛世名门销售工作进入尾声后，小龙集团与代理团队的矛盾变得不可调和。由于只剩下 100 多套房源，代理团队撤走了大部分人，留下的销售员无心恋战、毫无斗志，穿着好几年没有更换的旧制服，无精打采地在售楼部混日子，完全体现不出专业团队的精神风貌。吴小龙决心改变现状，毕竟营销团队的一言一行代表小龙集团的形象与口碑，对方坚决要求降价销售的态度更让人产生"崽卖爷田不心痛"的悲愤与绝望。向来宽厚包容的吴小龙忍无可忍，果断结束了与代理公司的合约，决定自建营销团队从头再来。

吴小龙将组建营销团队的重任交给黎少东，鼓励他放手去干。经过对小龙集团营销体系进行业务梳理，营销中心将报批报建、商业运营、招租、销售、客服等岗位进行整合，勉强拉起一支六七人的队伍。2011 年，民族文化公园项目破土动工后，营销中心的招聘工作提上日程，团队配置包括一名经理、一名主管、两名客服（一人负责解答合同方面问题，另一人负责解答按揭贷款等问题），再加上 12 名置业顾问，盛世名门开始打造一支能打仗、打胜仗的营销铁军。

招聘广告刚刚发布，黎少东每天都能接到 100 多个求职电话，经常聊到手机电池发烫、没电自动关机。尽管应聘者络绎不绝，黎少东还是坚持宁缺毋滥的原则精挑细选。高效的团队建设是企业发展取得成功的关键因素，而团队精神则是重中之重。一个人如果没有团队精神将难成大器；一个企业如果没有团队精神将成为一盘散沙；一个民族如果没有团队精神也将难以强大。团队组建完毕，营销中心开始建章立制、严明纪律，以先僵化、后优化、再固化的方式引入先进经验，尽快缩短与一流企业的差距。

盛世名都一期开盘前，黎少东根据经验提建议，将位置绝佳的楼王定价为7500元/平方米，吴小龙非常认可。没想到，黎少东刚安排置业顾问对客户进行问卷调查，置业顾问却泄气道："贵港均价才3000多，楼王也不可能卖7500呀！这么贵的房子不可能有人买！"

黎少东没有反驳，也不做强硬要求，他深知"有人因为相信而看见，有人因为看见而相信"。于是，整个营销团队被安排到南宁考察学习，一口气参观了4座高端楼盘，最后一站是每平方米均价近三万元的华润幸福里。置业顾问亲眼见到华润置地营销团队如何自信、优雅、专业地接待与讲解，更见识了客户人头攒动、争先恐后的火爆抢购场面，小龙营销团队仿佛被唤醒灵魂，精神面貌焕然一新，黎少东不失时机地加油鼓劲："以盛世名都的地段和品质，在北上广至少卖5万元/平方米起步。盛世名都的独特区位优势不可复制，未来除非贵港市政府搬迁，否则很难再找到这么好的位置、打造这么好的产品。"在返回贵港途中，大家斗志昂扬，相信的力量给团队带来了战胜一切的勇气与决心。

2011年10月1日，盛世名都销售中心开放现场

　　开盘前一天晚上，经调查问卷统计，80多位客户对7500元/平方米的定价表达了购买意向，营销团队士气高涨。那是个激动人心的不眠之夜，不仅营销团队通宵达旦筹备，担心抢不到房子的客户连夜排起长龙，售楼处彻夜灯火通明。第二天刚开门，人们蜂拥而入，一期房源被迅速抢购一空，未能如愿者只能在遗憾中对二期开盘满怀期待。小龙营销团队旗开得胜：楼王售出8500元/平方米的超预期价格，其余户型也达到了5000元。要知道，一路之隔的新楼盘售价仅为3000元/平方米。

营销中心荣获"优秀团队"，吴小龙为黎少东颁奖

　　刚刚组建一年的营销中心就获得小龙集团 2012 年度"优秀团队"荣誉，黎少东将成功经验归结为 10 个字：目标、真诚、投入、激情和善良。他特别提到了"善良"："这是老板（吴小龙）一直倡导的企业文化，也是一种工作氛围，善待同事，更要善待客户。在团队建设中，善良也是我们倡导的做人准则和工作规范。同事之间本着善良的心交往，有助于减少摩擦，提高工作效率。对客户提出的异议，要善意地从对方的立场考虑，主动帮助解决问题。坚持善意的工作态度，总能减少分歧，化干戈为玉帛。"

　　盛世名都的未来，以及所承载的吴小龙打造一流企业的梦想，就是在这样的团队精神与企业文化中不断实现、升华，在一个又一个胜利中赢得成功的希望。

4 擦亮"金字招牌"

成果是对变革勇气的最高奖赏，也是继续推动变革的最强动力。随着盛世名都业主陆续入住、管理提升持续推进，吴小龙决定乘胜追击，在自建营销团队之后继续完善物业团队，擦亮小龙物业的"金字招牌"。

早在 2004 年，小龙物业管理有限公司伴随盛世名门项目应运而生，吴小龙邀请来自广州的物业服务咨询公司协助组建与落地，亲自参与建立管理制度、服务流程、运营体系等诸多工作中。20 世纪 80 年代初，物业管理行业乘着改革开放的春风，从香港吹到深圳、广州等珠三角地区，逐步从沿海发达城市向内陆地区延伸。广州咨询团队将先进的服务理念和专业化、体系化的管理方式带到贵港，小龙物业陆续承接了盛世名门、广西贵港市工商联投资有限公司厂房、小龙集团总部物业等项目，逐渐在贵港物业管理行业占据优势地位。

然而，作为小龙集团第一个超高层项目，盛世名都已成为贵港高端住宅标杆，吴小龙要求"给业主一个五星级的家"，小龙物业需要提供安全的环境、贴心的服务、美好的享受，才能配得上盛世名都的社会声誉。2013 年，小龙物业公司分别设立盛世名门、盛世名都两个物业服务中心独立运营，各自拥有服务业主的自主权与主动权。

在香港、广州等地参观考察时，吴小龙注意到，训练有素的物业管家为业主提供收取包裹、汽车美容、鲜花快递等增值服务；酒店式物业管理在着装、礼仪上对工作人员提出更高要求，并为业主提供预订机票、承办会议等商务服务。吴小龙认为，高端化、个性化、规范化的物业服务不仅能提高业主的生活水平，还有利于住宅的保值增值，对于提升开发商的品牌影响力也大有裨益。

2013 年，小龙物业在万科考察合影

2013 年 6 月 6 日至 11 日，由一名集团副总裁带队，小龙物业一行 23 人前往珠三角地区，考察了万科·红郡、雅居乐·剑桥郡、新世界·四季山水、万科城等知名地产项目。其中，万科物业对于服务细节与社区文化的关注，雅居乐·剑桥郡领先的闭路电视监控等智能化应用，新世界·四季山水根据节气精心策划的嘉年华派对……头部房企专业化、多样化、人性化的物业服务令小龙物业团队耳目一新，获益良多。

回到贵港后，全新的盛世名都物业团队意气风发，客服维修、保洁绿化、安保秩序等各项工作迅速步入正轨，"酒店管家式"物业服务模式正式推行。"管家式服务意味着将每一块划分好的区域物管责任落实到管家个人，"黎少东解释说，"划分区域之前，保安、保洁、客服各司其职，如果保洁打扫卫生发现灯不亮了，也不会向上汇报。推出管家式服务之后，每位工作人员发现问题会第一时间向管家汇报，以管理制度的优化实现服务提升。"

提前 45 天，盛世名都一期迎来盛大交房的幸福时刻，焕然一新的物业团队第一次接受业主检验。小区内大红灯笼高高挂起，入户大堂贴上五个喜气洋洋的"福"字，用五福临门的美好祝愿欢迎业主回家。物业团队有理由从容自信，他们不仅善于营造喜庆氛围，更重视服务品质，物业是与业主打交道、沟通的第一线，也是解决问题的第一线。小到帮业主拎菜、开门、送东西，大到关水、灭火避免房屋受损，有时还要和不法分子斗智斗勇，以避免业主的财产损失。

在小龙集团"以人为本、崇尚自然、亲情服务"的理念影响下，小龙物业员工时刻主动调动"五官"（眼睛、耳朵、鼻子、大脑、双手），这样才能察觉到那些寻常不易发现的问题，从一点一滴的小事做起，解决事关业主切身利益的问题，逐渐累积小龙物业的信誉。业主的一句提议、一通电话、一次维修哪怕一次抱怨，都可能成为小龙物业乃至小龙集团改善提升的基础，小到"插座放在哪里，手机充电更方便"，大到"房间怎么规划，使得公摊面积更小"等问题，物业团队从小处着手，将服务内容前置到规划设计环节，发挥更大价值。

由于物业管理工作出色、成绩显著，盛世名都获得了业主和业界高度认可，2014 年荣获"全区（广西）城市物业管理优秀住宅小区"，使小龙集团提升了美誉度。

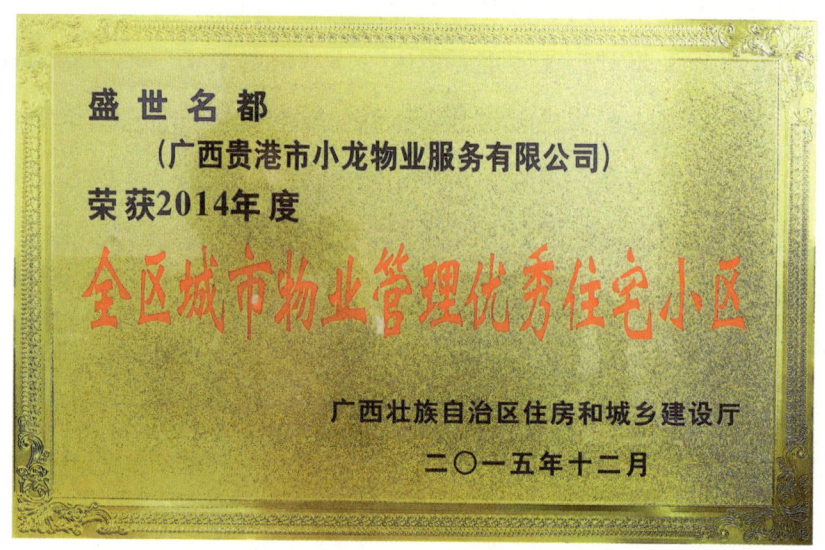

2015 年 12 月，盛世名都荣获 2014 年度全区城市物业管理优秀住宅小区

为什么小龙物业可以快速超越头部房企获此殊荣？黎少东将成绩归因为两条："第一，我们没有大型房企的高深理论做支撑，说白了，做服务行业就是用眼睛服务，每个项目我们都配备更多人员，保安、保洁、绿化等都是如此。他们可能一个人扫两栋，我们一个人扫一栋楼，这样他们两天扫一次，我们一天扫一次，肯定更干净整洁。第二，老板用格局和胸怀缔造的经营理念：贴心、细心。盛世名门已经交付十来年了，我们自己投入一百多万元将路面全部改造，没有哪个开发商会如此慷慨厚道。而且，我们的项目都没有动用物业维修基金一分钱，全部由小龙集团和小龙物业出资维护。盛世名都是公园豪宅，这些年物价、人工持续上涨，电梯、消防等设施维护越来越贵，我们的物业费始终保持在 0.8 元不变，比同行便宜 50% 左右。"

服务更好、价格更低，吴小龙如何破解这条经营悖论？通过管理提升提高服务效率、降低运营成本固然重要，吴小龙长期将物业服务视作为业主提供的增值服务，这与大多数房地产公司将物业收入视为重要利润来源的理念大相径庭。房地产是小龙的核心主业，房产是业主的核心资产，小龙物业以高品质打造世人皆知的信誉品牌，让越来越多的业主认可小龙集团，需要责任担当、久久为功。

低价并不意味着低品质，小龙物业仍将坚持高品质战略，让业主用更低的价格享受到高品质服务。吴守西认为，践行高品质至少有五点意义：一、践行"高品质"需要向更高的目标不断奋斗，让团队更加团结；二、"高品质"没有最好、只有更好，持之以恒追求完美，保持企业生生不息的活力；三、践行"高品质"是顺应社会民众与时俱进的需求，也是推动企业前进的核动力；四、践行"高品质"形成的品牌效应会收获更好的社会效益和经济效益；五、践行"高品质"形成的抗风险能力更加强大。

钢筋、水泥只是建筑的表象，品位、意趣才是居住的内涵，盛世名都以高品质的产品与服务，重新诠释了"以人为本"的要义，实现了人与自然、生态与人文、物质与精神、城市发展与文明进步的辩证统一的人居环境的设想。城市因人而生，也终将为人而进化，每一次对城市的回望与憧憬，总是激发人们勇往直前的力量。吴小龙汇聚了这种力量，也被这样的魔力鼓舞、释放。

在高品质信念感召下，小龙集团上下斗志昂扬，期待以盛世名都为新起点，实现新的跨越。出乎意料的是，房地产市场风云突变，小龙集团将迎来房地产巨头所向披靡的高周转模式的猛烈袭击，吴小龙将如何展开较量，捍卫牢不可破的高品质信念？

第九章

群雄逐鹿，谁主沉浮？

人才是事业的根基，小龙经受了一线房企疾风暴雨般的人才抢夺战之后，人员更稳定、团队更强大，必将在新一轮竞争中占据优势。经历与一线房企长达数年的正面交锋、全面竞争，小龙实现了快速成长、健康发展。

1 拿地激战，志在必得

对于中国地产行业而言，2016 年有着不同以往的特殊意义。随着中央将去库存定为经济工作五大任务之一[1]，房地产行业逐步回暖，地价持续飙升、"地王"数量创历史新高[2]的情况不断涌现。在拿地成本水涨船高、销售规模快速增长的双重压力下，习惯在一、二线城市增储的房企巨头纷纷将战火延烧至三、四线城市。

---

[1] 2015 年 12 月，中央经济工作会议明确了经济工作五大任务，即去产能、去库存、去杠杆、降成本、补短板。其中，去库存指化解房地产库存，具体包括加快农民工市民化，让他们在就业地买房或长期租房；把公租房扩大到非户籍人口；鼓励房企适当降价、促进房地产业兼并重组；取消过时的限制性措施等。

[2] 2016 年全国出现约 340 宗"地王"。（来源《克尔瑞地产研究中心 2017 年报告》）。

作为广西区域经济发展中的黑马，贵港拥有优越的城镇化增长机会和持续优化的营商环境，成为巨头趋之若鹜的目标城市之一。参与贵港市住宅用地招拍挂的企业名单中出现了碧桂园、恒大、广汇、中梁、融创、金科等一线房企。其中，以深耕三、四线城市见长的碧桂园来势尤为凶猛，2016年3月31日，碧桂园竞得紧邻港北区政府的一处面积近7万平方米的优质地块，正式宣告进驻贵港。3个月后该项目开盘，周转速度之快令人震惊。

如今回望，2016年是中国房地产行业最灿烂辉煌、最值得怀念的美好年份之一，白热化的竞争状态令三、四线房企处于一种狂欢、兴奋、激进却又恐惧的状态。一线房企蜂拥而至，小龙既欣喜于新一轮狂飙突进的繁荣局面正在到来，也为群雄逐鹿、血流漂橹的激烈商战深表担忧。随着房企巨头纷纷以高周转[1]作为竞争力摧城拔寨、攻城略地，对贵港本土房企形成"降维打击"，后者的生存发展境况日益严峻，原来的"地利、人和"因"天时"变化而急转直下。

为加速去库存，贵港市出台了一系列利好政策，同时大幅缩减住宅用地出让规模，2016年新增土地出让150.1万平方米，较上年增加近8万平方米，到2017年"腰斩"到仅为81.6万平方米[2]。为了招商引资、鼓励房企巨头投资，贵港市给予较多政策扶持，这些一线房企得以从日渐稀缺的可拍地块中屡战屡胜。贵港市2016年挂牌出让10块住宅用地，碧桂园、广汇、恒大等接连拿下6个优质地块；2017年1月—11月，公开招拍挂的8块优质地块被外来房企拿走5块[3]。

---

［1］高周转主要指房地产企业在楼市流动性收紧的情况下，拿地后快速开工、快速销售、快速回笼资金后再投资，业内俗称"不压货"。

［2］数据来源于华经产业研究院《2015-2021年贵港市土地出让情况、成交价款以及溢价率统计分析》。

［3］数据来源于贵港市自然资源局网站2016年、2017年土地出让结果。

巨头合围之下，小龙毫无斩获，陷入无地可拿的危险境地，黎少东回忆："贵港房地产用地资源一直很紧张，全国十强房企基本都进场了，有些优质地块设置了苛刻的竞拍报名条件，我们无法对号入座，连参与招拍挂的机会都没有。"

随着盛世名都项目开发接近尾声，小龙面临无地可开发的处境，亟需优质地块接续新项目开发，但拿地工作却毫无进展。小龙陷入自成立以来少有的尴尬时刻，如果在行业高速发展期拿不到地，意味着企业将在后续竞争中处于劣势，甚至内部动荡、轰然倒闭。焦虑和迷茫情绪逐渐蔓延开来，吴小龙当机立断，成立由吴玉经、吴守西、黎少东、甘沛安、胡赛龙5人组成的项目拓展小组，专门负责拿地。

2017年末，小龙终于迎来参与招拍挂的机会，与一线房企正面交锋。该出让地块位于贵港园博园附近，吴小龙敏锐地觉察到，修建中的园博园位于贵港市西部，说明城西片区将成为继北部之后又一重点发展区域，值得提前布局。

经过两年鏖战，贵港本土房企对于抗衡实力雄厚的一线房企有心无力，纷纷放弃竞拍。小龙决定孤军奋战，积极参与举牌，成为三家竞拍者中唯一的本土企业。贵港主城区的出让地块全部被房企巨头瓜分殆尽，小龙必须背水一战，吴小龙对于这块地志在必得。

竞拍当日上午9点30分，吴玉经带领黎少东等四名高管到达现场，凝神静气等待竞拍开始。吴小龙在家中用手机远程指挥，游刃有余地运筹帷幄。《孙子·谋攻篇》有云："知己知彼，百战不殆；不知彼而知己，一胜一负；不知彼，不知己，每战必殆。"打仗既要了解对方，也要了解自己，这样获胜把握更大。吴小龙了解竞争对手的优势和软肋，胸有成竹地推算过竞拍形势与走向，既然拿地生死战无法避免，那还不如主动出击、决战到底。

几分钟后，其他两家企业代表相继走进会场，气氛顿时紧张起来。对于小龙来说，这场对决不仅攸关生死，也决定本地企业能否打破一线房企无法战胜的神话。会场之外，地方政府领导、各大房企以及热心市民都在密切关注。

吴玉经稍稍调整耳机位置，确保能听清吴小龙传达的每一句话，这是他们提前定好的策略：用线上会议的方式与竞拍团队及时沟通，以便灵活决策、立即执行。

上午 10 点，竞拍正式开始。主持人刚刚报出起拍价，另外两家房企代表随即举牌，每次报价增加数十万元。在吴小龙的沉着指挥下，吴玉经等人频频举牌跟进，轻盈的号牌举出了千钧之势。

随着报价急速飙升，一位企业代表突然面露难色，摇头轻叹，放下竞价牌。

由于一线房企规模大，汇报层级多、决策链条长，拿地价格需提前上会讨论敲定。一旦竞拍现场报价超过预算，无论地块多么优质都不可加价跟进。显然，本轮竞拍价格已达到这家企业的承受上限。

吴小龙在电话另一头给吴玉经打气："放心举牌，这块地我们肯定能拿下！"几十轮试探下来，他已经预估出对手的最高报价。他希望年轻人能够在这场练兵中获得更充分的实战经验，所以没有提前透露玄机。

接下来的一对一厮杀紧张激烈，双方你来我往、步步紧逼，丝毫不给对手任何喘息犹豫之机。直到下午 2 点 30 分，吴玉经又一次发起关键举牌，此时竞价已触达对方心理防线，小龙距离胜利仅一步之遥。

"还有没有更高出价？"主持人的提示让现场氛围紧张到极点。

没想到，对手咬牙缓缓举牌，试图以绝地反击打垮吴玉经的信心。

关键时刻，电话另一头的吴小龙料定这是对方最后的抵抗，他那沉稳而坚定的声音仿佛送往前线的重磅炮弹："举牌！"

吴玉经立刻果断、自信地举起号牌，目光直视对手。

狭路相逢勇者胜。小龙此番出价已超出对手被授权的最高价位，尽管心有不甘、满脸无奈，但他们已失去再次举牌的勇气。

主持人手起锤落，小龙夺魁！

吴玉经和同事们长吁一口气，在过去一年多时间里，他们就像被对手轮番掐住脖子摁在水里，抗争有心无力。这是一场久违的胜利。

两年后，吴小龙对这块地的先见之明得到市场验证。2019年7月，《贵港市西江新城控制性详细规划》公之于众，城市向西发展的规划提上日程；2021年，贵港市城市总体规划进一步明确向西发展的决心。随着贵港城西片区崛起，小龙所拍地块不断升值。

经此一役，小龙英勇善战、深谋远虑的形象在一线房企之间流传，开始令对手在土地招拍挂中有所忌惮。小龙乘胜追击，不断扩大战果，开启坚决有力的反击。2019年10月，港北区某优质地块开拍，经过三个半小时的激烈角逐，小龙力挫四大巨头，成功拿地，并在此布局第十府——盛世华府。2020年5月19日至21日，小龙创造了"三天连下三城"的纪录，拿下港北区近180亩优质地块，一时间成为众目关注的热点话题。吴小龙豪气干云，他提出一次性全额付款，对手见状连竞拍报名都没参加就匆忙退出。2021年2月2日，历经100多轮激烈举牌，小龙新摘得港北区一块优质地块，成为贵港市新增土地储备最高的房企，夯实了长期发展的根基。

小龙终于从拿地困局中走出来，继续寻找突破口，在强敌环伺中把握突围机会。

2 打响品质突围战

孟子有言："得人心者得天下。"一线房企深谙此道，擅长以战略为导向对购房者进行需求管理、激发共鸣，形成引爆人心的力量。在贵港，巨头们围绕公务员、国企员工、中小企业主和医生、教师等主流人群展开策划，以"第一人居社区""买品牌就是买品质"等宣传语为代表的多元、立体营销方式频出，他们擅长将开盘转化为城市事件，吸引购房者关注。徜徉于装修豪华的营销中心、样板间，当置业顾问激情澎湃地介绍楼盘特色与独特价值，购房者往往会心动不已、选择入手。

多年以来，贵港商品房市场基本以毛坯房为主。然而，一线房企进驻后打破传统，纷纷推出精装房，尽管这些楼盘在户型和布局上千篇一律，却被冠以"豪宅"身份成为当地楼市引领者。更不可思议的是，巨头们的精装房价格与小龙的毛坯房相差无几，面对一线房企的品牌号召力和"买房送精装修"的价格吸引力，大批购房者争先恐后抢购。2016 年，小龙盛世荷城项目开盘在即，形势却非常不利，黎少东专门去竞争对手楼盘打探："我去这些售楼处观察过，有 500 多人等着买房，其中还有小龙的老业主，队伍一直排到下一个街口。"他分析道："房企巨头有明星光环效应和成本优势，每次开盘都疯狂打折，我们担心陷入价格战漩涡。"

经过拿地遭遇战之后，小龙暂时止住了节节下滑的颓势。但是，要想迎来转机，重新发挥竞争优势，小龙还需坚持战略定力。通过提供更好的产品、更高的价值来赢得人心，摆脱价格战，打响价值战，在更加激烈的市场竞争中寻找差异化优势，在本地向一线房企发起反击。吴小龙对管理团队表示："我是贵港人，小龙是贵港企业，我们要在这里做成百年企业。不管竞争多难、挑战多大，我们都要给客户建造最好的房子，这是我们本土优势的'根'！"

经过全面分析，小龙逐渐摸索出扬长避短的打法，并深信即使面对巨头仍有胜利机会。首先，一线房企过度依赖高周转模式，以时间换空间、换投资、换规模，为了快速回笼资金通常只选择一些容易开发、孵化的地块，高价拿地、低价销售的方式风险越来越高。而小龙更注重长期价值、重视品质，并没有盲目竞价、低价血拼；其次，一线房企虽然具备超强的产品创新与开发能力，但重心并不在贵港，反而以相同的设计、户型在全国复制，并未考虑贵港本地的人文、气候、环境、喜好因素，楼盘成了流水线产品，千城一面、千房一面。而小龙更懂贵港、更懂乡亲、更懂人文，以几十年的积淀厚积薄发；再次，一线房企的供应商资源更丰富、规模化成本优势更明显，但在销售量、开发量下降的大背景下未必有价格优势，而项目成本控制能力方面小龙更有优势；最后，房地产市场已进入较长的下行周期，房企逐渐从金融型企业向产品型企业转变，购房者的投资需求逐渐回归到居住需求，更因地制宜、独具特色、人文气氛浓厚的高品质楼盘更受欢迎，不拼速度、不拼规模、不拼营销的小龙更有可能"笑到最后"。

细节决定成败，品质决定未来。质量为先的企业文化成为小龙超越一线房企、重塑品牌口碑、取得市场优势的不竭动力。为了避免车库地坪漆发软起皮，小龙使用了价格不菲的环保水性环氧地坪漆；大堂装修用料上，小龙没有直接贴瓷砖，全部采用进口石材，电梯采购了来自日本、德国的国际品牌；门窗型材上不计成本地使用了国内领先的知名品牌……

　　与此同时，一线房企在贵港的精装房开始频频爆出质量问题。一些项目由于偷工减料、把关不严，出现墙纸发霉、虫蛀或天花板漏水、裂缝现象，精装房变成"惊装房"，业主苦不堪言，只能把房子变回"毛坯"重新装修，他们找到开发商气愤地说："那么有名的大房企，怎么连贵港本地的企业都比不上！"一地鸡毛过后，买房者如梦初醒，对一线品牌去魅，重新把关注的目光投向小龙。黎少东说："我们的策略是以慢制快、以优致胜。虽然开盘比对方晚，但业主一对比就会发现还是小龙的质量好。我们的房子让购房者耳目一新，一下子就抓住了他们的心。"

　　2016年6月，盛世嘉园项目立项，此地临近港北区政府和贵港市体育中心，地段得天独厚。一线房企拿到这种优质地块通常会迅速开发，尽快实现资金回笼，小龙却愿意花时间从客户需求入手进行市场调研。为了获得精准的调研结果，小龙以售楼处来访客户、外部意向客户和有再次购房计划的老客户为主要调研对象，从总面积需求、户型喜好、主次卧和阳台面积、客厅朝向、卫生间数量以及额外的配套需求等维度，设计出涵盖16项内容的调查问卷，耗时两个月拿到504份问卷。

　　小龙团队经过详细的数据分析发现，由于贵港常年多雨，意向客户的需求集中在防渗水；国家即将放开二孩政策，很多人青睐于四室以上户型、周边学校配置好的住宅；木地私家车、摩托车数量不断增加，车位配比要高；有客户甚至提出，只要小龙能一次性解决这些需求，哪怕房子卖得贵一些也会购买，因为独一无二。

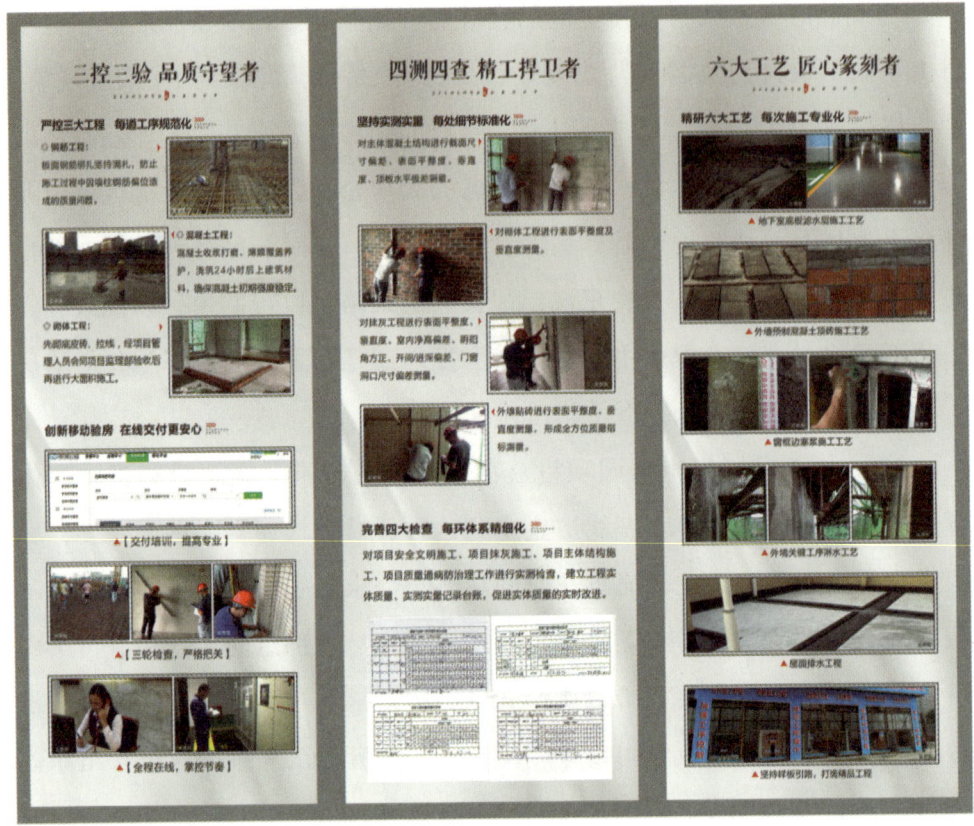

小龙建司施工工艺展示

对于本地客户提出的实际需求与美好期待，小龙在项目建设阶段充分吸收并融入，由他们自行制定的六大工艺操作标准[1]发挥出重要作用。以防渗水为例，外墙淋水和窗框边塞浆施工工艺可充分为客户排除隐患。在操作示范视频中，一面外墙被半米之外的数条水管按照小雨、中雨、大雨的模拟水量持续淋水，通过检验方可抹灰、贴砖，这种复杂的三次淋水工艺确保了外墙渗漏率接近于零。雨水渗透的另一个重灾区是窗框，小龙

---

[1] 六大工艺指地下室底板滤水层施工工艺、外墙预制混凝土顶砖施工工艺、窗框边塞浆施工工艺、外墙关键工序淋水施工工艺、屋面多坡排水施工工艺、项目施工进度管控。

采用水泥加 108 胶水按比例配置成防水砂浆，全面清洗窗框后开始刷浆、塞浆，反复两次后进行封浆和试水检查。这一工艺的优点在于砂浆密度好、收缩小，能有效防雨水渗入。

考虑到客户对于二胎备孕和学区房的需求，盛世嘉园在户型上全面涵盖了 113–163 平方米的三房至五房，同时配备幼儿园，并且将车位配比需求提高到 1:1.2。此外，"盛世"系列楼盘首创性地在地下车库为摩托车及非机动车布置车位，还预留充电设施，实现了真正意义上的人车分流。

小龙在满足客户需求的基础上精准定位，不断提升住宅品质与工艺水平，打造引领贵港的人居范本，为市场注入新的发展动力。这种恪守品质、追求卓越、独具匠心的产品理念，无疑会延长工期、增加成本。就连同行也不理解：一线房企三五个月就能建好精装房，小龙建毛坯房却需要将近一年，这背后的差别和逻辑到底是什么？

在房地产市场逐步进入存量时代，购房者的改善性需求仍然是重要支撑，决策过程更加理性，他们对产品品质、品牌口碑、项目周边配套和物业服务等要素的关注度明显提升。小龙结合供需两侧变化与自身产品理念，深入理解、准确把握购房者生活方式、消费理念的转变，持续打造更优质的人居项目，从建筑风格、园林景观、社区配套、物业服务等方面带来全新体验。

2017 年 10 月 1 日，盛世嘉园迎来第一次开盘。凭借超预期的楼盘品质和人性化的布局细节，小龙与同地段一线房企同时开盘仍有竞争优势，当天推售的房源被慕名而来的购房者抢购一空，由他们推动的"都会生活范本"理念成为引领贵港的新风尚。经此一战，小龙重新赢得人心，得到本地购房者的追捧与喜爱。

在接下来的竞争中，如何灵活有效地适应市场变化？如何转危为机、把握机遇？如何利用品牌信誉和管理经验发挥优势？小龙需要一个守正出奇、一剑封喉的机会，虽然没有赢在起点，但可以赢在转折点。

3 "交房就得证"成功试点

　　一线房企在贵港高开低走的结局并非特例。可以料想，每个区域市场都有小龙这样长期耕耘、品质过硬的本土劲敌，"强龙压不过地头蛇"，一旦"闪电战"打成了"持久战"，三、四线城市就会成为房企巨头万劫不复的泥潭。

　　与此同时，小龙转败为胜的四年，也是中国房地产市场风云突变的四年。2017年，在"房住不炒"政策[1]指引下，包括限购、限贷、限价、限售、住房公积金制度、住房保障制度、房地产税收制度等一系列调控政策密集出台，房企巨头"高额投资拿地、迅速转化成销售"的传统模式难以为继。从产业逻辑来说，高周转与高质量如同硬币的两面，高周转既需要资金实力，也需要操盘能力，而品质与安全是企业经营的底线，众多房企因为难以平衡高周转与高质量的关系陷入流动性危机，破产、倒闭、爆雷时有发生，仅2019年宣告破产的房企就达到492家[2]，各地楼盘烂尾、延迟交付等现象频出，有些已交付的项目暴露出偷工减料等质量问题，维权风波此起彼伏。

　　城门失火，殃及池鱼。从2019年开始，贵港陆续出现购房者在楼盘

---

［1］2016年12月中旬，中央经济工作会议提出，要坚持"房子是用来住的，不是用来炒的"的定位，要求回归住房居住属性。房地产三道红线指：资产负债率不得大于70%；净负债率不得大于100%；现金短债比不得小于1倍。

［2］来源于人民法院公告网。

营销中心拉横幅维权的群体事件，延期交房、擅改规划、以次充好、停工烂尾等违约行为令购房人防不胜防。按期交付、品质交付已经从客户的基本权利转变为亟待解决的维权痛点。在交付力成为核心竞争力的时代，如期交房成为检验小龙产品力、品牌力的重要标准，意味着兑现承诺、树立口碑，体现着责任担当和契约精神。

对于购房者来说，房子既承载了人们对家庭的美好愿望，也承担着对大宗资产潜在风险的患得患失，只有不动产权证拿到手里，购房者才真正拥有这套住房，才会安心。正常情况下，购房者要等一年左右才能领到不动产权证，如果遇上地产行业倒闭潮或不负责任的开发商，领证只会遥遥无期，购房者在落户、子女入学、银行贷款、房屋交易等方面都深受困扰，堪称折磨和煎熬。从美好向往到眼见为实，在房地产乱象丛生的寒冬时节，不动产权证成为购房者最渴望的"定心丸"。

2018年8月底，湖南省株洲市在全国首创"交房就得证"工作改革举措，长沙、杭州、广州等城市陆续跟进。2020年3月，百色成为广西首个推出新建商品房"交房就得证"登记服务的设区市，贵港市迅速响应并启动新举措，鼓励协调房企与不动产登记办证中心试点推行"交房就得证"改革，既有效解决购房者的"心病"，又为房地产企业健康发展注入"强心剂"。

"交房就得证"是指新建商品房通过验收后，交房时业主同步拿到不动产权证，实现无缝衔接。交房现场，购房者左手房本、右手钥匙，不仅缩短了不动产权证办理时间，而且保障了自身合法权益，幸福感、安全感不言自明。然而，实现"交房就得证"并非易事。一方面，购房者需要对开发商充分信任，要有良好的品牌信誉、过硬的工程品质与高效的交付能力，达到相关部门的要求和标准，通过重重考验才可获批不动产权证；另一方面，办理不动产权证涉及多个部门、多个环节，赶在验房之后、交付之前就把证件办好，需要各部门精简流程、提升效率、协同配合。无论是房地产企业还是政府部门，"交房就得证"都是一个不小的考验。

作为贵港市利企便民、优化营商环境的重要举措，"交房就得证"必须旗开得胜，确保万无一失，选择哪一家房企、哪一个楼盘作为试点就显得尤为重要。作为贵港本土的房地产龙头企业，小龙资金实力雄厚、建设质量卓越、交付能力稳定，多年来以品质和诚信在当地有口皆碑。经过全面考察、慎重考虑和最终审批，政府主管部门选择盛世嘉园作为首个试点。吴小龙积极支持，专门提出要求，"相关办证部门要做好工作对接，及时准备办证资料，确保交房时业主能领到证。"

与其说"交房就得证"是挑战，不如说是机遇，吴小龙胸有成竹。在盛世嘉园项目建设过程中，除了沿用以往"弹墨线钢筋绑扎法"等优秀工艺，小龙还把三控三验[1]、四测四查[2]等操作标准融入其中、精准执行。为了保证钢筋保护层厚度，板面钢筋绑扎坚持满扎；为确保支模体系稳定，混凝土浇筑 24 小时后才可以上建筑材料；砌体需要在技术人员的指导下进行，严格程度远超行业标准。

要想顺利实现"交房就得证"，验收环节不容忽视。小龙的独门秘籍是三方验收：由小龙房司、小龙建司、小龙物业三方代表联合排查，从外墙立面到公区设施，从室内地砖缝隙到房屋边角无不仔细勘验，确保每一户、每一处都符合"品质至上"的原则。

临近交付前夕，小龙多次组织营销部、物业部召开专题会议，在项目交付现场进行预演培训，从现场布置、人员分工、交付流程到突发事件预案，每一位参与者都熟稔于心。

---

[1]三控三验，即板面钢筋绑扎坚持满扎；混凝土收浆打磨、薄膜覆盖养护，浇筑24小时后上建筑材料；先砌底皮砖、拉线，由技术人员直接指导施工。

[2]四测四查，即对主体混凝土结构、砌体、抹灰、外墙贴砖进行平整度、垂直度等测量检查。

尽管 2020 年春天新冠疫情肆虐神州大地，但小龙还是扛住压力，一手抓防疫安全，一手抓施工进度，攻坚克难，如期拉开交房大幕。4 月 26 日上午，业主陆续到达盛世嘉园小区，在工作人员引导下入场签到、办理手续、交接钥匙，无论是按揭还是全款，购房者仅需结清税款、备齐资料，即可在交房时同步申请办理不动产登记，领取不动产权证。

贵港市首个住宅小区《不动产权证书》颁发仪式

在现场举行的贵港市"交房就得证"改革启动仪式上，16 位业主代表从市领导手中接过不动产权证，喜悦之情溢于言表。一位业主 10 年前购买第一套房，交房两年才领到不动产权证，他激动兴奋地感慨："现在交房就能领到证，买的时候也没想到，办证服务更快、更暖心了。"当天近 100 户业主顺利拿到不动产权证，交房率高达 98%，在贵港引发轰动。

2020 年 8 月，作为贵港第四个"交房就得证"试点，盛世悦城的交房率达到 98%。拿到不动产权证的业主喜笑颜开，一位女业主涌出喜悦的泪水，为提前实现梦想开心不已。"买得安心、住得踏实"成为业主的共同心声。"通过这两个试点项目，我们在贵港的美誉度和影响力得到了进一步提升。"黎少东自豪地说。

盛世悦城 9 号楼"交房就得证"现场

　　两个试点项目大获成功，实现了购房者、小龙、地方政府的三方共赢。政府稳定市场的调控目标得以持续推进，购房者的权益得到有效保障，小龙也在 2020 年实现销售业绩同比增长 47%。

　　时至今日，"交房就得证"在贵港等许多城市已经常态化，"左手房本，右手钥匙"已经成为房企和购房者的共识。随着市场形势转变与行业格局洗牌，各大开发商也在积极求变，希望在白热化的市场竞争中拥有一席之地。按理说，一线房企本可以与小龙良性竞争、友好共赢。然而，随着胜利的天平开始向小龙倾斜，一线房企在三、四线城市全面收缩的形势不可逆转，双方的正面交锋进入高潮。只不过，谁都不会想到，这一轮较量会如此猛烈而险恶。

4 抢人大战背后的制度与人心

有人通俗总结过一线房企在全国激进扩张的"三板斧"：挖人、抢钱、拿地。人才、资金、土地是房企至关重要的三大资源，而人才又是重中之重，再伟大的作品都是由人建造出来的。

自从2010年推行管理提升后，吴小龙逐渐改变高度集权、事无巨细的管理模式，通过大规模引入职业经理人来实施现代企业管理制度。在几十年的建筑、地产生涯中，他开创性地在贵港、广西干成了许多不可能的大事，书写了浓墨重彩的传奇故事，每逢关键时刻、重大转折，他总能找到帮忙出主意、打硬仗的得力人才。在此后的激情岁月里，吴小龙建立起一支经验丰富、执行力强的管理团队，务实、内敛、稳重，大部分都属于扔进人堆里找不出来的人，却能组成一支能征善战、作风过硬的铁军团队。小龙在成本管控、项目管理、工程质量把控等方面都得到很大提升，成为管理有序、业绩稳健且颇具工匠精神的地产龙头，"一直被模仿，从未被超越"。

在地产江湖，一线房企都经历过挖竞争对手墙角、被竞争对手挖墙脚的人才争夺战。所谓"明枪易躲，暗箭难防"，这种乘人不备、毫不留情的做法成功率很高，只要下定决心、舍得花钱，挖人已成为房企弯道超车、出奇制胜的重要战略。凡是钱能解决的问题都不是问题，在整个行业高速增长、快速洗牌的扩张期，"直接用钱砸"成为最简单粗暴的有效方式，凡是被房企看上的人，就会被不惜代价、不计成本的高薪挖走。

随着一线房企在贵港的竞争进入白热化阶段，他们针对小龙掀起的抢人大战愈演愈烈。"重赏之下，必有勇夫"，外来的一线房企亟需招募了解当地购房者心理、有客户资源的置业顾问，小龙营销团队成为被围剿的"重灾区"。只要在小龙工作一定年限、销售业绩突出，同行就会许以一两倍甚至更高薪资挖角。为了防止人才流失，黎少东给团队定下一条铁律："一旦离开小龙，永久不再录用"。

然而，有置业顾问经不住诱惑转投竞争对手阵营，没过多久难以适应，打电话向黎少东表达悔恨和歉意，希望网开一面能够回归。毕竟，高薪酬激励下往往是高目标、高绩效和高压力，跳槽之后能不能挺得住、待得久，都难以预料。黎少东在电话中毫不犹豫地拒绝，他说："我们培养那么久的人才，肯定不希望流失。而且小龙这几年的项目一个接一个，没有销售空档期，只要不是业绩太差，我们从不主动裁人。这么好的平台和待遇，却因为外面的诱惑离开了。一旦我们接纳他回来，其他人就会觉得跳槽成本很低，反正有小龙'兜底'，那还怎么稳军心、带队伍？"

这种零容忍的高压态势在小龙内部确实起到了震慑作用，也令对手屡试不爽的重金挖角手段失灵。一名资深置业顾问回忆，竞争对手的区域一把手向她游说被拒后，总部立即派人力专员继续公关，遭到婉拒后，对方多次电话沟通，薪酬越报越高，直到将待遇提升至被授权的最高档，"她在电话里胜券在握地说，会带着劳动合同直接赶到贵港，如果我同意当场就可以签约"。然而，这名置业顾问仍然不为所动，对方只能在无奈与疑惑中挂断电话，就此作罢。

一线房企的挖角计划不只针对置业顾问，几乎覆盖小龙所有的专业岗位。一位设计师参与过小龙多个高端项目，每隔几天就会接到猎头电话，"薪资包你满意"成为对方口头禅。即便她在电话里回绝，猎头仍然通过短信、邮件狂轰滥炸。"刚开始我还认真回复、婉言拒绝，后来实在太影响精力就不再理会"。除此之外，竞争对手直接将招聘海报贴在小龙售楼部对面，大张旗鼓招揽人才。

面对步步紧逼的抢人大战，小龙人力资源部门积极应对，走入员工中间倾听他们内心的声音，了解大家希望过上怎样的生活、成为怎样的人，并着手从制度层面长期性、整体性解决问题。小龙通过调研了解员工对薪酬制度的评价和期望，联合第三方机构分析同行的薪酬水平与优劣利弊，再根据内外部反馈为各岗位尤其是关键岗位设计更具竞争力的薪酬。2018年调薪方案确定后，小龙连续两次全员涨薪，平均涨幅达到15%。在疫情暴发、房地产遭遇寒冬的2020年，小龙仍然逆势涨薪，涨幅超过10%。"经过三次调整，我们的薪酬在行业里处于中上水准，超预期满足了员工的利益诉求，更提振了士气，非常有利于人才队伍的稳定。"人力资源负责人说，涨薪意味着人力成本增加，但是在薪酬激励作用下，员工的工作效率得到大幅提高。

对于关键岗位的重点人才，小龙人力资源部门展开数轮"摸底"沟通。人力资源负责人介绍："对于出现思想波动的员工，我们会帮他找出症结所在，积极为他进行职业规划，并把规划方案写进我们的OKR（目标管理流程）保障落地，让人才对发展路径充满信心。"这种良性互动增强了员工的归属感和责任感。

有一位销冠级别的置业顾问刚毕业就加入公司，一线房企数次挖角都没有成功。他是小龙自主培养的"学生兵"，对企业认同感很深，"小龙不提倡加班文化和酒桌文化，从不拖欠工资，很多人一干就是十几年、几十年。"而且与一线房企相比，小龙的薪酬待遇与奖励政策也很有竞争力，分配方式更公平透明。

小龙数十年聚焦地产、深耕贵港，认真做产品、做服务、做公司治理，让员工更有归属感、安全感。而且，吴小龙在扶危济困、慈善公益方面长期积累的品牌美誉度，对招人留人、凝聚团队也起到积极作用。正如总裁助理甘沛安所说："在和外来房企的交锋中，我们内部的凝聚力太强大了！这是很多竞争对手比不了的，也是我们非常自豪的一点。"

这场人才争夺战让小龙意识到主动挖人的重要性，逐渐学会如何从防御转向进攻。2020 年前后，由于开发项目增加，景观设计师严重不足，小龙人力资源部门精挑细选锁定了一位候选人，但经过联系后得知，对方正准备入职一线房企。这类人才在贵港可遇不可求，小龙人力资源部门通过围追堵截、真诚沟通，详细讲述了薪酬体系、企业文化和远景蓝图。对方最终被打动，至今仍是小龙设计部门的核心骨干。

人才是事业的根基，小龙经受了一线房企疾风暴雨般的人才抢夺战之后，人员更稳定、团队更强大，必将在新一轮竞争中占据优势。经历与一线房企长达数年的正面交锋、全面竞争，小龙实现了快速成长、健康发展。与此同时，随着全国房地产市场成交和房价普遍走低，三、四线城市的稳定性弱于一、二线城市，一线房企开始转变战略、收缩战线，投资方向重新聚焦到一、二线核心城市的核心板块。至此，小龙力压群雄，成为最后的胜出者。

大潮退去，浪花淘尽，方显英雄本色。四十年商海搏击，吴小龙早已见惯潮起潮落、云卷云舒，在这片"西江内陆第一港"，小龙依然是基业长青的主角。

第十章
物业成为新的核心竞争力

吴小龙希望小龙物业不仅提供服务，还要在创造美好生活、营造幸福人生方面发挥既有优势，把巨大潜力转化成经营实力，提升专业能力、丰富服务业态，打造让业主和社会满意的物业服务品牌。

1 "我们爱我们的业主"

　　随着市场形势从增量转入存量，房地产行业靠规模扩张的时代落下帷幕，发展主旋律逐步转向运营和服务，物业服务成为最重要的"压舱石"和最有潜力的"发动机"，为房企释放出新的成长活力。

　　进入 2018 年，物业服务板块进军资本市场的步伐急剧提速，万科、碧桂园、保利、绿城、雅居乐、融创等房企巨头，争先恐后拆分物业板块赴港上市。截至 2023 年 12 月 31 日，共有 66 家物业管理行业上市公司，其中香港主板 60 家、A 股 6 家[1]。物业具有大行业、小龙头以及永续经营、稳定增长等特点，

---

　　[1] 数据来源：《中国物业管理行业 2023 总结 &2024 展望》报告，中指物业研究，2023-12-29.

专业化的物业管理公司深受业主欢迎，资本价值、发展前景极具想象空间。房企巨头以市场化、资本化方式推动物业管理行业格局重新洗牌，像小龙这样的区域龙头房企也开启深度变革，期望抓住培育和检验强者的行业机遇期。

2020年初，吴小龙前往美国参观考察，准备在异国他乡度过悠闲的春节假期。但他是个闲不住的人，不仅在国内走市场、看市场、读市场，到了国外也一样，从不放过任何一次学习机会，好学求知、敬畏市场又勇于创新的精神，成为小龙不断改进与提升的源泉。吴小龙在美国一座楼盘考察时，随行人员介绍路边牌子上写的一句话："We love our owner"，翻译解释后，吴小龙心领神会，直接化用成"我们爱我们的业主"。

"太好了！太好了！这句话虽然听着很朴实，但是用意很真诚，分量很重！"吴小龙赞不绝口。这句毫不掩饰地直白、热烈、诚挚的西式表达，说出了吴小龙的心里话，瞬间击中了他的内心，犹如寂静的湖面掀起万丈浪花，小龙物业需要更真诚用心地将爱传达，从观念到行动完成转变。他要把这句话引入小龙物业，向先进理念学习，向欧美标准看齐。

将近20年来，吴小龙经常前往海外考察学习，每到一座城市，他就到处逛楼盘、社区、商场等场所，以切身感受、敏锐嗅觉洞察国外的市场趋势、行业变化，了解和学习先进理念和管理方式。一旦发现某个理念、观点、方法可以用于小龙，他就会毫不犹豫地迅速拿起电话，安排国内高管团队消化、吸收、推广，这也是"小龙速度""小龙品质"的秘诀之一。

吴小龙立刻拨通电话，召集高管举行线上会议。万里之遥的贵港已近深夜，吴小龙激动地分享了在美国的见闻和思考，要求小龙物业从上到下迅速行动，将"我们爱我们的业主"理念尽快落地，推动物业服务水平再上一个台阶。他感慨良深地说："这么多年来，小龙物业所做的一切正是围绕对业主的爱，'爱业主'是我们的心里话，更是我们不变的承诺！"

此时正处于严峻的疫情防控形势下，业主都进入"宅家"模式，家庭观念、生活方式甚至身心状态都发生重大改变，对小龙的物业服务自然有更高要求。吴小龙一直坚信，守护万家灯火是小龙物业的神圣使命和责任担当，要"急业主所急，想业主所想"，立足需求、贴近业主、持续创新，不断满足业主日益多样化的服务需求。尽管小龙物业在贵港有口皆碑，但是在服务水平、模式创新、科技应用等方面还有提升空间，需要用新理念与时俱进、全面升级。

时代的演进和变革催动物业服务行业转型重塑。一方面，随着80后、90后逐渐成为主力业主群体，他们更注重个性服务、消费权益、品质追求，以往从"物""事"出发的思维需要转向"人"的角度，探索与业主建立更深入紧密的情感联系。另一方，社区基层治理对物业企业发挥连接和引导作用提出了更高要求，组织业主积极参与社区治理、丰富社区文化建设，破解社区治理难题、化解矛盾纠纷，为提升居民生活品质、维护社会治安、改善城市面貌做出贡献，这也是企业承担社会责任的体现方式。

面对新的问题、新的思考，围绕"我们爱我们的业主"服务理念，如何理解人、洞察人、服务人？如何有效整合资源、提升服务水平？小龙物业借鉴、学习国内外优秀物业公司的先进经验，开始新一轮探索与创新，努力为业主提供更好的服务体验。

让"我们爱我们的业主"的理念深入人心。按照吴小龙的要求，小龙物业在每个小区的灯柱两边竖起蓝底红心的路牌，"我们爱我们的业主"口号"遍地开花"，这既是对业主的承诺，也是自我鞭策。物业服务并不复杂，但又不简单，需要真诚、爱心、用情，物业人员在服务中获得业主认可，在工作中收获认同感、幸福感、成就感。

"我们爱我们的业主"宣传牌

打造独具特色的产品体系和服务方案。在"七心"服务体系的基础上，围绕新的业主需求与社会需求，从生活细节、客户痛点出发，梳理出关键节点、关键时刻、关键服务、关键人群等细节，在健康、美学、智能、人文等方面提出产品与服务升级思路，满足不同类型业主的服务需求，让更多业主享受到更专业、更周到的美好生活服务。

完善全生命周期服务流程。从客户全生命周期的视角分清不同的服务关键点，入住初期的手续办理与装修协助，磨合期的业主走访与品质提升，稳定期的社群互动与文化活动，每个阶段、每个环节都持续交流沟通、分析需求，找到不同客户群体的特点与差异，进而有针对性地策划服务。在日常服务过程中，关注线上诉求的服务效率与服务信息的公开性，得到业主信任。

建立以管家为中心的网格化、一体化服务响应机制。管家负责服务区域的日常巡视，保持卫生环境整洁；负责客户诉求的接收、跟进，协助解决问题；负责开展客户走访、收集客户需求，提供社区增值服务，不断优化服务质量、丰富服务内容，并且稳定、高效地开展服务。

健全社区治理体系平台。社区服务是城市治理的"最后一公里"，小龙物业积极将街道（社区）、业主及相关方联动起来，联系群众、发动群众、服务群众，增强业务技能、提升服务水平，实现经营价值、品牌价值和社会价值的完美统一。

"过去 10 年是房地产养物业，未来 10 年是物业养地产。"这句话在房地产行业广为人知，物业市场正处在发展周期长、上升空间大的全新阶段，吴小龙希望小龙物业不仅提供服务，还要在创造美好生活、营造幸福人生方面发挥既有优势，把巨大潜力转化成经营实力，提升专业能力、丰富服务业态，打造让业主和社会满意的物业服务品牌。

2 "七心"服务落地与升级

荀子《劝学》有言："骐骥一跃，不能十步；驽马十驾，功在不舍。锲而舍之，朽木不折；锲而不舍，金石可镂。"小龙物业将"我们爱我们的业主"作为全新的服务理念，正是滴水穿石、厚积薄发的结果，凝结着长期的实践与思考。

在钢筋水泥构筑的高楼大厦中，房子不只是承载生活需求的居所，更是人们连接情感、审美、追求的家园，充满温情与寄托。对于业主来说，购房只是开始，将价值理念融入居住体验才是生活的延续。在愈发激烈的市场竞争中，"品质为王"不仅体现在建筑质量上，高品质的物业服务同样不可或缺。吴小龙经常说："买房一阵子，物业一辈子。我们卖出去的房子是业主倾其所有买来的家，买完房就相当于把大部分积蓄交给了我们，一定要负责到底。"

早在 2014 年，小龙物业就创新推出"七心"服务模式——社区安全放心、后顾之忧安心、服务态度暖心、人居环境省心、时尚生活舒心、文化活动开心、社区共建齐心。黎少东总结道："如果用一句话概括，就是'客户至上'"。此后十年间，"七心"服务逐步落实在小龙物业工作中的每一个环节，体现出对业主无处不在的悉心呵护。

在物业服务的诸多要求中，承载"放心、安心"的安全保障工作是重中之重。小龙物业通过智能安防系统、24 小时安保巡逻和各社区间联动布防机制等周密措施，将社区中可能出现的危险因素阻隔于围墙之外。

有一次，盛世名门物业监控中心的员工注意到，泳池边有位家长接了个电话后匆匆离开，便马上通知救生员密切关注独自游泳的孩子。没过几分钟，孩子在泳池突然抽筋，救生员迅速救起，及时避免了意外发生。盛世名门小区泳池不仅配备了持证上岗的专业救生员，而且将可视传达系统的范围扩展到泳池，确保没有监控死角。

小龙物业的安全保障工作注重安全教育，积极协助小龙集团旗下各单位组织安全演练，提高安全意识。在"盛世"系列幼园组织的反恐紧急避险演练中，幼园内突然烟雾弥漫、警报响起，各班老师迅速给小朋友发放湿毛巾，带领大家熟练而有序的撤离火场，整个过程不到 4 分钟。这是为了提高幼的防灾自救能力、坚持消防演练的结果，全体师生对突发事件的应急处置能力得到了增强。

"暖心、省心、舒心"离不开以人为本的服务理念和有爱、用心的服务态度。小龙物业强调主动服务意识，在便民服务等点滴小事中"不以善小而不为"，要求物业人员善于提前发现并解决问题。

一个风雨交加的日子，盛世天禧项目经理在巡查时看见一户阳台的水龙头没关，急忙给业主打电话，并与同事在业主赶回后一起将室内积水清理干净。事后，业主紧紧握着项目经理的手表达谢意："幸好有你们，家具和家电都没事，否则不知损失有多大！"为了提高便民服务水平，小龙物业还琢磨出很多小窍门。物业巡察员能从水表的转速中观察出业主家里有没有漏水，及时预警、维修；在业主出入集中的时段，将巡逻岗临时固定在明显位置，随时提供服务；物业中心和门岗配备了充电宝、便民雨伞、手推车、急救箱等，以备业主不时之需……这些贴心服务不仅满足了业主多样的生活需求，还提供了超预期的服务体验。

对突发情况的处理能力也是物业服务水平的重要体现。盛世嘉园一位业主散步时突觉眩晕，摔倒磕到了后脑勺，躺在地上痛苦呻吟。两位物业人员接报后取出医药箱飞奔到现场，蹲在老人身旁熟练地给伤口进行消毒、止血。包扎完毕，他们关切地询问老人，"阿姨，您头晕吗？是否有什么不舒服？"老人表示无大碍，但二人还不放心，一起将老人护送回家。有惊无险的急救故事很快在业主群传开，"买小龙的房子就对了，我们很安心！"黎少东表示，小龙物业对医疗急救非常重视，"我们不定期邀请红十字会的工作人员进行急救培训，多一点技能在身，做个服务'多面手'，心里也踏实。"

一位在盛世悦城工作多年的物业人员说，"在日常巡查中，排水管道是否通畅是必检项，这种看似可做可不做的工作往往是排查隐患的有效方法，也是我们多年来的工作习惯。"2022 年 6 月 25 日，一场特大暴雨突袭贵港，盛世名门一处车库被雨水倒灌。由于小龙各物业中心长期备有防洪沙袋，物业人员迅速背起沉重的沙袋赶往车库不停垒筑，沙袋在骤风暴雨中竟被冲出一角缺口。物业人员一边紧急调度，一边排成人墙，用身体堵住雨水涌入，最终没有一辆车浸水。有位老业主目睹现场救援并将视频发到网上，引发众多贵港市民点赞表扬。

社区治理、文化建设有利于满足业主精神需求、增强社区凝聚力，随着人们对居住品质的追求不断提升，业主对社区文化建设有了更多的期待，小龙在社区文化建设方面将"开心、齐心"发挥得淋漓尽致。

2021年3月8日，小龙物业各服务中心很早就忙碌起来。当女业主走出家门，早已等在路口的工作人员迎面上前，献上一束馥郁芬芳的鲜花并笑着说："女神节快乐！"女业主被仪式感满满的意外惊喜所感动，迅速拿出手机拍照并分享到朋友圈："刚出门就收到节日礼物，心情都变得美丽了！"这种用心服务的节日小浪漫在大城市并不鲜见，但是在贵港却千载难逢。从这一年起，小龙物业每年在三八妇女节都会为女业主送上鲜花和祝福，提升生活的幸福感。2021年9月10日，小龙物业开启教师节送祝福活动，一位老教师接到芳香的鲜花，眼眶湿润了："退休这么多年，没想到你们还记得我……"吴小龙向来重视教育，这项活动既传承了尊师重道的优良传统，又为小区增添了祥和融洽的氛围。

自2020年起，除了重大节日的庆祝活动，小龙物业还密集推出社区文化节、业主运动会、公益周、名家义诊等文化项目，极大地丰富了业主生活。一位业主自豪地表示："小龙物业就像一个和谐的大家庭，在这里特别有归属感！"2021年岁末，一位离开贵港、定居北京的业主给吴小龙发信息感慨："在北京这么多年，越来越发现小龙物业的服务丝毫不比北京的高端小区差，真怀念有小龙陪伴的日子！"

从建造"好房子"到打造"好物业"，小龙物业不断深化"七心"服务落地，并借助2020年初启动的"我们爱我们的业主"活动不断升级。《小龙物业服务实施方案》是一部系统、完整的执行手册，详细说明了从前期介入、项目承接以及日常服务等全生命周期的执行规范与落实标准。小龙物业还推出了"5341"快速反应机制，即接到业主电话 5 分钟内反应到位，一般问题 30 分钟内解决，较大问题 4 小时内解决，如无法解决须告知业主并承诺 1 天内解决，力求最大限度保障业主权益。《小龙物业服务实施方案》、"5341"快速反应机制等为"七心"服务提供了有效保障，让"我们爱我们的业主"成为可感知、可量化、可评估、可提升的行动指南。

多年来，小龙物业深受业主好评，在贵港物业服务行业名列前茅。2023 年底，小龙物业满意度调查结果出炉，这份涵盖小龙 2 万业主的调查显示：满意度达到 99%。饱受赞誉的小龙物业将再接再厉，为进一步提升满意度做出改进计划，寻求为业主提供更好的服务。

3 战疫，有速度更有温度

村上春树在《海边的卡夫卡》中写道："暴风雨结束后，你不会记得自己是怎样活下来的，你甚至不确定暴风雨真的结束了。但有一点是确定的：当你穿过了暴风雨，你就不再是原来那个人。"

三年新冠疫情就像这样一场暴风雨，悄然翻篇，没有正式道别。时间无法倒转，世界也回不到从前，每个人都被改变。每次提起小龙物业服务，业主和物业人员都会不约而同地讲述新冠战疫往事，苦尽甘来再回忆那段同甘共苦的日子，"我们不再是我们，我们依然是我们"。

2020 年初，武汉突然爆发新冠疫情，随后迅速蔓延至全国各地。1 月 22 日，国家卫健委确认广西首例输入性新冠确诊病例，北海、梧州、柳州[1]等地相继出现疑似和确诊病例。时值春运高峰，人员流动频繁，武汉市发布提示，要求市民在春节前后"非必要不离汉，非必要不入汉"。

远在美国的吴小龙时刻关注国内疫情，他从微信群、媒体报道等多方途径发布的消息预判，这次疫情非比寻常，形势已经万分严峻。虽然贵港距离武汉有1000多公里，但是每年来往武汉以及湖北的务工人员不少，如果疫情继续扩散，贵港会不会成为下一个武汉？

作为土生土长的贵港人，吴小龙和家人在这里出生，创业从这里开始，产业聚集于此，生命的主要历程都在这片土地。此时此刻，此情此景，吴小龙恨不得插上翅膀，飞回与离开之前完全不同却又骨血交融的贵港，可他却因特殊时期的种种原因无法如愿。危急时刻，1月22日当天，吴小龙召集所有高管举行紧急视频会议，迅速制定应急预案。20分钟的会议时间，吴小龙面色凝重、语气坚决，反复强调一句话："小龙有2万名业主，为了他们的安全，必须尽快拿出防疫对策。"

一位连续多日观察一线城市抗疫措施的高管提议："我们可以参考武汉、北京、上海这些城市的做法，跟着他们的脚步做防控。"这个建议得到了包括吴小龙在内的领导层认同。经过审慎判断，吴小龙当场敲定了防疫方案：自上而下部署防控要求，火速采购防疫物资，务必保证23日在所有社区进行全方位消杀，全力守护业主平安。

这是一场和时间赛跑的阻击战。1月23日凌晨2点左右，武汉发布关闭离汉通道的"封城"通告。一纸不足百字的紧急通告，让一座上千万人的城市自我封闭，只为遏制疫情不再扩散，这种壮举在新中国历史上尚属首次。"壮士断臂"的英勇悲壮可歌可泣。同时，疫情之严重和形势之紧迫毋庸置疑，可当时手足无措的国人面对凶猛疫情也没有更好的办法，

---

[1]《人民日报》发文《广西确诊2例新型冠状病毒感染的肺炎病例》。

小龙集团也无成熟经验可循，只能边探索边适应。不过，他们从不缺乏迎难而上的勇气。

清晨 6 点，经过一天的紧张筹备，小龙物业在各社区开始消杀作业，成为贵港市第一批开展防疫工作的物业公司。穿戴专业装备的消杀人员背着重 30 斤的消毒桶，在小区各个角落全面消杀，为小区筑起一道看不见的"防护墙"。业主对于雪中送炭的举动拍手称赞，表扬物业动作快、效率高，给大家吃了一颗"定心丸"。

1 月 24 日，各地纷纷启动重大突发公共卫生事件 I 级响应，贵港在当晚 23 时宣布打响本地疫情防控战[1]。这天是除夕夜，当千家万户在享受阖家团圆的喜庆时，小龙集团从上到下却在万家灯火的背后默默坚守，奋战在抗击疫情第一道防线。治疗一线在医院，防控一线在物业。随着全民居家防控模式开启，社区成为"战疫"一线，面对 2 万名业主的生命安全和身体健康，小龙必须尽快拿出周密的防控机制和执行标准，并迅速全面落实。

---

[1] 来源于贵港市政府官网。

小区出入口开启防控模式

随后两天，高管团队围绕如何防控疫情反复讨论，1月26日，《小龙物业新型冠状病毒肺炎疫情防控工作指引》出炉，在各社区建立全面应急响应机制。

全民居家期间，消杀是社区工作的重中之重。每天清晨，业主还在梦乡，小龙物业人员已忙碌穿梭在小区出入口、入户单元、电梯、楼道、垃圾桶、排水井、地下车库，确保消杀无死角。一次彻底的消杀往往需要3小时以上，小龙物业每天消杀从不少于2遍，使用频率高、人员密集的区域，每天消杀多达 4 次。这是一场濒临极限的体能挑战，沉重的消毒桶、单人日均爬楼近 30 层，每次操作完毕，工作人员防护服里的衣服和皮肤已被汗水浸透粘连在一起，肩膀和后背也被消毒桶肩带磨出深深的勒痕，但从没有人喊累，他们只有一个愿望：给业主一个安全、稳定的社区生活居住环境。

平时训练有素、管理有序、齐心协力的小龙物业团队，在严峻的疫情形势下展现出越是艰险越向前的大无畏气概，堪称一支能战斗、能奉献的"战疫铁军"，始终冲锋在战疫一线。24 小时连续值班，不顾风险入户排查，不畏严寒悬挂宣传条幅，大家用实际行动守护着业主。在小龙各小区的物业中心，横七竖八地摆放着瑜伽垫、泡沫板和棉被，那是物业人员临时的床铺，累了躺在地铺上倒头就睡，醒了爬起来继续投入紧张的工作中。

2 月 1 日，贵港首次出现 4 例确诊病例，防疫形势变得更加严峻，口罩和消毒液成为紧缺物资，不少市民找遍购买渠道仍一无所获。黎少东回忆："业主的需求在哪，我们的服务就在哪。"为了筑牢健康防线，吴小龙决定全力采购防疫物资，不考虑价格，有多少要多少，在生命安危面前谈钱没有意义，多一份防疫物资就多一分安全保障。

在小龙应急工作组微信群里，各项物资清单被飞速传递、敲定。2 月 6 日，十万只口罩和大量防疫物资抵达贵港，小龙物业开始在各社区免费派发"抗疫包"，业主拆开后惊喜地发现，不仅有洗手液、感冒药和消毒湿巾，还有 5 个口罩。一系列高效而温暖的服务让小龙业主感到无比振奋和踏实安心，纷纷对小龙物业表达谢意："中国好物业""安全感满满""买房还是要买小龙"……

小龙物业免费派发"抗疫包"

面对小龙物业人员的付出与奉献，业主懂得背后的艰难、辛苦与不易，以不同的方式表达谢意。2月8日元宵节当晚，盛世名门物业秩序员正常在门岗执勤，两位小朋友突然跑过来送上两瓶饮料和一张小纸条，上面写着："谢谢叔叔保护我们！"5月10日，盛世荷悦府物业中心，一位业主前来补缴拖欠的物业费，"以前不理解物业工作，这几个月居家，看到你们不分昼夜地为我们忙前跑后，突然理解了你们的付出。辛苦了！"

在最危急、最紧张的战疫初期，小龙物业所服务的小区没有出现一例病例。后来随着疫情防控进入常态化，很多业主以志愿者身份加入小龙物业战疫团队，共同守护家园。在这场没有硝烟的战争中，小龙物业与2万业主结下了"曾经患难与共，今后生死之交"的深厚情谊。由于在疫情防控中不计代价、但尽所能的奉献与作为，小龙物业获得了贵港市物业管理行业协会颁发的"抗击新冠病毒疫情防控工作先进会员单位""2020年度热心会员单位"等荣誉称号。

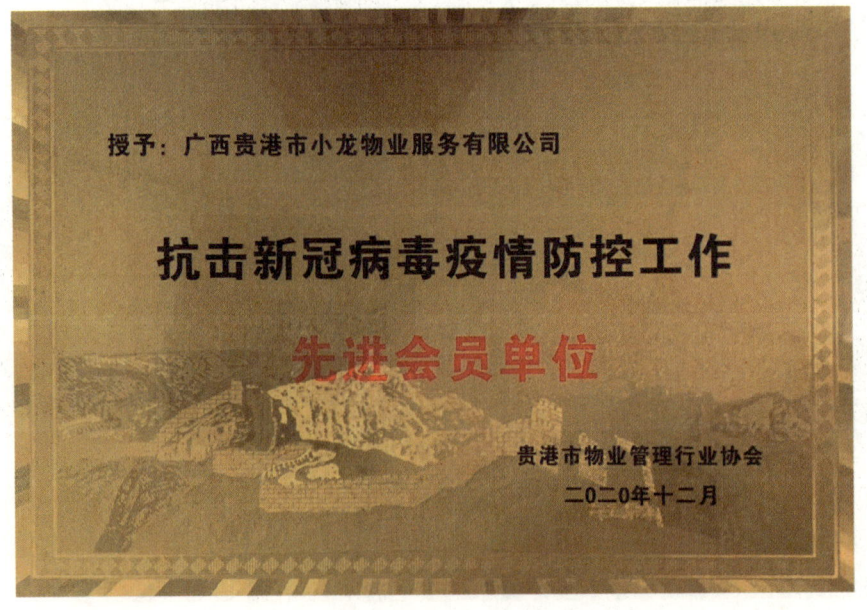

2020年12月，小龙物业荣获抗击新冠病毒疫情防控工作先进会员单位

新冠疫情如滔天洪水，流淌、奔涌、冲击、消逝，新的河床标刻出新的走向。然而，我们每个人的每一次选择与努力，都不是冲动之举、偶然之间，而是无数个寻常瞬间镌刻出的真实、本能的姿态，它关乎信念与梦想。小龙物业20年不变的追求，是创造更美好的生活。

4　美好生活的推动者

不断实现人民对美好生活的向往已成为整个国家共同的奋斗目标。美好生活不只是万众期待的愿景，也是笃行不怠的信念。"民亦劳止，汔可小康"[1]，这句两千多年前的质朴诗句，反映了中华民族乃至人类社会的美好憧憬，如今已被具体表述为"幼有所育、学有所教、劳有所得、病有所医、老有所养、住有所居、弱有所扶"，这种生活状态、社会景象既体现了民生需求、奋斗方向，也是未来人居环境、幸福指数的重要检验标准。

不同时期，人们对于美好生活提出了不同的要求和标准，小龙集团始终以诚信和质量为宗旨满足社会需要。21世纪初，"住有所居"已成为人们日益增长的美好生活需要和不平衡不充分的发展之间的突出矛盾，小龙从建筑商转型为房地产开发商，以打造高品质住宅为理念紧跟时代步伐。从2004年打开高品质之门的盛世名门到2012年开启贵港人居生活新高度的盛世名都，再到2014年首创贵港中央情景式园林模式的盛世汇景、2017年被誉为"都市生活范本"的盛世嘉园、2022年低密度住宅精品盛

---

[1]出自《诗经·大雅·民劳》，意思是老百姓太劳苦，也该稍稍得到安乐了。

世君悦府……小龙以卓越品质引领贵港房地产行业飞速发展，极大缓解了人们最关心、最现实的住房难题。

在小龙以房地产开发满足"住有所居"的 20 多年里，"美好生活"的内容在不断丰富，要求不断提高。小龙以盛世系列幼儿园推动"幼有所育"，以博雅公学促进"学有所教"，以慈善捐赠助力"病有所医、老有所养、弱有所扶"，通过不断发展壮大小龙事业让员工实现"劳有所得"，成为改善民生、实现美好生活向往的推动者。正如吴守西所总结："贵港高质量发展的新篇章中，小龙集团已经是重要的参与者、分享者、建设者。"

作为美好生活的推动者，对于小龙而言，"美好"二字从来不是形容词，而是动词。实现人民对美好生活的向往是举国上下共同的奋斗目标，也是小龙从未更改的奋斗方向，他们巧妙而务实地将经营内容与中华民族的伟大复兴梦结合起来，逐步将房地产开发的天平向服务倾斜，把服务培育成企业的核心竞争力，在成为美好生活时代先行者的路上昂首前行。

物业是房地产企业打造服务体系的重要载体，不断从"量变"到"质变"，成为满足人民群众不断增长的美好生活向往的重要组成部分。在过去 20 年间，小龙物业完成了三次跨越、四个阶段的重大转变，目标始终指向"美好生活"。

小龙集团首个高端住宅项目盛世名门在 2003 年正式立项时，吴小龙就强调物业服务将是业主感知美好生活的重要抓手。同年 9 月，国务院颁布的《物业管理条例》开始实施。考虑到中国的物业服务即将进入法治、规范的新阶段，盛世名门业主必须享受专业、标准、系统的高品质物业服务，吴小龙果断决定建立物业公司，并聘请知名物业服务公司提前进行流程打造和员工培训。筹备近半年后，小龙物业管理有限公司于 2004 年成立，尽管凭借细心、专业的服务获得业主认可，但物业行业整体处于相对粗放的初始发展阶段，没有太多经验可以参考。黎少东说："除了做好日常物业服务，我们每周会进行内部培训，不断巩固和提升物业人员的素质，通过这种方式把小龙一贯的品质传承到物业服务上。"

直到 2010 年，小龙集团启动管理提升专项，对于物业管理水平提出更高标准。2011 年，小龙物业旗下成立了盛世名门物业服务中心，此后盛世名都等小区也单独设立物业服务中心。小龙逐步以小区为单位放权管理，让各物业服务中心拥有更充分的自主权。2013 年 6 月，小龙集团副总裁带队，小龙物业一行 23 人赴珠三角地区参观学习，密集考察了万科、雅居乐、新世界等标杆房企的地产项目，深入了解先进的现代物业服务模式。回到贵港后，小龙物业开启对标实践，推出"24 小时大管家"模式，将物业服务细化、拆解并落实到个人，全面提升了工作流程和服务效率。2013 年盛世名门业主满意度调查显示，物业服务满意度高达 99.56%；2014 年，盛世名都被评为"广西城市物业管理优秀住宅小区"。

2014 年，小龙推出"七心"服务模式，再度升级物业服务体系。"七心"进一步推动流程规范、制度完善、服务专业，加强与业主的沟通和交流，使管理工作更加公开和透明。同时，小龙物业顺应时代潮流、借助科技力量，引入安防联动、实时监控、可视化对讲、车牌自动计费等智能管理系统，不断提升服务能力。大多时候，"七心"是更感性、更具精神层面的愉悦体验，让人每天都期待着梦想和朝阳一起升起，感受心情愉快、人生出彩、梦想成真的生活状态。

2020 年，吴小龙倡导以"我们爱我们的业主"带动物业服务提升。物业人员强化了服务意识，并且通过数字化管理系统将一站式服务场景扩展到手机移动端，设置有在线报修、线上缴费、活动通知、日常工作报告等模块。而且，小龙物业借助物联网、大数据等技术打造智慧社区，满足业主购物、餐饮、休闲、住宿等需求，提供增值服务，打通服务的"最后一公里"。黎少东介绍，小龙物业正在研究日常用品采购、送货上门等线上服务体系的可行性，诸如房屋养护、家电清洗等基础增值服务。"小龙的内功一直很扎实，我们愿意把多年积累的产品力和服务力输出给其他社区，为贵港本地的物业服务赋能，大家共同进步。"

美好跨越时空，激荡人心；使命续写担当，催人奋进。对于小龙物业而言，在推动美好生活的道路上任重道远。在战略选择上，一方面，聚焦贵港、深耕区域，通过规模优势提升管理密度，降成本、增效率，进一步巩固市场领先地位；另一方面，丰富增值服务，做强细分业态，提升业务之间的协同能力，增强服务密度和服务深度。在战术打法上，除了现有的住宅物业的物业管理服务及增值服务外，还可以拓展公共物业、商业物业服务，甚至园林绿化及工程、照明系统运营、停车场运营等城市服务和商业运营服务，实现从社区服务到城市运营、从与城市共成长到影响城市生活方向和方式的跨越式升级。

对于小龙物业来说，每一项新的服务方向都意味着新的挑战，有其运营特点及专业认知，如何根据自身的资源优势和战略规划积极探索，是小龙物业正在求解的新课题。或许，时间早已给出答案和选择。稳健务实是吴小龙的经营风格，已潜移默化为小龙物业的企业文化，黎少东说："我们刚从地产巨头长达数年的围剿中冲杀出来，同时开拓太多业务线的话成本会很高，如果没有想清楚下一步具体怎么走，绝对不会烧钱试错。但可以肯定的是，我们所做的一定是围绕业主对美好生活的需求展开的，这是我们的长期目标。"

时代在变，市场在变，但人们对美好生活的向往永远不变，小龙诚信、质量、创新、执着的精神也永远不变。处变不惊，以不变应万变，是吴小龙读懂、理解这个世界的朴素哲学思维，也是深刻的商业智慧。

第十一章

吾园：始于初心，臻于匠心

吴小龙曾感慨："天下的好料为我们所用，天下的名匠与我们同行。我们一定要做出顶级杰作面世，就是我们最终的目的、梦想。"他打造的不仅是一座城市地标建筑，还有建筑设计、施工者应该学习的对艺术和自然的敬畏和传承。

1 1500 多个日夜的思量

一条路就是一道流动的历史，是观察城市变迁最生动的样本之一。民主路堪称"贵港的长安街"，沿线不仅拥有贵港市委、市人大、市政府、市政协集中办公的贵港市行政中心大楼，毗邻广西最大、全国第三的新世纪广场，还坐落着贵港国际大酒店、宏桂城市广场、贵港市图书馆、民族文化公园等热闹商圈、城市地标。寸土寸金不足以形容民主路的价值与地位，它还承载着整座城市的精神与灵魂。

2012 年 10 月，民主路上一片占地 35 600 平方米的繁华地段被围挡遮蔽起来，建设现场推土机、挖掘机、搅拌车等机器轰鸣，成群结队的工人头戴安全帽来往进出。没过多久，这块工地就陷入长久的宁静，偶尔见到三三两两的外地人进出施工，几辆大型卡车运输建筑材料，不时听见空旷中传出叮铃哐啷的短暂脆响，然后又不见动静，完全不像同体量的大型工程项目应有的开发状态。低调、反常的做法很快滋生传言，大家都知道这块宝地属于小龙集团，有人说要盖摩天大楼，也有人说要建高档豪宅。

2013 年吾园施工现场

然而，此后十多年间，民主路上盛世名都、盛世天禧、盛世悦城等楼盘均已开盘热卖，可是那片众目期待的神秘土地却依然被绿色围挡严实封锁，高楼华厦毫无踪影。有好奇者爬到马路对面的高处远眺，隐约可见小桥流水、亭台楼阁、花草山石融汇成江南水乡的景致，飞檐翘角、碧瓦朱甍交错的建筑群古朴庄重、秀丽典雅，身处繁华闹市中更显得神秘莫测。

这片被深藏的建筑群蕴藏着吴小龙的梦想、情怀、境界、格局，是他迈过天命之年、建筑行业沉淀近 40 载于人生观、价值观的觉醒与升华。

每当回味人生苦短梦长、商海沉浮难料，俯瞰贵港这片爱得深沉、无比眷恋的土地，吴小龙就日渐紧迫地意识到贵港乃至广西需要一座影响全国、流传千古的文化坐标，他希望打造一座寄托建筑美学、艺术追求、文化品位的文化坐标。"这片黄金宝地，如果做房地产的话我们可以开发十几万平方米去出售，利润相当可观，"吴小龙情真意切说道，"单纯追求高度没有意义，高楼永远会被更高的楼超越，只有做出精品才经得起大浪淘沙。我要从一张白纸开始，打造一件世间罕有的作品，一个地标性建筑。"

法国作家阿尔贝·加缪说："我们生活在一个大城市的时代里，世界被坚决地切除了使它永久存在的东西：自然、大海、山丘、傍晚的沉思。"人类在社会进步与文明演进过程中，对于精神境界、艺术品位与生存空间的追求始终并行不悖。既要有容身之所，也要有精神追求，人类对美好生活的向往从未动摇。园林凝结着人类对宇宙、自然、人生的通达理解，寄托了独特的哲学思想、人文精神和审美情趣，是重要的文化载体和艺术形式。吴小龙是企业家、建筑家，对于建筑品质、生活美学、传统文化有着执着而坚韧的追求。

多年以前，吴小龙在苏州拙政园听说了谢孝思倾尽一生守护苏州园林的事迹。新中国成立之初，谢孝思担负起主持修整苏州园林的重任，从留园到拙政园、狮子林到虎丘、寒山寺等古园古寺，3 年时间修缮恢复大小园林、名胜 30 余处。谢孝思 1905 年出生于贵州贵阳，2008 年在苏州逝世，享年 104 岁。苏州不是谢孝思的故乡，却令他无限热爱，并为之付出了全部的精力和智慧。国际小行星中心和国际小行星命名委员会批准，将国际编号为 204836 号的小行星命名为"谢孝思星"；此外联合国教科文组织亚太地区世界遗产培训与研究中心古建筑保护联盟还授予谢孝思"文化遗产守护名人"称号。吴小龙深受感动与启发，萌生在贵港打造一座具有全国影响力的园林的念头。

从 2008 年开始，吴小龙对于园林研究陷入一种如饥似渴的痴迷状态，不仅多次专程前往苏州、杭州深入参观考察，连一部短短 6 集的纪录片《苏园六纪》都翻来覆去观看。另外，他还带领团队奔赴广东、安徽、山西、陕西、宁夏等地观摩园林、祠堂、古刹等特色古建，每次出差短则三五天，长则半个多月。他总是不辞劳苦、马不停蹄，摸清园林特点、遍访能工巧匠、采集建筑材料，为规划、建设做好充分准备。

然而，随着研究、理解不断深入，吴小龙对于建造园林变得踌躇犹豫，远不像最初那般豪迈果决，尽管他从来不是瞻前顾后、胆小怕事的性格。"到底做还是不做？"他经常在夜里辗转反侧、自我追问，两个完全对立的答案在脑海中缠斗、交锋。"建造园林是一项庞大复杂的系统工程，后续管理、运营模式也很难找到可复制的参考样本，没那么简单"，吴小龙反复斟酌，"首先不能影响企业的正常发展，要分析投入多少金钱、时间、精力和心血；同时要考虑政策因素、社会舆论和投资环境，甚至还可能有天灾人祸等不确定因素。建园不易、养园更难，运营维护也是个大问题。总之，要考虑的事情很多。"

两年过去了，吴小龙仍然拿不定主意，建造园林是他夙夜梦寐的大事，但这并非私事，需要与管理团队沟通。2010 年，吴小龙在内部会上第一次正式提出，想建造一座古典园林。众人都看出了老板脸上透露的渴望和犹豫，大家对于在哪里建、怎么建、建成什么规模、将来如何运营等都还没有形成具体想法，虽然一切尚未可知，但是大家表示支持："要是你喜欢，那就做吧！"

即便如此，吴小龙还是没有立即决策。不过，他实在抑制不住内心的激情，邀请专业设计师画图纸、做沙盘、搭模型，蜿蜒曲折的溪流、层峦叠嶂的假山、精妙交错的建筑群，园林沙盘模型令他驻足流连、长久沉思。从想法到沙盘，吴小龙为梦想迈出了试探性的一小步，想干的事情却丰富了许多。然而，除此之外，吴小龙再没有更具体的行动，不提开工建设，也不说就此放弃，任其荒草蔓延。

直到 2012 年 7 月 3 日，园林建设终于迎来重大转机。这天上午，时任贵港市市长前往小龙集团调研时强调，必须坚定不移地支持民营企业发展，为民营企业排忧解难，帮助民营企业做大做强。小龙集团汇报了吾园项目规划设计情况，计划打造一座有贵港历史文化和建筑艺术特点的江南式园林。时任贵港市市长充分肯定说，市政府全力支持小龙集团把项目建起来，希望小龙集团高起点规划、高水平设计、高标准建设，在项目的定位和设计中考虑现代与传统的结合，体现贵港"和为贵"的历史文化核心，在建筑的体量和尺度、空间上更加符合城市建筑美学，把项目建成经得起历史检验的百年建筑，让城市更美、让老百姓受益。政府支持令吴小龙倍受鼓舞，而后，再和儿子吴玉经探讨决定，下定决心建造吾园。

从 2008 年起心动念到 2012 年正式动工，吴小龙深思熟虑、权衡了 4 年多，1500 多个日夜。他后来调侃道："按我说，这是一个大傻瓜，而且是一个超级大傻瓜才会做的事。哪有放着大钱不赚，非要花巨资去做一座园林的？"他话锋一转，言辞坚定地说："但是，我们这一代人的格局可以更大一点、志向可以更高一点。既然没有人做这样的事，那正是我做这件事情的机遇。机遇来了，我就抓住。事业已经做到这个程度，很多时候你不想做出头鸟也是不行的。未来社会肯定会更加开放、更加进步，相信后世会有更多人理解我的这份苦心。"

2 从"吴园"到"吾园"

园林数年没有动工，还有一个原因，吴小龙始终没有看到令人耳目一新的设计蓝图。几十年来，打造高品质建筑是吴小龙不变的梦想与追求，他渴望用一座卓尔不凡的园林建筑回望初心、致敬匠心。这是他毕生的心血之作，是坚持高品质信仰的终极体现。在遇见梦寐以求的设计方案之前，他宁可遍访名家、反复推敲，也绝不将就勉强、盲目启动。

早在 2008 年，经谢孝思之子、中国美术家协会会员、苏州江枫画院院长谢友苏的夫人引荐，吴小龙邀请两家设计机构投标，最初选择与一个历史悠久、声名显赫且为苏州最大的规划设计院合作，由副院长亲自带队设计。然而，经过多轮沟通、修改，这家设计院始终拿不出令人满意的作品。此后，吴小龙陆续找到几位设计专家参与设计，结果仍是无功而返，"他们不理解这块地多么贵重，以为是在荒山野岭随便盖几间仿古的房子。"

尽管吴小龙在世界各地参观考察时，对各处名胜古迹的建筑特色、人文风情赞不绝口，但回国之后，他依然对中式园林情有独钟。吴小龙继续在脑海中搜寻擅长中式园林的设计师，想起招标落选的江苏苏澄理景公司的设计师廖真的那句话："我相信你最后还是喜欢我的方案。"吴小龙抱着死马当作活马医的心态联系廖真，对方提供的设计图纸以苏州古典园林的空间理念与造园手法为主体，别出心裁。园林设计工作柳暗花明，吴小龙喜不自胜。

令人扼腕叹息的是，廖真还没来得及细化设计方案就因病不幸逝世。吴小龙在原设计稿的基础上不断丰富、完善细节，以总设计师兼总工程师的状态亲自操刀、事必躬亲。俗话说："三分设计，七分施工。"在园林施工过程中，施工团队需要不断调整和完善设计才能达到理想状态，而且园林建造涉及知识面很广，包括建筑构造、构园理念、叠山理水、植物造景都要精通。吴小龙不仅深入构思、完善设计，还经常头戴草帽到工地指挥、检查，无论园林造景、园林建筑、楹联点景还是具体布局、造型、材料、装饰、景观等都要过问、给出建议，几乎每天都能看到他在施工现场忙碌的身影。有时候，吴小龙手拿砖刀和工人围在一起抹水泥、搬石头，讨论花圃的设计、砌法、放线、砂浆配比等问题，与匠人们谈笑风生，仿佛回到四十年前入行时初露锋芒的状态。

2021 年，吴小龙参与种树

2021 年，吴小龙指导假山堆叠

　　"吾园是我人生突破的最后一关，也是最难的一关，"吴小龙说，"因为没有真正的图纸，大部分都是边建边改，将我对园林的思考和审美融入其中。"他是个唯美主义者，对于美学的欣赏水准和艺术追求超出常人。高品质园林并非仅靠投资大、档次高就能实现，关键在于集"总设计师"与"总工程师"于一身的园主亲力亲为、精益求精。原设计图纸中并没有方壶山、蓬莱岛、洞天石林、笋石林、山涧等景点，都是吴小龙亲自构思设计并监督施工落地。至德堂、楠木馆等建筑或展馆，在园林文化导入、图纸设计、家具选用、工程进度等关键环节，吴小龙都参与其中，确保品质不打折扣。他每天早上五六点钟起床，先到吾园各个角落转一两个小时再去上班，白天除非有重要事务，他基本上就泡在吾园里。石头怎么堆叠，树木怎么栽种，流水怎么改变，一石一水，一草一木，全都经过吴小龙亲自过问、拍板。

吴小龙手绘英德石假山景观设计图

吴小龙在沙子上画图指导英德石假山堆叠

为了把控进度、确保质量，吴小龙抽调李志有、徐海波等加入项目，李志有回忆："我们以前没有做过古建，所有的方案、古建的结构、园林的铺装、堆山叠石、文化主题等，每一项老板都盯得很紧，事无巨细，每天70%的时间都在一起工作。"园林建设初期，吴小龙有意放慢节奏，注重与施工方苏州蒯祥园林工程设计公司全面磨合，古建工程与地面景观并不急于推进。2014年至2015年期间，园林只是以原居宸楼、原江春会所及二者连接的亭台楼阁作为试点，进行细心打磨。

吾园大门

园林最初的名字被建议为"吴园"。2017年，吴小龙否决了这个想法，正式定名"吾园"。他解释说："这个'吾'字是第一人称，意思是'我或者我们'，这座园林是大家的园林，是我们贵港人游玩、参观和休闲的好地方。"如今，游客走进吾园大门，就可以看到一块黄蜡石上镌刻着"吾园"

两个大字。从"吴园"到"吾园"，一字之差，这一改变体现了吴小龙对建园初心与设计理念的执着坚持，从大手笔布局规划到小细节精雕细琢都浸润着匠心造诣，独特风韵源于他对传统文化的热爱和对民族精神的自信。

建造园林需要做到外师造化、中得心源，因地制宜、妙造自然。吴小龙在欣赏自然美方面具备天赋，又有丰富的游历经验，在布局和造景上能根据不同环境条件反复锤炼，完美处理好园内景物的关系，达到小中见大、曲中见远的意境，在明暗、高低、曲直、大小的对比中营造层次多变、内外渗透的园林空间，展现出大千世界的美景，体验"人在画中游"的乐趣。吴小龙和设计、施工团队以自然本真的山水情趣为理念，融合了苏州园林、徽派建筑与广西风情，将历史人物、文化故事融入景致，极大地丰富了园林的文化内涵，形成建筑荟萃、亭阁水乡、叠石花山等特色景观。他们将素有"中国四大名石"之称的灵璧石、太湖石、昆石、英石构筑其间，"三英战吕布"等经典故事以灰雕泥刻的手法诠释得栩栩如生，"二十四孝"等文化主题在雕花窗槛上被雕刻得惟妙惟肖。一砖一瓦都是匠心独运，一锤一凿都是家国情怀。

著名园林学家、现代中国园林学开创者、奠基人陈从周说过："园林不在乎饰新，而在于保养；树木不在于添种，而在于休整。"吾园的精髓在体现养园的乐趣，而植被是构成园林景观的重要元素。树木不求成行列队，而是错落有致、层次分明。为了追求视觉上的壮观气派，吴小龙起初挑选了很多大树种，由于大树种成活率较低，他又改种小树种，很多都是价值不菲的名贵苗木。然而，"三分种植，七分养护"，只有精心养护管理才能保证种植苗木的成活率和良好生长，这些树苗在成长过程中日益杂乱无章，失去自然美、艺术美，吴小龙要求全部拔掉，重新栽种其他树种。

吴小龙曾感慨："天下的好料为我们所用，天下的名匠与我们同行。我们一定要做出顶级杰作面世，就是我们最终的目的、梦想。"他打造的不仅是一座城市地标建筑，还有建筑设计、施工者应该学习的对艺术和自然的敬畏和传承。

3 吾园是"跑"出来的

著名美籍华裔建筑师贝聿铭曾说："园林是一种立体的画，用建筑与植物共同构成的自然诗篇。"和艺术创作一样，推翻重来在园林建设中是常有的事，吾园的假山设计就是在反复考察中逐步完善，团队不断更新堆叠风格与山径设计，庭院设计和整体布局也在不断完善，其中至德堂的设计初稿与实际成品就大相径庭。走访全国各有特色的徽派建筑、苏州园林和岭南庭院之后，吴小龙及团队将原本朝向大门的设计调整为向东，小偏房改为古代庭院的小厢房，使园林整体动线设计更加流畅，各景点之间的串联更加自然。

至德堂

梅花亭

吾园有一座亭子，造型别致且与众不同。先看亭的顶部屋檐，像梅花的形状，再看亭子的柱子和栏杆，也是梅花的造型，往下看亭子的基座，亦是梅花的造型。实际上，以梅花作为亭的名字，全国各地都有。梅花亭最早出现在北京故宫宁寿宫，建于清乾隆三十七年（1772 年），因其形似梅花，构件以梅花纹装饰，又被称为碧螺梅花亭；而在苏州香雪海，亦有一座梅花亭，其出于吴中名匠姚承祖之手，整座亭外观也为五角梅花形状。吾园的梅花亭，整个亭子通体都是梅花形状，是园林建筑中既有传统又有创新的精品力作。

"坐而言，不如起而行"是吴小龙的处事风格。吾园的建造历程是一个充满了人与人之间相遇与碰撞的过程。"吾园不是造出来的，是跑出来的！"李志有感叹道，"没有跑遍全国，不可能找到这些名家，也不可能完成这些复杂工作。"吴小龙在四处探寻中结识了许多能工巧匠，他们不仅具备精湛的技艺，而且在理解吾园的文化意境上更胜一筹，"就连园林中的泥塑和雕花，都出自苏州、广东等地的顶级匠人之手。"

造园是一项系统工程，尽管匠人们在各自领域都胸有成竹、轻车熟路，但吴小龙在审美上的独特眼光，总会令他站在外行角度提出一些神来之笔的建议。吴小龙曾遇到一块柱状的太湖石，第一眼看到这块石头，他的视线就无法从它身上移开，仿佛这块石头正在诉说着前世今生。他尝试变换角度观赏，当石头倒立会呈现全然不同的形象，形如人身。后来，吴小龙将这尊奇石安放在方壶山的群石之上，塑石师傅凭经验将石头正着放，吴小龙坚持倒过来放，两人因此争论了好几个回合。最终，吴小龙成功说服对方，倒置过来的那一刻，石头仿佛"现了真身"，当人们变换角度，侧面看像玉立丰满的妙龄少女，正面看像风韵犹存的中年妇女，再挪动视角便呈现出一副佝偻驼背的垂垂老妪面貌，大自然的无穷造化带来无限遐想，令人叹为观止。

"方壶山"顶上的"玉女礼佛"

吾园在建设过程中遇到不少挑战，景观石的探寻、谈判与采购历尽千辛万苦。为了找到心仪的灵璧石，吴小龙多次带队自驾前往安徽省灵璧县，不断寻访、交流、考察。当他看到高达9.6米、形似紫云的灵璧石时喜出望外，不惜代价也要拥有。渔沟镇的冬夜寒风凛冽，晚上十点半，吴小龙正与卖家激烈谈判，包厢内的氛围热火朝天，门外的竞买者恨不得破门而入。吴小龙神情自若，满面笑容，一面安排下属手写合同与卖家签约，一面拿出现金作为定金当面交易。确认签字后，吴小龙与团队深感这灵璧石得来不易，"不打无准备、无把握之仗"，凡事先有定夺，就不会犯错误或后悔。

吾园镇园之宝紫云峰

吾园镇园之宝金蟾献宝

　　每次吴小龙和团队出差结束都会复盘，探讨荷叶边怎么卷才更加精细，瓦窗怎么排列才更具美感。通过不懈努力，吾园从设计图纸逐渐变成美丽风景。"跑"的背后隐喻着许多不确定性和极致追求。吴小龙曾说："跑的地方不多，你没有对比，是找不到好东西的。跑过的地方多了、看见的东西多了，自然能够分辨好坏。"李志有补充道："吾园的每一棵树木、每一块雕件，都是跑出来的。"

　　当一处奇石异树"落笔"，周边的"留白"便靠想象填补。就像绘制山水画里的主峰需要辅以树木、山脊等较轻的笔触以承托、补充，增强画面的空间感和层次感，爱好书法的吴小龙在造景上深刻体现了东方审美中"大巧若拙"的理念，其中最经典的便是"仙人足迹"的故事。

吾园"仙人足迹"

　　吾园有一块形状特殊的太湖石，吴小龙带团队在一次寻石过程中意外发现的。看到这块奇石，阅石无数的吴小龙第一时间捕捉到它的灵性。唐代诗人白居易曾留诗《太湖石》赞美道："烟翠三秋色，波涛万古痕。削成青玉片，截断碧云根。风气通岩穴，苔文护洞门。三峰具体小，应是华山孙。"吴小龙眼前这块石头表面凹凸不平，仿佛一双脚印留在地面上。于是，一个蓬莱仙境仙人下凡的故事在吴小龙脑海中浮现。

偓佺亭

先有奇石，然后想象出蓬莱仙境，才有了龙、亭，做了桥。正是这样的神来之笔，让"仙人足迹"成为吾园的经典之作，衍生出的故事也让人称奇：太上老君和太白金星在棋盘石对弈，走过"仙人桥"，前往蓬莱仙境。两位仙人在蓬莱仙境驻足良久，竟在仙人桥旁边留下深深的足印。旁边便是太上老君和太白金星休憩的偓佺亭，亭上有联：缥缈花香浮岛屿；葱茏佳气护蓬莱。偓佺亭东墙雕塑着一条英德石堆叠的长龙，全长 15 米，蜿蜒起伏，喷水吐雾，仿佛腾空而起，随时冲出照壁飞往蓬莱仙境。

蓬莱岛

　　吾园地势起伏不大，通过假山的布局呈现出一种"曲径通幽"的效果，为整个园林增添了几分深远意境，在山间点缀花草，能够使假山显得层次分明。假山堆叠是造园过程中最为耗时费力的部分，每一处景点背后都有无尽的心血与汗水。据统计，全园差不多用了 17 000 吨石头，最重的一块有 100 多吨，单是一块 65 吨的石头吊装就需要两台吊机协作，这样的石头在吾园有上百块。

吾园景色

　　为了堆叠出浑然天成的假山景观，吴小龙邀请了多位经验丰富的假山堆叠师傅，"你得考虑很多，比如怎么堆才能扛住地震、渗水的问题怎么解决。"为了做到既坚固又自然，吴小龙从苏州请来一位师傅，经过反复沟通商定后，最终决定用灌浆技术和混凝土处理方式，花了一年时间寻找支撑柱子的材料，完成重量级假山的堆叠。迄今为止，假山未见一丝裂缝。

　　除了石材，吾园的每一棵古树都经过精挑细选，为了寻找一棵形态优美的古树而奔赴千里之外是家常便饭。15 年间，吴小龙和团队通过无数次奔波与考察，实现了从传统到创新的跨越，不仅汲取了苏州园林的精华，还融入了岭南建筑的特色，使吾园成为兼具文化底蕴与现代美感的园林典范。正如吴小龙所说："勤能补拙，不跑不得。"

　　从设计到落地，吾园的诞生是一次集体智慧的结果，整个过程中吴小龙作为灵魂人物，凭借其精益求精的匠心和坚韧不拔的毅力，全情投入到吾园的建设过程中，他的执着与追求不仅感染了整个团队，也塑造了吾园的精神内核，使其更值得仔细斟酌。

吾园鸟瞰风光

4 为贵港留下一张名片

明代造园大师计成在《园冶》中提到"三分匠人，七分主人"，意指园林之美三分靠匠人、七分靠主人。每一座经典园林都不是一蹴而就、一劳永逸，需要一代人、数代人不断修缮养护，以修身养性的理念养园，唯沧海桑田历久弥新。正因如此，吴小龙对于"三分在造，七分靠养""十年造园，百年养林""造园难，养园更难"等说法深信不疑，营造中的吾园反映了他的胸中丘壑与人生境界，而流传下去的吾园关乎家族长盛不衰的精神图腾——吾园的价值在于传承。

在吴小龙点燃园林梦想之前，他已经对于家族传承、基业长青的问题深谋远虑。财富无法复制，精神终可传承。财富的意义不在于曾经拥有，而在于不断创造，通过精神滋养让财富流动起来并发挥更大价值。包括营造园林、书写传记、公益慈善在内，吴小龙一直为守护、传承家族精神财富殚精竭虑。他说："除了那些奇花异草、亭台楼阁之外，希望人们还能看到更多的历史内容和文化传承。"

至德堂正堂陈设空间

徽派建筑至德堂凝聚了吴小龙大量心血和情感。"至德"含至高无上的品德之意，凝结着吴氏家族代代相传的崇高精神。相传吴氏始祖吴太伯是吴国第一代君主，也是东吴文化的奠基人。他原是周部落长子，按传统应继承王位，但他将王位让给了更具贤能的弟弟，高风亮节感动荆蛮，无数人归附于他，太伯就在太湖流域重建国家，国号"句吴"。此后周部落经历两次动荡，吴太伯被众臣请求回归继位，但他始终坚持让位贤能。孔子在《论语》中称赞吴太伯为"至德"，评价其三让天下堪称古代典范。正气守德，代有传人。太伯第19世孙季札，人称延陵季子，是中国历史上唯一与孔子齐名的圣人，有"南季北孔"之誉。季札效仿太伯，也曾三让王位，是为"后三让"。为了让子孙后代传承先辈美德，至德堂正堂有一副对联："崇贤逊国圣贤赞至德；敬祖尊宗先祖佑儿孙。"

至德堂中堂陈设空间

至德堂中堂两侧用图画形式再现贵港旧八景，这是吴小龙厚植家乡情怀的生动体现，对这片土地上的历史人文爱得深沉、如数家珍。贵港是一座拥有两千多年历史的古郡新城。公元前214年，秦始皇征服南越，设桂林、象、南海三郡，其中桂林郡的行政中心设在布山县（今贵港市）。贵港旧八景包括小江紫水、思湾夜渡、南山米洞、北岭仙棋、铁巷朽榕、莲塘夜雨、西山方竹、东井渔歌，不仅代表了贵港的自然美景，还蕴含着丰富的历史文化内涵。这些独具特色的景点如"八仙过海，各显神通"，共同构成了贵港丰富的旅游资源和文化遗产。

怀橘堂是另一处传承贵港人文精神的建筑载体。怀橘堂源自《二十四孝》中"怀橘遗亲"的典故，东汉时期，年仅六岁的陆绩随父亲谒见袁术，将三颗橘子藏在怀中，临行拜别时橘子掉落，袁术疑惑不解，陆绩回答："母亲喜欢橘子，我想带回去给她尝。"怀橘堂两侧有联："修身尚义，仁风拂古道；积善孝亲，寸草报春晖。"对陆绩怀橘孝亲的传统美德给予高度赞扬。堂内的灰雕、雕花窗槛，尤其是与"二十四孝"相关的艺术创作，使此处不仅是一个景观建筑，更是一个活生生的文化课堂，沉浸式地传递孝道精神，讲述着关于孝顺、尊老、回报父母的故事。通过将现代的设计手法与传统美德结合，创造出一个充满历史感与情感的空间，让每一位游览者都能感受到传统精神的力量。

怀橘堂

　　怀橘堂前竖着一块"廉石"，源于"来时一船书，走时一船石"的廉洁故事。公元209年，陆绩到郁林（今贵港）任太守，环境恶劣，疫痢流行，江南人士到此任职形同流放，九死一生。陆绩为官多年，不但清正廉洁、素丝无染，而且爱惜民力、轻徭薄赋，深得百姓爱戴。公元217年，陆绩卸任，准备从海路返回吴郡，随身除了几箱书籍，再无他物。船夫高喊："出海的大帆船，吃水这么轻，怎么抵御大风大浪？"陆绩就差船夫找来一块巨石压舱，便是后来的"廉石"。陆绩在贵港清廉为官的故事千古流传，鼓励后人引贤为鉴、学古思今。

澄观阁展陈的镇园之宝红豆杉树抱石

  吾园既是一座古典园林，也是一座文化博物馆，彼此有机融合、相得益彰，使文物展示和园林保护都得到更好发挥。博物馆既展示了一座城市的文化底蕴，也承载着人类文明发展的光辉历程，以数不尽的艺术奇珍展现了历史的波澜壮阔，将城市两千年文明画卷徐徐展开。从古生物化石、珍贵神木到名家书画，不同主题的博物馆各美其美、美美与共，让人们生动感受到历史文明的博大精深。

撷秀楼一楼展厅的"鱼龙海百合化石"

"黑暗中的闪耀舞者"——硅锌矿展品

吾园博物馆历史最久远的藏品，当属展厅里一块长达6米多的鱼龙化石标本，头骨硕大，脖子长，嘴巴尖，骨干较短，虽被封存于化石之中却依然活灵活现。并不是所有生物死后都会形成化石，需要具备沉积环境和成岩环境、迅速掩埋甚至极端地质灾害等外力作用，才有可能成为化石，像这样体型巨大、保存完整的鱼龙化石，放在全球范围内也不多见。

在吾园楠木馆内卧着两树巨型楠木，表皮沧桑粗裂，纹理金丝交织。一树为金丝楠乌木（小叶桢楠），总长22米，直径1.9米，总重30吨，出产于四川达州。据碳14同位素检测，树龄约2 000多年，枯亡后深埋地下大约9914年至9665年，累计有12 000多年历史。古人云："家有乌木半方，胜过财宝一箱。"小叶桢楠乌木是大自然造就的稀世瑰宝，乃可遇而不可求之极品。另一树为金丝楠原木（小叶桢楠），总长15米，直径2.6米，总重23.6吨，树龄约2 000多年，生长于四川省海拔958米的大山深处，曾是方圆数百里老百姓祭拜的神树。金丝楠木是中国特有的珍贵木材，有"千年不腐，万年不朽"之誉，这两树楠木年代久远、稀世罕见，堪称"镇园之宝"。

楠木馆中的两根巨型金丝楠木

早在 1987 年，吴小龙就在经商之余尝试收藏，在全国各地收集奇石、字画，2016 年前后开始断断续续练习书法，学有所成，吾园中有些匾额、楹联就出自其手。经过多年坚持不懈的奔波、收集，吾园博物馆收藏的珍宝种类繁多，成果斐然：超 100 吨的奇石、珍贵的金丝楠木与阴沉木、树龄达 2 200 多年的红豆杉，以及数件上亿年的各类化石标本……吴小龙在介绍时不禁感慨："除了吾园，这里的藏品在别的博物馆都很少见。我们以这些瑰宝填补了贵港空白，也算是对地方、对社会做出了一点贡献吧！"

2024 年 9 月 10 日，建造吾园主要参与者合影

从 2008 年心怀梦想，到 2024 年 9 月 13 日对外开放试营业，吾园经历了 16 年艰苦卓绝的营建过程。开园之前，吴小龙专程将参与吾园设计、建设等过程的师傅们请到贵港，游园观景，抚今追昔，感慨万端，有些师傅年事已高，体力和精力不复往日，吾园已成收官之作。吴小龙招呼大家合影留念，致敬所有人共同的初心和匠心。"当初我就设想，这座园林至少要建十年，养园也得十年八年。我五十几岁开始做，七十岁才建成，我也算是大功告成、功成身退，"吴小龙说，"打造出这座优秀园林，此生无憾，倍感骄傲。为贵港留下一张名片，造福社会。"

吾园建成之后，苏州书法家钦瑞兴专文撰写《吾园记》，赞颂吴小龙建园的初心与匠心。这篇四百余字的短文被铭刻在紫云楼的大幅屏风之上，来往游人无不驻足，感兴吟诵：

郁林郡治，布山苍茫；贵港吾园，秀映郁江。

玉镶港北，丽出荷光。缀珠盖翠，隐黛留芳。

己丑运筹，甲辰竣工，鸠工庀材，处艰历辛，十载有余，功莫大焉。

纳苏州园林之美，精致典雅；融桂林山水之韵，奇秀清幽。

亭台轩榭布局自然，假山池沼配合生趣，花草树木映衬有致，近景远景层次渐深。

林木吐绿，泉石悟灵。曲廊蜿蜒，楼阁参差。雕梁焕彩，画栋飞翚。堂悬楹匾，文蕴馨远。壁镌书画，古意盎然。

尤喜老街旧石铺道，休闲如意，熏风散怀。

游览是园，看水泽春晖，留长夏幽梦，赏风岚秋硕，鉴宝华冬蕴，四季咸宜，身心愉悦。

园主吴君小龙，凤怀宏志，雅好园林，崇尚传统，不忘初心。彰祖上之懿德，扬先贤之遗风。起名吾园，以惠乡梓，匠心独运，殚精竭虑，毕十年功其一役，终成清品佳境益世瑰宝也。

古人联语云：胜地喜临江，万叠云山来缥缈；高情还爱石，一园花竹尽玲珑。吾园新构，怀泽增华。喜今之游者，怡然自乐；愿后之来者，思继其美。人人乐山乐水，处处宜居宜游。如此，则江山社稷黎民百姓幸甚矣。

《吾园记》既是鼓舞，也是鞭策。吴小龙淡忘诗情画意，唯知任重道远。他希望民族精神、家族精神能够一代传一代，每个人都能坚守上一辈的奋斗成果与精神追求。就像每一颗星星闪耀着各自的梦想，凝聚起来就是一道光。心中有光的人，终会光芒万丈。

第十二章
博雅公学：放不下的教育情怀

吴小龙不仅考虑办学的投资回报，更注重承担社会责任，推动城市发展更美好、帮助民众生活更幸福。一个人用教育改变下一代人的命运，一家企业用责任与创新助力一座城市的发展，这是吴小龙用赤诚之心正在书写的动人故事。

1 结缘均优：1+1>2

如果按照业务辐射范围来划分，中国企业大致分为两种类型：一种是从成立第一天起就做全国乃至全球生意，比如小米、阿里巴巴、字节跳动；另一种则是几十年只扎根一座城市、深耕一片区域、专注一个产业，小龙集团无疑属于后者。从区域经济发展和城镇化建设来看，中国需要一批世界 500 强企业，更需要成千上万个用心经营一座城市的小龙集团。

然而，对于贵港这样的五线城市而言，人口数量、消费能力终归有限，小龙集团完全靠房地产业很难做大规模，再加上受到房地产行业所处的产业周期、政策调控等影响，多元化发展成为必然选择。改革开放以来，住房、教育、医疗、养老不仅是老百姓最关心的四大问题，也是国家推行市场化改革的四大难题。

每一个社会问题背后都蕴藏着巨大的商业机会，小龙集团已经围绕"住房"奋斗拼搏了40年，最近几年，吴小龙一直在谋划进军教育、医疗、养老等产业，尤其对教育事业情有独钟。

"我心里始终没有放下教育情怀。"吴小龙说，"小龙集团创业之初，离不开贵港教育系统在工程建设方面的支持与帮助。除了捐资助学之外，我总觉得还应该为贵港的教育做些事。"

父亲曾经在教育系统工作多年，受其熏陶，吴小龙对子女教育非常重视，四个孩子陆续前往世界知名大学留学，学成归国各有成就，他也被朋友们誉为"企业家中的教育家"。孩子们求学岁月中的艰辛与付出，只有吴小龙与妻子心里最清楚。吴小龙不止一次提到过，贵港市初高中教育资源有限，孩子们只好去南宁的私立学校读书。每个周末，妻子往返300公里接送，而他常年驻扎在工地一线，并不总能及时返家团聚。他不希望贵港下一代学子继续遭受奔波之苦，更不希望家长重复因工作忙碌而不能陪伴在自己子女身边的遗憾。

投资教育产业的第一步是寻找优质教育资源。小龙集团四处寻觅合作伙伴之际，贵港市西江教育园区[1]内，上任不久的博雅公学校长章国顺正在为办学资金链即将断裂发愁。章国顺是浙江温州人，来到贵港办学之前担任北京均优教育研究院[2]副院长，曾在教育行政部门、一线学校等机构深耕二十多年，探索义务教育新课程改革，为打造独具特色的均优K12教育体系作出了卓越贡献。

---

[1]贵港市西江教育园区是位于市兴六高速与鲤鱼江夹角西南地块，被列为贵港市"百年大计、世纪伟业"的重大项目。一期工程用地7 968亩，规划引进院校10所，办学规模6.5万人，实现区域常住人口达11万。——来源：贵港市西江职业教育园区一期工程可行性研究报告获自治区发改委批复，中国贵港，2017年8月9日。

[2]2017年9月28日，陈长河发起的均优教育研究院成立。受教育主管部门委托对学校进行整体托管。学校所有事务，包括管理团队的聘用组建、学生招生、教师招聘、课程与教学管理等皆由均优负责。——来源：中国青年报，2020年9月28日。

2019 年末，为了"办好人民满意的教育"[1]，贵港市政府组织考察团前往北京，希望引进一所优质高中，以"鲇鱼效应"促进区域教育生态优化，均优被选中。2020 年初，博雅公学作为市政府重点招商引资项目入驻贵港市西江教育园区。在投资人的引荐下，章国顺来到贵港担任博雅公学校长，他踌躇满志地说："我们要帮助每一个孩子成就最好的自己。学校采用分层教学模式，开设才艺班，戏剧、美术、体育竞技应有尽有……"然而，由于投资人陷入资金链断裂的危机，章国顺孤立无援，有些心灰意冷。

机缘巧合，吴守西与章国顺相识，对他的教育理念非常认同，于是向吴小龙建议接手博雅公学。吴小龙认为，高品质民办教育在贵港一片空白，本地中等收入家庭对子女教育有更高期待：希望孩子优秀又不要过于内卷，想有好的成绩也要有好的身体——成绩出色、朝气蓬勃、多才多艺。博雅公学的教学理念与师资力量可以满足这些需求，也许能够让梦想照进现实。

2021 年 5 月 8 日，章国顺与博雅公学投资人等来到小龙集团，与吴小龙第一次面对面交流，章国顺用了将近两个小时阐述均优的理念与优势："博雅公学是政府重点招商项目，由北京均优教育研究院运营，与北大新世纪集团联合办学，背景实力深厚。我们的愿景与使命在于：办一所受人尊敬的学校，秉承'有教无类，适性扬才'的理念，帮助每一位学生成为最好的自己。我们的学生应做到'光明俊伟、包容独立'，成为自主学习、自律生活、自驱成长、自由思想、自信创新的人才。"

吴小龙认为，教育应该释放天性，启迪心灵，让每一个孩子茁壮成长。博雅公学的理念与他不谋而合，听取汇报时连连点头赞许。随后，与会者陆续问起先进理念如何在贵港落地、学生成绩能否提高等关键问题。章国顺回答，

---

[1] 贵港市教育提升三年行动计划实施方案（2018—2020 年）。——来源：贵港市人民政府门户网站，2018 年 7 月 26 日。

均优研究院成立以来，借鉴了北京十一学校[1]等名校的思路，改进了教学与管理框架。学校师资构成中，50% 来自 985、211 重点大学或具有硕士学历，还有北大、清华毕业的老师；学校实行选课走班制、小班化教学，构建分层、分类的课程体系，满足学生差异化的学习需求，以此实现成绩的快速提高。

吴小龙边听边思考：面前这位中年人衣着朴实，有着一张敦厚的国字脸，谈起教育神采飞扬，看得出他对教育有着发自内心的热爱，身后还有一家管理体系完备、教改经验丰富的教育机构提供资源支持。

"这就是我想请的校长，这就是我寻觅已久的优质教学资源。"吴小龙内心笃定，同意收购博雅公学。出于对契约精神的尊重，吴小龙对于原投资人与均优签署的协议内容全部确认，为双方合作开启良好局面。

2021 年 5 月 21 日，小龙集团与北京均优、贵港博雅公学合作办学签约仪式

[1] 北京市十一学校是一所公立中学，是北京市综合改革实验学校。2014 年，学校获得国家级教学成果特等奖，成为教育部向全国推出的基础教育改革典型，教育部破例首次将新闻发布会放在一所学校举行。——来源：中国网，2017 年 6 月 5 日。
2020 年 7 月，学校入选普通高中新课程新教材实施国家级"示范校"。——来源：中华人民共和国教育部，2020 年 7 月 18 日。

2021 年 5 月 21 日，小龙集团与北京均优教育研究院、贵港博雅公学在集团总部会议室举行合作办学签约仪式，北京均优教育研究院负责人陈道谷、贵港博雅公学校长章国顺等相关负责人，小龙集团创始人吴小龙、董事长吴玉经、总裁吴守西携决策委员会成员共同参加签约仪式。

在签约仪式上，吴小龙饱含深情地说："这次校企合作是小龙集团与博雅公学双方合作走向深入的具体表现，是我自 1993 年捐资百万设立教育奖励基金以来，再次与学校合作育人取得的新进展，也为小龙集团的多元化发展开辟了一种崭新的发展服务模式"。[1]

吴小龙对这次合作前景充满信心，博雅公学有专业的团队优势和优异的办学成绩，小龙集团有丰富的建设经验和广大的业主群体，双方合作一定会开启"1+1>2"的多赢局面。

2 要做难而正确的事

博雅公学是继吾园之后，吴小龙实施的另一项泽被后世的百年大计。

合作协议签订以后，小龙集团迅速摘牌拿地，动工建设新校区。博雅公学校址位于西江教育园区东南角，占地 200 亩，建筑面积 13 万平方米。在小龙集团投资之前，博雅公学没有自己的校区，章国顺带着高中部与初中部师生，临时租借贵港工业学院的校区上课。看着新校区热火朝天的建设场景，章国顺满怀欣慰。

按照办学流程，章国顺前往贵港市教育局申请办学资格证。谁知相关

---

[1]《不忘初心再办学，情系教育扬新帆》，广西资讯在线，2021 年 6 月 28 日。

部门刚公布新政策，义务教育阶段不再批准开办营利性民办学校。博雅公学递交申请时尚不知情，有惊无险地赶在政策执行最后一刻通过了贵港市教育局审批。2021年夏天，广西壮族自治区教育厅派工作人员到贵港核查办学资质情况，正在杭州过暑假的章国顺匆匆赶回学校。当调查人员看到校园环境优美、办学理念先进、师资力量雄厚，由衷感叹："小城市引进教育人才真不容易。"贵港市教育局多次与上级沟通并作出解释，这场风波才逐渐平息。事后，章国顺笑着对小龙集团高管说："博雅公学有这个命！"言外之意，得道多助，失道寡助。他经常说"要做难而正确的事"，民办教育注定荆棘载途，但教育事业一定会百花齐放。

贵港市西江教育园区被称为"贵港大学城"。在小龙集团拿地之前，广西贵港工业学院、贵港市电子科技职业技术学校、贵港市高级中学等院校已在园区落成。博雅公学选址此地，吴小龙信心十足："小龙集团建设过学校，创办过高品质幼儿园，家长有口皆碑。现在，从幼儿教育转向青少年教育，小龙集团教育产业的腾飞就从这块地开始。"

此时，博雅公学正在赶工建设高中部大楼，周边空地上只有黄土、树林和杂草，看起来略显荒凉。鲤鱼江的一条支流自北向南蜿蜒而过，半环绕着流经校区东南，河与湖的交汇令这片校园平添了几分灵气。一幢幢新楼将拔地而起，博雅公学高中部、初中部、小学部将陆续建成，河畔将荡起青春欢笑与琅琅书声。

学校教学楼

　　博雅公学的设计师来自香港，以"生态水亭"为主题规划草图，打造围合式、社群化的复合空间，打造学住一体的生态校园。章国顺认为，围合式布局便于形成有效的社群边界，增强师生的归属感和领域感。高中部、初中部、小学部的楼群各自独立、互不干扰；从宿舍到教室，从教室到操场，每段路程都经过精心安排，非常便捷；楼宇间连廊环绕，遇到雨季，学生上课、回宿舍都不必受风雨侵袭和影响。楼栋中心可以打造大片中心花园，一年四季充满花香与青草气息，学生可以在枝叶繁茂的大树下读书，在绿草如茵的草坪上嬉戏，尽享自然美景。

鸟瞰图

贵港博雅公学鸟瞰效果图

　　从建设投资角度来看，围合式布局土地利用率低，设计、建造成本远高于传统布局。博雅公学倡导"走班制""分层教学""赋能型空间"等理念，要求配备更多教室与多功能空间作为硬件支持，明显增加了成本预算。吴小龙毫不迟疑地签字支持，"既然要做教育，就要办成一所高品质的名校。"

　　小龙集团接手博雅公学之时，项目规划、建设已完成图纸设计，高中部大楼由原来签约的施工单位继续建设。吴小龙每个月到现场检查施工情况，原单位施工能力无法令他满意，出于对校园建设质量的高标准、严要求，在高中部大楼落成后，吴小龙不惜赔偿数百万元违约金也要提前结束承包合同，由小龙集团全面接手初中部、小学部等建设工作。此后，吴小龙不再现场检查、督促，他对自己的团队心中有数。

为了让校园尽快投入使用，小龙集团以同步建设、同步装修的"小龙速度"，以高起点定位、高层次推进、高质量建设为要求，全力推进校园各项基础设施建设。从 2022 年到 2024 年，小龙集团每年交付一组教学楼，高中部、初中部、小学部逐年投入使用。2024 年秋天，小学部如期开学，博雅公学 12 年一贯制的教育体系终于搭建完成。

两年前，高丽霞从青岛中学离职，来到贵港博雅公学担任小学部校长，大力引入融合课程体系，将传统的语文、数学课延伸至文化与数科两个方向进行融合，依据国家课程标准以及部编教材，形成一套别具特色的课程。小学部开学第一课主题是《我为什么上学》，引导孩子们熟悉学校的运行规则，了解学校的场所、功能，学习如何与同伴相处。老师还会在课堂上带孩子认识并管理自己的情绪，理解幸福的意义、探索数字的奥秘……参观者看到，二年级的学生在观察月相，三年级的学生在制作陶瓷，四年级的孩子尝试将手工作品商品化，五年级的孩子在讨论如何实现生命价值，不禁纷纷赞叹："这才是真正的素养教育！"

吴小龙多次称赞章国顺为"开荒牛"——短短四年时间，从无到有办起一所学校，并逐步得到各界认可。章国顺很开心，做这样的"开荒牛"，辛苦却很值得。走进全新落成的博雅公学，一座依托自然风景、绿色生态建设的校园映入眼帘。充满科技感的建筑和绿意盎然的自然环境和谐融合，大型国际比赛流行的蓝色跑道看上去令人身心愉悦，艺术中心、图书馆、报告厅、排球场、足球场（橄榄球场）、篮球场、网球场、多媒体教室等现代化设施一应俱全，气势恢宏的体育馆正在建设之中。从教学楼顶俯瞰，整个校园仿佛一艘停靠在宁静港湾里的航船，蓄势待发，随时准备扬帆远航，开启希望和梦想的远征。

设计者与建设者既考虑了校园的艺术性、审美性，又尽可能将功能性发挥到极致。食堂既可以用于学生就餐，还可以再举办活动作为小型会场；

体育场馆既能作篮球场、排球场，还可以作为文艺表演场所。传统的教室也被重新定义：既是学生的学习空间，也是老师的办公室，配备有学习用具、仪器设备和书籍。图书馆打破了以阅读、自习为主的传统使用功能的布局，特意建设了小咖啡厅，方便老师、学生交流沟通；馆内还专门设置的展览区域，有艺术特长的学生可以展示作品。章国顺认为，教育是一项系统工程，育人模式是一套体系，而不是碎片化的拼接与割裂，博雅公学将软硬件资源放在学生触手可及的地方，有利于实现实时学习、实时运动、实时交流。

小龙集团的优势是懂建筑、懂园林，把学校的硬件设施打造成一流水平，然后利用集团的影响力口口相传，充分展示博雅公学的教学实力与品牌形象。北京均优擅长学校运营，坚持高标准、严要求，以质量、诚信、服务的品质和高度做事情，有望办成贵港市乃至广西全区的民办教育标杆。吴小龙多次提醒吴守西，要尊重、关心博雅公学的老师和职员："我们始终坚持专业的人做专业的事情，小龙集团定位是战略投资者，不是具体运营者。"

吴小龙不仅考虑办学的投资回报，更注重承担社会责任，推动城市发展更美好、帮助民众生活更幸福。一个人用教育改变下一代人的命运，一家企业用责任与创新助力一座城市的发展，这是吴小龙用赤诚之心正在书写的动人故事。尽管困难重重，也许有人质疑，但他毫不动摇，内心激荡着一股倔强坚韧、舍我其谁的浩然之气。

3 无论如何，博雅优先

2022 年 1 月 20 日，贵港已大地回春，盎然生机在树枝、草尖萌动。

贵港博雅公学新校区即将投入使用，吴小龙专程来到学校植树，他熟练地将一棵小树苗栽到土坑里，细心地扶正，再一锹一锹添上泥土。章国顺站在一旁心生感慨，"十年树木，百年树人"，这是吴小龙以行动表达"立德树人"的美好愿望。

2022 年 1 月 20 日，吴小龙到贵港博雅公学植树

"有情怀不代表有能力，一行精不代表行行通。"吴小龙秉承"帮忙不添乱"的原则，让懂教育的人管教育，让教师拥有更多教学自主权，让学生拥有更多学习自主权。

他以诚待人，用人不疑，一切都写在脸上，对你满意或是不满意都能看得出来。他对章国顺说："你的人品我信得过，你的专业能服人，我每学期来看一次就够了。"包括吴小龙本人在内，小龙集团高管都不会出席市里或教育系统举办的会议、活动，也不干预日常管理事务，全权交给章国顺及团队。每个学期，吴小龙只抽一个上午去学校开会，听校长与管理层汇报工作，那种感觉更像聊家常。开完会连午饭都不吃就迅速离开，他不想给校方增添任何麻烦，临走前总会叮嘱："不要有那么大的压力，慢慢来！"

吴小龙的绝对信任令章国顺感动有加，也明白教育情怀的珍贵。身为校长，章国顺要引领学校的发展方向，更要抓好日常的教学落地：从常规工作到危机处理，从教师培养到运营招生，从媒体宣传到政府关系，每天忙得脚不沾地。他平时都住在校园，白天解决教务、教学难点，晚上巡视自习情况，确保校园安全，"学校没有大事，都是琐事，但这些小事对教育来说又都是大事。"

在贵港办学要接地气，否则水土不服。当地人对于优质教育的要求首先是成绩，如何让先进理念在贵港落地生根？如何让学生成绩进步且有更多兴趣爱好，健康、阳光地成长？章国顺认为，需要从制度与教研两方面发力。

"要平等地对待每一位学生，尊重学生的个性和差异，培养具有健全人格、创新潜质和实践能力的未来人才。"博雅公学每个月定期召开一次教职工会，进行理念宣导，通过结构调整、机制建设推行。章国顺借鉴均优体系中适合本地的管理资源，形成学校的治理框架。在班级管理制度上实行走班制与分层教学，克服了统一的课程无法照顾所有学生的弊端，学生可以根据学业水平与个人兴趣自主选课，形成流动的教学班，课堂上高效，成绩才会快速提高。全校每名学生都有一张独一无二的课表，这对于传统学校是颠覆性的改变。吴玉经第一次在博雅公学听到课间铃声响起，看见孩子们背着书包在走廊快步穿梭，不禁好奇："一天得走不少路吧？"章国顺笑着回答："至少一万步。"

走班的前提是构建丰富、多元的课程体系。博雅公学的课程体系由分层课程、分类课程、综合课程、特需课程四大类构成。分层课程针对数学、物理、化学、生物等难点更多的学科，仅数学就设置有三个不同层次。分类课程涵盖语文、英语、政治、历史、地理、技术、体育、艺术等学科，仅艺术就有戏剧、美术、乐器等十几个项目可供选择；体育课除了必上的基础体育，篮球、羽毛球及其他体育竞技项目都是可选科目。综合课程包括行为社团课程、职业考查课程、游学课程等；特需课程更关注个体的学习难点，在每天最后一节课安排答疑，为学生培优补弱。

学生走班对应的是老师居班。每一位老师都拥有自己的学科教室，学习区、研讨区、实验操作区、教师办公区融为一体，将教育资源放在离学生最近的地方。为了实现更好的教学效果，博雅公学采用"小班制"教学，每个班级定额30人左右，确保每一位学生都能被看见。另外，"导师制"与"包班制"打破了传统的班主任制度。在初中与高中阶段，学校实行导师制，由导师、咨询师和教育顾问合力培养学生，全面关注学生的人格特质、学业需求、心理状况以及家庭背景等，提供个性化支持。在小学阶段，学校实行"包班制"，也称为"双班主任制"，每间教室配备两位老师，一位语言方向，一位数理方向，共同完成融合课程的指导授课，协调各种资源，为孩子的成长负责。

在学校治理方面，博雅公学推行扁平化管理，以扁平、放权、服务为三大特色，建立服务导向、师生导向的扁平化结构。学校取消了传统的副校级分管制，把处于教学核心的年级主任、学科主任推上管理层，财务、教务、人力资源等非教学部门从管理者转变为服务者，给予一线教师有力的后台支持，并制定必要的规范。减少层级、拆减部门，各部门都能够快速响应师生在教育教学方面的需求。

师资队伍建设是学校的核心工程。建校之初，均优向博雅公学输送了多名优秀的核心管理人员。在共同理想感召下，优秀教师从全国各地奔赴而来，其中既有教学经验丰富的名师，也有毕业于清华大学、浙江大学、北京师范大学、华中师范大学等重点大学的新锐教师。在专任教师中，985、211重点大学或硕士学历的教师达到50%以上，师生比控制在1∶9，这样的师资力量在整个广西都名列前茅。一线教学老师倍受尊重与信任，他们可以自主决定购买哪些书籍、教具，享有一定的财务自主权；每学期享有两次专题培训机会，还可以参加专为教职工举办的兴趣班，发展个人爱好……关爱与尊重增强了团队凝聚力，让来自五湖四海的优秀师资汇聚于此，培桃育李。

放权不等于放任，吴小龙经常在集团高管会上强调："无论如何，博雅优先！"小龙集团投资建设博雅公学这几年，新冠疫情持续三年与房地产行业深陷泥潭的双重危机叠加，企业经营面临前所未有的巨大压力。吴小龙说："怎么会没有困难？那也要想办法。学校一旦资金支持不足，人心动摇，对学生的成长也会有影响。公司再难，学校的事情要放在优先位置。"过去几年，博雅公学也探讨过是否要降低标准、扩大规模。吴小龙左思右想后一锤定音："标准不能降，我们咬咬牙挺过这两年。"每每提及，章国顺都感佩不已。得此支持，夫复何求？

博雅公学建成投入使用以后，学校缺少后勤人员，小龙集团派出专业的物业服务团队，以"七心"标准做好后勤保障工作。2022年夏末，贵港突降大雨，美丽的校园一夜之间淹成"泽国"。第二天就是学生报名日，小龙集团连夜抽调四五十名保洁人员前往学校，经过一夜奋战抢工，赶在上午九点之前将校园打扫得干净整洁，根本看不出暴雨侵袭的踪迹，为来访家长留下了良好的第一印象。

随着初中部、小学部陆续建成，博雅公学面向贵港市招收小学、初一、高一新生及高考复读生，招生压力陡然增大。学校老师几乎都来自外地，人生地不熟，招生工作难以开展。小龙集团迅速组建招生小队，与市政府主管部门沟通招生政策，申请电信部门开通 4 个招生专用电话，方便与家长直接联络。在集团物业电梯、官方公众号平台、业主群里，学校招生广告不断刷屏……一系列"组合拳"操作之后，招生难题得到明显改善。2021 年博雅公学在校生不过 150 人，到 2024 年秋季已接近 1200 人。

小龙集团的鼎力支持令章国顺倍觉欣慰，却从未放松肩头的重担，他深知民营企业投资教育何其不易。在为数不多的工作汇报中，除了继续呕心沥血提升教育质量之外，他还会表达早日实现盈亏平衡的心愿。吴小龙面露微笑，言辞恳切地为他减压："我们都知道办学很困难，都很支持你把学校办好。一个人尽最大努力把事情做好，就可以了！"

4 用教育唤醒灵魂

德国哲学家卡尔·西奥多·雅斯贝尔斯说过："教育的本质意味着，一棵树摇动另一棵树，一朵云推动另一朵云，一个灵魂唤醒另一个灵魂。"章国顺将这段话铭记于心，他认为教育的前提是构建良好关系，每一位教师充分尊重学生作为个体的尊严，关注个性化、差异化需求，引导他们规划目标、实现目标、获得更多成就感，带给学生平等、自由、独立的精神。"这一代孩子个性差异大，未来不再局限于一个赛道。"

在教学关系中，教师是主导，学生是主体，学生们在教师的引导之下，自己规划学习安排和时间，主动性得到了极大的激发。一位从山西转学就读的学生家长曾担心，语言、饮食、气候，每一项对于年幼的孩子都是考验。然而，"博雅这样宽松自由、给孩子足够安全感的校园，让小小的他打开心扉，原本有点怯懦的小孩变得开朗了。如今，他热爱阅读、英语、美术和足球，每一门课程都让他兴致勃勃。"有个学生从高一入校就展示出明显的美术天分，老师发现后悉心指导，原本美术零基础的学生发挥特长，高考以优异成绩考上中央美术学院，进入顶尖学府开启新的人生。

博雅公学真正做到了"以学生为中心"，通过塑造赋能环境，提供丰富的、可选择性的课程和社会生活体验。教室除了教学与交流之外，更能近距离地触摸到学科的本质。在物理教室，仪器整齐地摆放在一侧，学生们可以学习理论的同时亲手做实验；在生物教室，学生们可以给花浇水，观察鱼虫生长的过程；在每个教室里，都准备了大量的图书，每天20分钟阅读课，全校学生一起读书，以实现海量阅读……

"课改"在博雅公学不只是行动口号。学生通过"选课走班"实现"适性扬才"，找到最适合自己的发展路径——文化课提升学业水平，艺体技的选修课发展兴趣爱好，学生们可以在实践活动中展现自我的风采。一位初二的学生说："在学校各种大型活动中，忙碌的工作人员几乎都是可爱的学生们。我们的想法可以由自己来落实，在一次次的实践活动中，能力得到逐步提升"。

教育应是一个温和而持久的过程，博雅公学从不会以生硬的校规约束学生，而是让学生了解行为与后果之间的因果关系，培养他们对规则的敬畏感。通过学生会、社团等活动，博雅公学重点引导、培养学生的自主管理能力。同时，教师鼓励学生勇敢试错，学校曾策划"版画失败作品展"，那些因墨迹过重、纸张颗粒过粗等原因造成的失败作品，都在用不完美来告诉学生：历经失败就是学习的过程，完美作品并非唯一追求，对课程的探索才是学习的真谛，以此培养学生无畏挫折的求知精神。

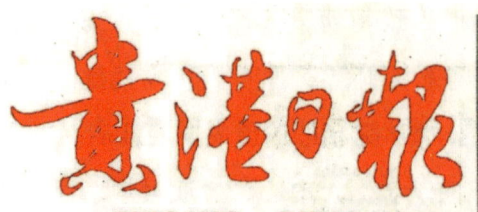

贵港日报

GUIGANG RIBAO

贵港日报社出版　国内统一刊号：CN 45-0013

2020年7月
23
星期四
庚子年六月初三
第8822期
（总第9336期）
今日8版

贵港博雅公学：倾力办一所"学生第一"的学校

贵港博雅公学是市政府重点招商引资项目，坐落于贵港西江教育园区。学校对标京城名校办学模式，致力于打造广西新高考示范校，2020年秋季开始招收新高一。近来，贵港博雅公学引起家长们广泛关注。选课走班、导师制、小班化、一生一课表等新名词，看起来跟我们印象中的学校有些不一样。这到底是一所怎样的学校？

日前，记者（以下简称"记"）专访了这所学校的总校长章国顺老师（以下简称"章"），听他描绘心目中的好学校。

记：章校长您好，我们的读者对贵港博雅公学很感兴趣，也有很多疑问。我们先从家长们最挺心的"选课走班"聊起吧。它跟我们以前的那种行政班有什么不同？

章：简单地说，行政班是几个学生在一个固定的教室里和不同的老师上课。尽管班级内学生水平不一，但老师讲授的内容基本相同，势必会出现吃不饱和消化不了的现象。即使教师有心照顾每一位学生，但班级人数多、学生差异大等因素，教师很难照顾每个学生，大多数学生在课堂上得不到相应的成长。

而"选课走班"则是老师根据每位学生，学生根据自己的兴趣愿望，学业水平和学习能力选择适合自身发展的课程。不同科目或同科目不同层次课程的学生要去不同的班级上课，这样组成的是一个个流动的教学班。同一教学班级的学生志趣相投，水平相当，他们有适切的课程目标和学习资源，有志同道合的学习伙伴，合作探究、互为启发、共同成长。

实施选课走班的前提，是要有一个丰富、多元、可选择的课程体系。经过多年实践，我们构建了分层、分类、综合、特需的课程体系。对数学、物理、化学、生物等科目，我们根据学生的学习基础、思维水平和个人未来发展方向，将课程进行分层设计。以数学为例，学校设置了数学Ⅰ、数学Ⅱ、数学Ⅲ三个层次的课程，分别适合未来不同发展方向的学生。未来从事人文社科领域的学生，学习数学Ⅰ就完全可以应对高考；而未来从事理工类、数理统计、精算方向的学生，则要选择数学Ⅲ才能进入大学的学习打下良好的基础。不同层次的课程学习方式也不同，数学Ⅲ课程要求学生有较强的自学能力，课堂会给学生更多的自主学习空间。对语文、英语、政治、历史、地理、技术、体育、艺术这些学科，则依据内容和考试类型进行分类。学生可以根据自己的兴趣爱好，结合高考选考科目自主选择。综合课程包括分层为规范课程、社团课程、PBL项目课程、职业考察课程、游学课程等；而特需课程则为以满足学生的特殊需求，充分给每一个孩子个成长和发展的空间。

在我们学校，每一位学生都拥有"私人订制"的课程表。每一位老师都拥有自己的学科教室。学科教室与传统教室不同，我们把学习区、研讨区、实验操作区和教师办公区融通为一体，将教育资源放在了离学生最近的地方，在学科教室里落实核心素养，实现空间赋能教育。

记：听起来是个庞杂、系统的工程，对老师的挑战很大。学校对师资的要求跟以往很大不同吧？

章：这主要与我们对教育的思考有关。

教育的本义是发展人、完善人。现在许多孩子的学习动力不足，究其原因，一是学校课程缺乏选择性，学生每天不上学校生活，却找不到适合自己的课程，久而久之学生对课程和学习缺乏兴趣；二是对自己的人生缺少规划，人没有目标和方向，自然缺乏前行的动力。因此，帮助学生建立动力系统，将是我们很大的着力点。

另外，广西2020年就要进入新高考，新高考改革最大的变化是学生在选考科目之前有了更多的选择权，文理或理综的两种选择过渡到12种以上不同的高考科目选择组合。这让选课走班成为必然。

记：有的家长担心，孩子不知如何选课，选的课程可能并不适合自己，那我们学校对此有什么措施吗？

章：这完全不用担心。我们给每位学生安排导师，负责学生的学业辅导、心理疏导和生涯指导。学校也有专门的选课指导、课程体系和课程诊断，帮助学生逐渐清晰自己的兴趣、能力取向和发展目标，确保每一位学生都能够找到适合自己的课程。在学习过程中，每个学期都有调整诊断，给学生更充分的选择权。

我更想表达这样一个观点：选择是学生未来必备的一种能力。未来，处处充满机遇充满选择，他们必须学会选择。"选择比天赋更重要"。他们面临机遇都要不断追问自己，给自己个恰当的理由和，将每一次的课程选择与自己的学习目标、职业规划等联系在一起，为自己的未来人生负责。这样的经历，是一笔难得的人生财富。

记：学生在学校里有了更多的选择机会，也有了更多自主支配的时间和空间，是否会出现"一放就乱"的情况？

章：学校是允许学生犯错的地方。我们必须给学生时间、空间，让问题暴露出来，这样我们才能抓住教育契机，才能做真正的"真"的教育，才能帮助孩子成长。

从高校把学生送出去的孩子，当他进了大学、步入社会，没有了高度的管控后，极易出现不会管理自己。遇到问题不知如何解决，甚至会出现自我放纵和自我放弃。我们希望让孩子在自由的空间里慢慢学会自我管理、自我规划。让他们懂得有自律才有自由，有自由才有责任。更重要的是，让他们在自由的成长空间里，为自我的成长负责。

我们学校是不会用一种统一的模式去管理所有学生。而是针对一个一个学生进行管理。通过理性评价，以及导师、咨询师、学科老师对他们的关注和陪伴，帮助学生生长出自我管理的能力。

记：有动力、有目标、会自主、能自律，这样的孩子的确是走出人就，但在目前的考试招生制度下，去到底这是很无法高考成绩。贵港博雅公学会把高考成绩作为办学目标吗？

章：我们不回避升学率的问题，为此要做了充分的准备。除了课程建构以外，我们还实行小班化教学。每个教学班不超过30人，师生比为1:8，有清华、北大毕业的老师，85%来自985/211重点大学、50%以上硕士学历，是一批优秀老师。加之学校又有一套完善的激励机制，肯定能引领并推选出一批优秀的学子。而且，学校管理团队来自浙江、北京、山东等新高考先行省份，经验丰富，有信心、有能力帮助学生赢得高考。

但学校也不以升学为唯一目标，我们要学生能决胜高考，更能决胜未来。新高考的命题方式发生了极大的变化，过去单纯以传授知识为目的的教学已经不能适应3年后的考试。新的考试命题不再是考"解题"，而是去考如何"解决问题"，考查的是思想和思想。而我们学校的课堂，就是这样建构的，相信孩子们3年的学习经历足够给他们以从容赢得高考的勇气。

我们一直遵循一个信念：把成绩当做教学过程的自然结果，把成长当做教育过程的终极追求。我们更要的生长搭建新的成长平台，让他们自我认知、自我唤醒、自我发现，成为与众不同的自己，活出生活之河而奔无忧的。

记：最后，能否请您给我们的家长们描绘一下未来的贵港博雅公学？您心目中的理想学校是什么样子？

章：我认为，一所好学校，首先要在教育价值观上站稳站立场。贵港博雅公学坚定地将"学生第一"作为学校的"最优先价值"。我们会聚集所有可能的资源，努力满足每一位学生的成长需求，尽最大努力去实现教育的个别化和个性化。

在学校治理方面，我们会把"人"置于组织的核心位置，通过各种机制和制度，去激励校园中的每一个人。

在组织结构方面，我们将建立"服务导向""师生导向"的扁平化结构，克服层层叠过多、信息不畅、低级而重复的弊端，以快速响应师生和教育的的的需求。

在课程方面，要构建能门槛、可选择的课程体系，帮助每一个学生打造学习动力系统，让学生在选择中发现自己，慢慢成为独一无二的自己。

在学校文化方面，要创建"看得见的平等"。"教育首先是关系学"，良好的师生关系会给孩子营造一种安全，让孩子们能内心愁然地在学校的任何场合敢于表达和表现自己，让孩子对未来的时候，他永远有着深度的好奇和无限的勇气。

记：期待您的理想早日在贵港成为现实。

章：谢谢您！我们非常乐意将我们所探索中的经验与贵港的教育同行分享。我们期待，大家携手合作，为贵港教育的发展做出各自应有的贡献，贵港教育的明天一定会更美好！

《贵港日报》发表关于贵港博雅公学报道

博雅公学在教学方面的持续探索，获得了来自政府、同行与社会的认可。2020年7月23日，贵港日报社拿出一个整版，发表了标题为《贵港博雅公学倾力办一所"学生第一"的学校》的报道，详细介绍学校的教学理念与管理方法。章国顺在采访中表示，坚定地将"学生第一"视为学校的"最优先价值"，聚集所有可能的资源，努力满足每一位学生的成长需求，尽最大努力实现教育的个别化和个性化。2021年11月，贵港市高中新课程标准培训活动在博雅公学举行，9位博雅公学资深教师主讲，对全市1800多名高中教师进行培训，博雅公学的教育理念和实践经验被推广到全市教育系统。2022年夏天，贵港市高级中学校长带着60多名教师到博雅公学听课。参观完校园建设与硬件设施以后，他们在课堂上实地感受全新的教学理念，整个过程都止不住交口称赞。博雅公学曾派优秀老师到贵港市高级中学上课，帮他们培养素质、提高成绩。贵港市高级中学是百年名校，对博雅公学如此认可，章国顺热烈欢迎。除了贵港高级中学、覃塘高中、达开实验小学、达开中学等本市学校之外，还有参观考察团从南宁、北京、温州、长春、四川、河南等地跨越数千里慕名而来。

博雅公学没有辜负社会各界的关心和支持。办校以来，章国顺一直强调"赢得高考，但不惟分数"的教学准则，相信素质教育与追求成绩并不矛盾。2023年6月，博雅公学的莘莘学子迎来首届高考，因成绩优异受到贵港市教育局表彰，荣获贵港市普通高中教学质量提升一等奖。2024年高考，博雅公学再创佳绩，600分以上学生人数占比8.5%，特控线（一本线）上线率37%，本科上线率94%；其中，中考入口总成绩为A且各科组合6A及以上的学生，特控线（一本线）上线率79%，本科上线率100%。

从没有轻易实现的梦想，更没有唾手可得的成就。经营好小龙集团、发展好博雅公学，让旗下企业更强大是吴小龙的本分，让人们的生活更美好是他的愿望。为企业、为贵港、为国家，他会尽一切努力发展好教育事业。

吴小龙深知，教育事业是百年大计，博雅公学将来要进入广西民办学校第一梯队。他不能要求快速实现盈亏平衡，只要学校办学质量好，办学口碑好，老百姓认可，就心满意足。

自20世纪90年代中期开始，地产企业办教育蔚然成风，"地产＋教育"模式由南向北成为潮流。"冠名办学""挂牌办学"等傍名校、引名校、办名校的办学方式层出不穷。然而，水涨船高的房价、有名无实的"名校"，已经证明"地产＋教育"之路行不通。作为新进入的探索者与开拓者，小龙集团以服务学生、造福百姓为使命，以更务实、更纯粹、更专业、更长久的理念投资博雅公学，开启了下一个四十年的新征程。然而，小龙集团能否逃出地产企业办不好教育的"魔咒"？吴小龙能否开辟出一条民营企业办教育的新模式？尽管现在进行总结、评论还为时尚早，但从小龙集团的投资理念与博雅公学的教学变革来看，他们经过四五年的实践，以"让地产的归地产，让教育的归教育"的理念开创出一套新模式，初步形成可供参考的几点经验：

第一，以"造血"的标准"输血"。教育产业投资大、周期长、经营难、门槛高，尽管小龙集团基本完成投资与建设，但是任何投资必须遵循产业规律，博雅公学需要尽快走上健康、稳定、可持续发展的轨道。

第二，走差异化、精英化路线。民办教育要与公办教育共同发展，但核心定位在于"有益补充"。小龙集团秉承诚信和质量理念，打造高标准、现代化、花园式民办学校，为贵港的教育生态带来焕然一新的积极变化。

第三，专业的人做专业的事。小龙集团在贵港具备广泛社会资源，在办学初期的项目审批、校园建设、招生推广等方面具有优势。但是，小龙集团始终将学校运营权交给北京均优，充分尊重教育者的意见和理念。

第四，诚信办学，坚守品质。办学切忌好大喜功、追求规模。创办现代化教育的标杆学校既是现实所需，也是未来趋势。章国顺很重视建立一套规范、标准、科学的运营流程与管理制度，不因追求学生数量、营收指标而降低办学品质。

第五，承担社会责任。教育具有公共性、社会性，办学要有争创一流、放眼百年的胸怀，要始终把信誉和口碑放在第一位。吴小龙将小龙集团的资金、人才、物业等资源优先倾斜于博雅公学，举全集团之力发展教育事业，可见其重视程度与成事决心。

如果将视野放得更长远、更宽广一些，我们更能感受到博雅公学的时代意义。近百年以降，情系教育、办学兴邦是每一代有良知、有责任感的实业家前赴后继的使命，晚清状元张謇、爱国华侨陈嘉庚，当代企业家李嘉诚、田家炳等都曾掀起办学热潮。在浩浩荡荡的城市建设与教育发展的大潮中，小龙集团为实现城市美好与教育振兴的探索和奋斗值得尊敬，以公益心态、商业手法解决教育问题的模式值得探索。可以说，从吴小龙决定投资博雅公学那一刻起，小龙集团就被赋予超越时间的经典意义。

第十三章
爱国之心、慈善之光、商道之本

公益慈善就像 DNA 一样融入了吴小龙的骨血，贵港市工商联主席的身份赋予他一种敢于担当的力量，以履行社会责任来发展经济、改善民生，已经成为吴小龙所凝聚的这一群民营企业家共同的奋斗目标。

1 善和爱是人生底色

一位企业家的历史分量，不在于财富、名望与权力，而是为社会留下了什么。吴小龙以善和爱书写"小龙大义"，让人们感受到慈善与公益的力量，看到希望与美好。

尽管吴小龙接受官方和民间诸多"乐善好施"的评价，但并不沽名钓誉。聊起慈善捐赠的诸多往事，他总是轻描淡写地一语带过，蕴含着"深藏身与名"的意味；问起多年来的捐款总额，办公室人员表示还需专门统计，他却摆手笑言"没有必要"。吴守西以一件趣事举例，有一次集团组织到广西百色参加活动，偶然发现一块感谢扶贫企业的铭牌上"小龙集团"赫然在列，众人惊喜得满脸自豪，因为此前并未听吴小

2018 年，小龙集团党支部到百色纪念馆等红色教育基地开展"七一"活动

　　既然吴小龙不好意思自吹自擂讲述自己做的好人好事，我们就从官方媒体、公司档案、高管访谈中查找脉络与细节，在冗长的名单、枯燥的数据和程式化表达中勾勒出吴小龙的公益慈善轨迹，找到他的义利观、价值观背后的人生底色。

　　如果说商业文明进程影响了社会发展速度，那么教育发展水平则决定着人类前进方向。吴小龙是一位情系家国、心向未来的企业家，从很早就关注贫困家庭、落后地区的教育问题，提供源源不断的支持和帮助，1993年捐资百万成立的"贵港市吴小龙教育奖励基金"，刷新了广西私人设立教育基金会的记录。据广西官方媒体广西新闻网不完全统计，截至2006

年底，吴小龙仅资助教育事业的捐款已超过 500 万元。[1]

覃伟康穿透文字和数据，讲述他了解到的两件真人真事。有一天，吴小龙在电视新闻中看到，桂平市有一户残障家庭，父母均有一定程度的精神疾病，生下四个小孩，两个因为精神问题无法上学，另外两个健康孩子因为家贫上不起学。少年时想读书却没有条件一直是吴小龙内心的隐痛，于是，他前往这户人家实地走访，看到凌乱不堪、四壁皆徒的状况，当即表示："这两个孩子今后上学的事情我管定了。不但小学、中学要管，以后上大学也要管。只要他们肯读书，我就愿意管！"贵港岜安小学只有几间教室，面积狭窄，墙壁龟裂，由一根木头支撑的顶棚摇摇欲坠。教室连黑板都没有，只能用遮窗户的木板替代，"写在上面的字太小了，孩子就算戴眼镜也未必看得清晰。"吴小龙现场考察时于心不忍，当即捐款 10 万元，又拿出 5000 元解决黑板问题。贵港市政府也高度关注此事，最终在政府主导、工商联配合、社会多方协同下，岜安小学危房改建问题得以解决，一座崭新的三层教学楼拔地而起。

吴小龙对公益慈善事业的奉献，不仅被员工看见、受益人看见，还得到了国家和社会层面的表彰与鼓励。40 年来助人为乐、扶贫济困、回报社会，吴小龙的办公室书柜中、抽屉里塞满了各种荣誉：优秀中国特色社会主义事业建设者、全国抗洪救灾先进个人、残疾人事业先进个人、广西光彩之星、广西优秀社会主义建设者、广西抗洪救灾先进个人等，获奖无数，荣誉等身。

---

[1] 广西新闻网，《吴小龙同志主要先进事迹》，2008 年 5 月 21 日，https://v.gxnews.com.cn/a/1493306。

1994 年 10 月，吴小龙荣获 1994 年抗洪救灾先进个人光荣称号

2006 年 12 月，吴小龙被评为优秀中国特色社会主义事业建设者

2009 年 5 月，吴小龙荣获"自治区助人为乐模范"

珍视荣誉，却看淡名利。"浮名底须求，求之亦何补。我见贪名人，名成隔千古。"[1]吴小龙深谙这首诗传达的朴素哲理，不擅长将热心公益总结为社会责任、使命担当，避免有追名逐利的嫌疑，而往往说成是与生俱来的本色，善是本能、爱出于心，他说："我从小就喜欢做好事，做好事是一种享受。施恩不图报，图报不施恩。做好事分很多种，有出钱的、有出力的，也有心里做好事的。"

少年时，吴小龙走在路上，见到有人挑着沉重的担子，不管认不认识，他都会走上前去说句"我帮你挑一段"的热心话，并执意帮忙挑一段路；死者入棺，无人敢上，他从不忌讳，先后为别的家庭抱过 30 多名死者入殓；

---

[1] 引自宋·宋自逊《田家谣》。

儿童落水，无人敢下，他毅然拨开看热闹的人群，纵身跳入激流，奋力救人上岸，成为多名孩子的救命恩人……如泰戈尔所言："世界以痛吻我，我却报之以歌。"善与爱是吴小龙在少年成长中最稀缺的珍贵情感，他却以此二者滋养终身。当做好事成为一种习惯，人生将变得丰盈而厚重。

随着公益慈善的名声越来越大，吴小龙遭遇了各种麻烦和困扰，说起来有些哭笑不得。吴小龙曾收到一封信，对方自称当地某帮派的帮主，需要他"资助"15万元，并留下银行账户，最后还留下一句："黑社会人物做事，你应该是知道的。"一位"制毒高手"要钱的理由更明目张胆，"做了白日梦，需要50万"，他威胁已经给吴小龙下了毒，如果不按照约定的时间和地点交钱，就"拿不到解药"。像这种包含无稽之谈的恐吓信、敲诈故事还有很多，吴小龙都不予理会，初心不改，旧事重提时就像讲笑话般忍俊不禁。他白手起家、艰苦创业，带领企业不断发展壮大，就是希望在更大平台以更高站位帮助更多人摆脱困境，实现人生价值。

2020年10月13日，小龙集团总部举行扶贫济困捐赠仪式，小龙集团向港北区政府捐赠

扶贫资金200万元

2021 年 3 月 26 日，市委市政府举办"千企联千村，建设新农村"启动仪式，小龙集团捐赠 300 万元，吴玉经作代表举牌

　　"消除贫困是人类的共同使命"，也是有史以来的世界公认难题。2012 年 11 月，党的十八大提出到 2020 年全面建成小康社会的奋斗目标，最艰巨的任务就是脱贫攻坚。吴小龙认为，这是小龙集团必须参与的事情，应该积极响应，2013 年以来向 23 个村镇捐资捐物达 486 万元，开展精准扶贫工作。其中，在 2020 年 10 月 13 日举行的扶贫攻坚捐赠仪式上，小龙集团向港北区政府捐赠扶贫资金 200 万元。2021 年，脱贫攻坚取得胜利后，继续全面推进乡村振兴，贵港市启动"千企联千村，共建新农村"活动。小龙集团先后为助力乡村振兴捐赠 550 万元，直接结对捐助的村落就有 7 个，用于完善路灯、篮球场、舞台等基础设施，提升村民的生活品质，共同建设美丽乡村。吴小龙表示："民族要复兴，乡村必振兴。积极承担社会责任，助力提高乡村发展能力，带动群众增收致富，把乡村振兴作为投资创业、回馈社会的大舞台，这是作为一名企业家应尽的责任和义务。"

"全区脱贫攻坚先进个人"颁奖典礼现场

2021 年 4 月，吴玉经荣获全区脱贫攻坚先进个人

由于在脱贫攻坚与乡村振兴中贡献突出，2021 年 6 月，吴玉经荣获广西壮族自治区委员会、广西壮族自治区人民政府授予的"全区脱贫攻坚先进个人"荣誉称号。2023 年 1 月，小龙集团荣获贵港市统一战线助力乡村振兴"先进单位"称号和 2023 年度广西"万企兴万村"行动先进民营企业（商会）殊荣。

2023 年 12 月 26 日，小龙集团荣获 2023 年度广西"万企兴万村"行动先进民营企业

我们叙述吴小龙捐资助学、扶危救困的善举并非为了歌功颂德，而是希望探讨企业家做公益慈善与企业基业长青之间的关系和意义。吴小龙与生俱来的善良与爱心，他对事业的赤诚之心、对社会的公益之心始终未变，这与小龙集团的使命、价值观有关，与企业文化、企业家精神紧密相连。企业要用爱心真正去关心别人、关心社会、关心世界，将个人利益、企业利益融入社会整体利益之中，才能得到社会的信任与尊重，才会走得久、

走得好，走向未来。

公益慈善是唤醒初心、释放潜能的有效方式，这并非好大喜功的虚妄之举，也不是审时度势的投机行为，而是一家企业置身于国家、民族未来以思考自身前途命运的高瞻远瞩。包括小龙集团在内的许多优秀企业，创业的机遇与动力并非传统的经济利益最大化，而是要解决社会问题、满足民众需求，靠梦想激励、文化驱动，引领企业发展。可以说，公益慈善意味着责任与担当，企业家热衷投身于此，就是在以超越利润之上的境界和追求，从优秀走向卓越。

2 感恩为本，商道为公

社会是企业家施展才华的舞台。企业家的责任能力与事业成就成正比，你能承担多大责任，社会才会给多大舞台。企业家是企业的领导者，是社会的精英群体，在处理个人与社会的关系时，要时刻把履行社会责任扛在肩上。

21世纪初，随着"非公有制经济是社会主义市场经济的重要组成部分"不断得以强调、推动，民营企业家的政治地位显著提高。2003年全国两会期间，来自非公经济的代表、委员有100多位，数量之多前所未见。民营企业家渴望得到社会的理解和认同，参政议政意愿更加强烈，他们以日渐重要的经济影响力，成为备受社会各界瞩目的新焦点。

中国共产党
贵港市委员会

贵委会[2005]5 号

中共贵港市委员会关于贵港市工商业联合会
第二届执行委员会会长选举结果的批复

中共贵港市工商业联合会党组：

市委同意贵港市工商业联合会第二届执行委员会第二次

会议选举结果：

吴小龙同志为贵港市工商业联合会第二届执行委员会会

长。

此复

(此页无正文)

中共贵港市委员会

2005 年 1 月 26 日

主题词：市工商联　　会长　　选举结果　吴小龙　批复
中共贵港市委员会办公室　　　　2005 年 1 月 26 日印发
（共印 8 份）

2

2005 年 1 月 26 日，吴小龙当选贵港市工商联第二届执行委员会会长的批复

正是在这样的时代背景下，2004 年，吴小龙在众望所归中当选首届贵港市工商联主席。由民营企业家任此要职，充分体现了贵港对民营经济

发展的高度重视和大力支持，有利于发挥工商联作为政府组织平台的作用，提振企业家信心，激发市场活力。吴小龙在当选大会上表示："市工商联将团结广大民营企业，倍加珍惜当前难得的发展机遇，持续、深入地做好新民营经济的发动、引领、培育工作。"

此前，贵港市工商联一直在沿江路的老城区办公，布局陈旧，配套不足。吴小龙认为，工商联是连接非公人士、服务非公经济的"非公之家"，办公环境应该改变，"大家来开会，起码有个地方停车"。他提议拿出30亩土地，通过招拍挂的方式，由中标者承建。通过商业开发后，承建者无偿捐出1000平方米（大约两层）的办公空间专门给工商联使用，设有会议室、活动室等，办公条件得到极大改善。

贵港大型民营企业屈指可数，加入工商联的企业家以个体户为主，当时有一批规模较大的国企刚完成改制，吴小龙积极邀请他们加入工商联，此后又不断吸引律师事务所、会计师事务所等机构负责人参与其中。贵港辖53个镇、19个乡（含两个民族乡），此前各乡镇商会不到20个，吴小龙组织举行"乡镇商会现场交流大会"，号召大家行动起来，不要落后于其他城市。此后不到一年，贵港72个乡镇的商会全部成立，工商联通过不定期开会、走访调研等形式，深入了解地方非公经济在发展过程中出现的困难和矛盾，积极协助解决问题。

2004 年 12 月，吴小龙被评为第五届全国乡镇企业家

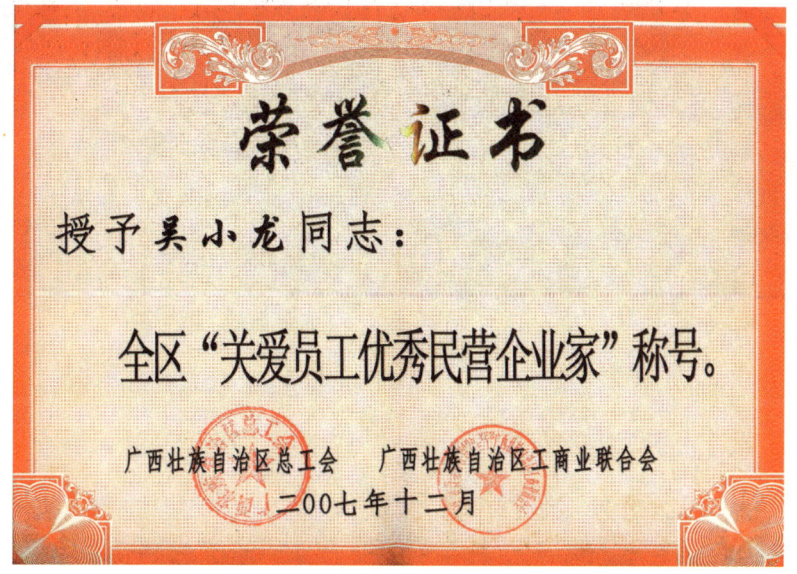

2007 年 12 月，吴小龙被评为全区"关爱员工优秀民营企业家"

　　公益慈善就像 DNA 一样融入了吴小龙的骨血，贵港市工商联主席的身份赋予他一种敢于担当的力量，以履行社会责任来发展经济、改善民生，已经成为吴小龙所凝聚的这一群民营企业家共同的奋斗目标。

2005 年 6 月，贵港市工商联会员捐赠桂平市抗洪赈灾物资车队

　　2005 年 6 月，贵港各地暴雨连绵，桂平市、平南县遭遇百年一遇的特大洪灾，由于农作物减产、交通受阻，粮食紧缺问题迫在眉睫。吴小龙第一时间倡议工商联伸出援手，组织会员购买大米捐给灾民。截至 6 月 29 日，贵港市工商联向桂平市累计捐助大米 62 吨，捐款捐物共计 126.08 万元。

2008年，小龙集团向汶川地震灾区捐款仪式

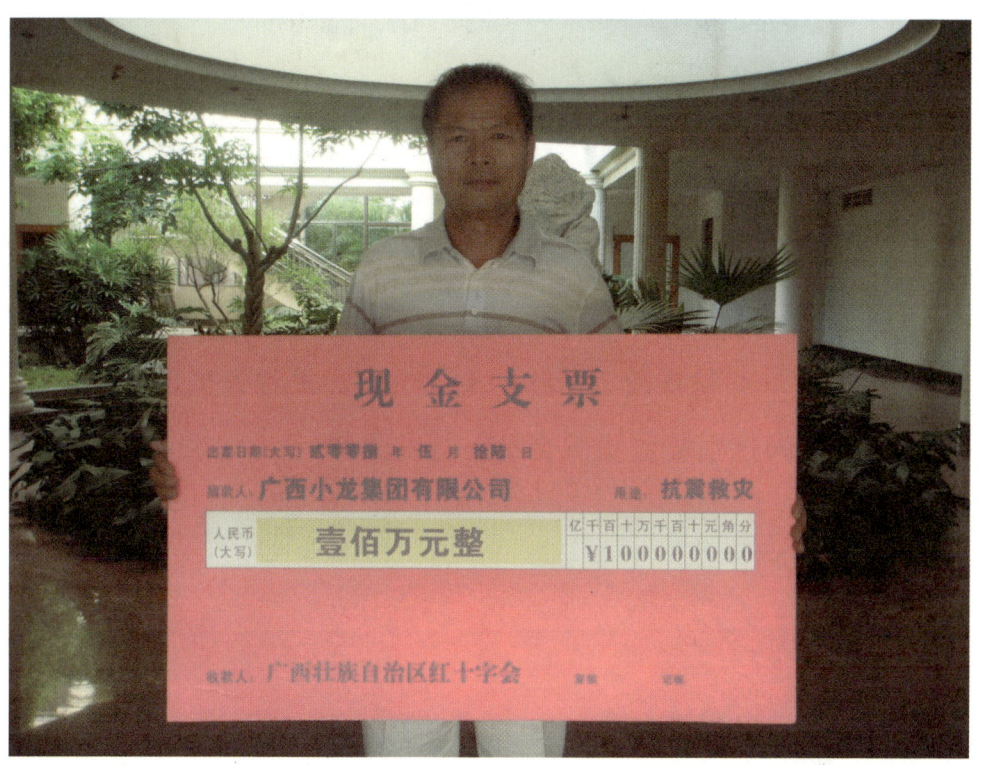

2008 年 5 月 16 日，自治区党委在南宁举办抗震救灾募捐晚会，吴小龙捐款 100 万元

2008 年 5 月 12 日，四川汶川发生里氏 8.0 级特大地震，吴小龙立刻给贵港市委统战部打电话，"小龙集团打算先捐 100 万带个头。"几天后，政府组织捐款，打电话询问吴小龙的意愿，考虑到他已经捐出 100 万元，建议此次捐 20 万元就足够了。吴小龙却说："20 万太少了，我再捐 50 万吧。"吴小龙还向集团员工发出倡议，募集了 23.8 万元善款。在 6 月 13 日举行的支援四川抗震救灾书画义卖活动中，吴小龙认购 5 幅作品，以个人名义继续捐款。值得一提的是，几十年来，每当发生重大灾难，吴小龙都会慷慨援助。由于吴小龙率先垂范，企业家们在汶川地震捐赠中争先恐后，"阿龙哥带头号召，我们一定跟上！"时任贵港市工商联副主席黄益利说："吴

小龙是贵港市企业家们仰慕的对象，只要他呼吁，大家都会响应。"

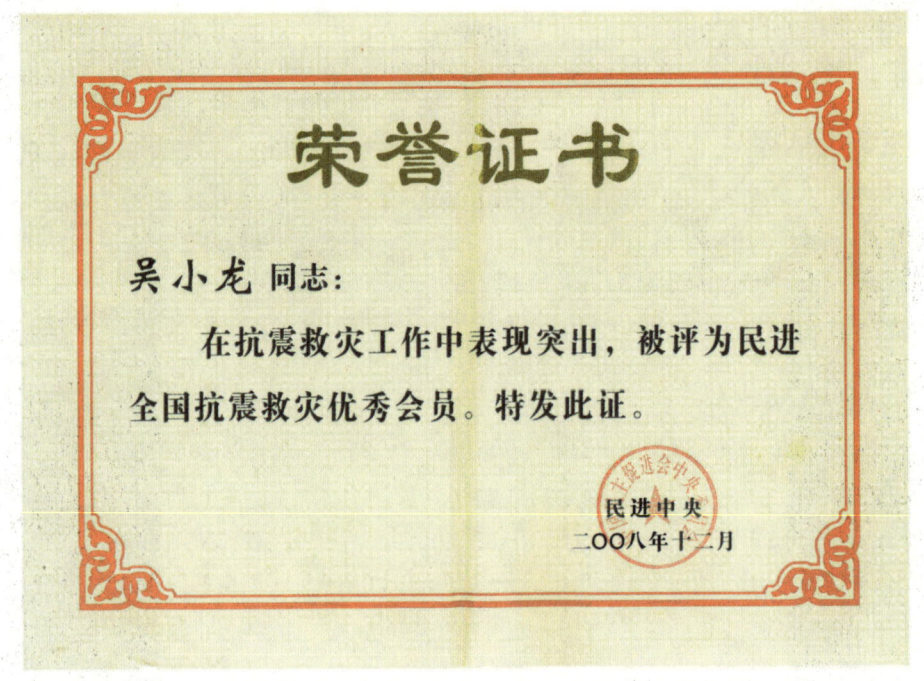

2008 年 12 月，吴小龙被评为民进全国抗震救灾优秀会员

　　2008 年 11 月 3 日，在贵港市工商联第三次会员代表大会上，吴小龙在工作汇报中总结，五年来组织开展了支援抗击非典、抗洪抗震救灾、捐资助学等 30 多次大型社会公益活动，累计捐款捐物 2486 万元，其中捐款 10 万元以上的企业有 20 多家。吴小龙表示："工商联广大会员企业无私奉献的义举，赢得了社会各界的广泛赞誉，树立起了民营企业扶危济困、关爱社会的良好形象！"

　　许下承诺需要责任与担当，兑现承诺需要实力与智慧。自 2004 年担任贵港市工商联主席到 2012 年卸任，8 年来，吴小龙走访、调研过不少企业、乡村，所到之处都力所能及地提供帮助、解决问题。时任贵港市工商联党组书记吕建泽认为，让吴小龙以非公企业法人的身份担任首届贵港市工商联主席的决定，事后看来是十分正确的。一个企业家要当好工商联主席，需要凝聚力、号召力和公众口碑。吕建泽说："自己站得直，才能服众，才能带领企业家们把公益落到实处。吴小龙有威望，有行动力，平时读报、看电视，发现哪里需要帮扶，马上就领着工商联去考察、落地。"黄益利评价："他为人低调，也很幽默，把我们整合成一个班子，工作氛围非常融洽。"很多企业家都是在吴小龙的带领下多次给贫困大学生捐款，大家对敬老院、低保户、洪涝灾区的捐助一直没有断过。

吴小龙履职中国人民政治协商会议广西壮族自治区委员会

第八届（1998.1–2003.1）委员会委员

除连任两届贵港市工商联主席之外，吴小龙曾连任三届广西壮族自治区政协常委、三届广西壮族自治区工商联副主席、多届贵港市人大代表、政协常委。作为企业家，吴小龙可谓功成名就；作为贵港市工商联主席，吴小龙可谓尽职尽责；作为自治区、贵港市两级政协常委，吴小龙既要在平时尽职履责，更要在关键时刻站出来，急国家之所急、应人民之所需。吴小龙既有实践探索，也有理论思考，在担任两级政协常委期间经常仗义执言，真知灼见频出。2005 年，在贵港市政协二届五次会议上，吴小龙对政协工作献计献策，建议从政府、银行多角度切实解决非公有制企业贷款难问题；2007 年，在贵港市政协三届二次会议上，吴小龙提出的"关于要求打通解放路港北医院连接培仁中学的建议"被评为"优秀提案"。吴小龙并非对公共事务过分热衷，他深知诸多头衔、名誉代表政府与社会各界对小龙集团的认可与肯定，肩负着沉甸甸的使命。唯有全力以赴，才不辜负许多人的信任与期待。

2007 年 1 月 30 日，吴小龙在自治区政协九届五次会议大会发言摘登

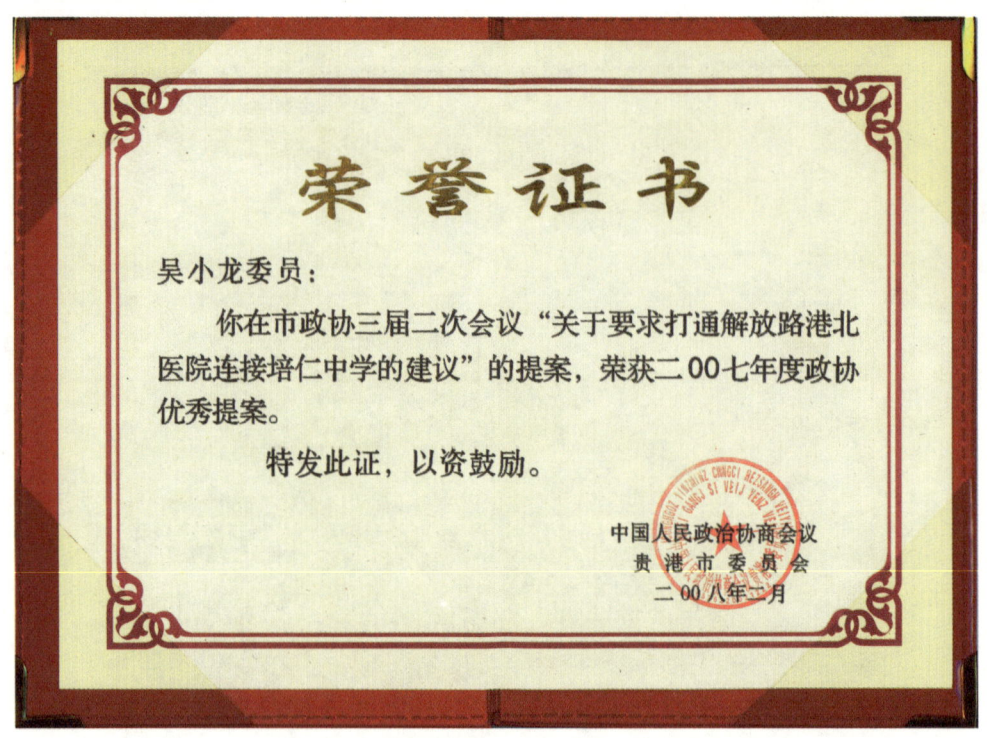

荣誉证书

吴小龙委员：

　　你在市政协三届二次会议"关于要求打通解放路港北医院连接培仁中学的建议"的提案，荣获二○○七年度政协优秀提案。

　　特发此证，以资鼓励。

中国人民政治协商会议
贵港市委员会
二○○八年二月

2008 年 2 月，吴小龙的提案荣获 2007 年度政协优秀提案

　　吴小龙始终对时代机遇、社会支持心怀感恩，"我 1978 年走出大圩镇，从'建筑大工'到组建教育建筑队，到成立广西首家私营建筑公司，每一步的发展都沾了时代的光。我很感恩这个时代，没有改革开放，就没有我吴小龙后来的发展。"

　　改革开放成就了吴小龙，家乡成就了吴小龙，这是成功之源，也是感恩之源。从企业家到市工商联主席、自治区政协常委，吴小龙的事业成就与社会声望都达到了旁人难以企及的高度，这是与时代、与城市同行共生的顺势而为，也是感恩回报的水到渠成。从自身乐于助人到带领小龙集团做公益慈善，再到带进企业家群体承担社会责任，诚挚的感恩之心与浓厚的家国情怀让人们看到了企业家精神的感召力量，看到了商道为公的万丈

光芒。

若将此情怀与精神发扬、传承，是小龙之幸、贵港之幸，也是时代之幸。

3 光荣与梦想

每个人的命运密码都深藏于看似偶然的关键时刻，奥地利作家斯蒂芬·茨威格在《人类群星闪耀时》中写道："那些数不胜数的事件也都往往挤在这最短的时间内发作。那些平时慢慢悠悠顺序发生和并列发生的事，都压缩在这样一个决定一切的短暂时刻表现出来。"他用充满穿透力的语言写道："这种充满戏剧性和与命运攸关的时刻在个人的一生中和历史的进程中都是难得有的；这种时刻往往发生在某一天、某一小时甚至常常只发生在某一分钟，但它们的决定性影响却是超越时间的。"如果将吴小龙的"关键时刻"按时间排序，就是一份清晰而精致的个人成长史，也是小龙集团简史，其中写满光荣与梦想的"巅峰时刻"集中在2006年—2009年，那是一段令人热血沸腾又肃然起敬的光辉岁月。

2006 年 12 月 20 日，北京人民大会堂，吴小龙出席"优秀中国特色社会主义事业建设者"

颁奖仪式

2006 年 12 月 20 日上午，由统战部、发展改革委、人事部、工商总局和全国工商联共同举办的第二届全国非公有制经济人士优秀中国特色社会主义事业建设者表彰大会在人民大会堂举行[1]。这里是我国最重要的会场，自 1958 年建成以来，许多政治大事和历史决定都在此地发生。"优秀中国特色社会主义事业建设者"是一项崇高荣誉，蕴含着党和国家的殷切期望，凝聚着时代和人民的深情嘱托，吴小龙手捧奖章和证书，紧张激动的心情溢满脸庞，既备受鼓舞，又深感重任在肩。

与吴小龙一起获奖的 99 位先进典范，代表广大新的社会阶层人士接受领导表扬，"积极响应党和国家的号召，自强自立、敢为人先，开拓进取、

---

[1]《贾庆林会见第二届全国非公有制经济人士优秀代表与中国特色社会主义事业建设者表彰大会代表》，光明日报，记者李斌，2026 年 12 月 21 日。

兴业报国，在活跃城乡市场、增加政府税收、优化市场资源、解决社会就业等方面发挥了独特作用，为全面建设小康社会、构建社会主义和谐社会作出了积极贡献"，鼓励"在建设中国特色社会主义事业的伟大征程中再立新功"。吴小龙为我们国家取得的非凡成就感到振奋，对未来前景充满信心，作为"经济增长的推动者、自主创新的促进者、社会事业的践行者"其中的一分子，他希望继续弘扬"爱国、敬业、创新、守法、诚信、贡献"的优秀中国特色社会主义事业建设者精神，以实际行动做出贡献。

孟子曾言："天下之本在于国，国之本在于家，家之本在于身。"《礼记·儒行》教导世人"苟利国家，不求富贵"。早在 2000 多年前，儒家就将家国情怀融入个人价值追求中，成为鞭策历代有识之士践行"天下兴亡、匹夫有责"的箴言和信条。家国情怀作为中华传统文化的重要维度和基本内涵，是一种使国家、民族纵然身处苦难险境而终能慨然不败的精神凝聚力。国与家紧密联系、休戚与共，家是缩小的国，国是放大的家，个人荣辱与民族兴衰息息相关。2008 年北京奥运会期间，吴小龙以奥运火炬手的身份参加了系列活动，通过百年奥运史，真切感受到中国从封闭到开放、从抗争到融合、从弱小到强大的沧桑巨变，"先天下之忧而忧，后天下之乐而乐"的家国情怀与空前强烈的民族自尊心、自信心融为一体，令他至今难以忘怀。

十六年弹指一挥间，历史并未走远、犹在眼前，许多转瞬即逝的历史瞬间惊艳而隽永，饱含深情又意味深长。2008 年 8 月 8 日晚，第 29 届奥林匹克运动会开幕式在北京鸟巢隆重举行，吴小龙与体育场内的 9 万多名观众一起，共同见证历史时刻。吴小龙不仅全程观看了精彩绝伦的盛大场面，还近距离领略了世界各国领导人的魅力风采。当一个人身处恢宏的历史现场之中，一分一秒、一点一滴，每一处难忘细节都会被定格为经典。

吴小龙作为 2008 年北京奥运会百色站火炬手参加火炬传递

其实，吴小龙自己的奥运会早在两个月前就已开启。2008 年 6 月 8 日，吴小龙作为 2008 年北京奥运会百色站火炬手参加火炬传递，他身穿以凤纹、祥云图案和中国红为设计元素的奥运会火炬接力服装，肩上贴着"170"号码牌，高擎着代表和平、友谊、团结和进步的"祥云"火炬，稳健而自信地穿越欢呼的人群向前跑去。吴玉冰作为志愿者，与母亲并肩站在热情呐喊的人群中，拼命挥舞手上的彩旗为父亲呐喊加油。回到贵港，年近 90 岁的吴俊荣专程在小龙集团门口迎接儿子载誉归来。吴家百年的荣耀来之不易，得益于吴小龙多年来以超常规的付出闯出了一条独特的发展之路，带领小龙集团积极践行社会责任，更得益于改革开放的春风和时代机遇的眷顾。

2008 年，吴小龙一家观看北京奥运会，在北航体育馆前合影

在那个激情澎湃的 8 月，吴小龙和家人都待在北京，观看了几乎所有感兴趣的比赛。吴小龙在赛场边深刻感悟到奥林匹克"更快、更高、更强"的自我挑战精神，以及公平、公正、平等、自由的体育竞技精神，这与优秀中国特色社会主义事业建设者、企业家精神大道相通，大家都在用奋斗与汗水书写追梦故事。在这次奥运会上，中国以 51 枚金牌居金牌榜首名，是奥运历史上首个登上金牌榜首的亚洲国家。吴小龙对这些成绩与纪录如数家珍，中国不仅在奥运赛场再次证明了在世界舞台的地位，而且全方位展现了国家繁荣富强、人民幸福安康的美好愿望正在实现。

2009 年 10 月 1 日，吴小龙在天安门东观礼台留影

　　吴小龙这一代人经历了太多的世事变迁，倾听过欢愉的乐章，也哭泣于动荡的悲歌。每当参加国家重大庆典，他总是情难自禁，个人成长与国家发展的一幕幕不断涌现在眼前，对国家和民族的感情愈发深厚。2009 年 10 月 1 日，庆祝中华人民共和国成立 60 周年大会在天安门广场隆重举行。作为受邀的全国 33 名优秀中国特色社会主义事业建设者之一也是唯一的广西代表，吴小龙与刘永好、王传福等企业家一起坐在东观礼台上，满怀喜悦和期待地观看了这场盛况空前的庆典。20 万军民以盛大的阅兵仪式和群众游行欢庆盛大节日，规模盛大的庆祝大会、气势恢宏的阅兵仪式震撼人心、催人奋进。"我这一辈子最光荣的事，就是在天安门广场观礼台参加国庆阅兵，现场聆听国家领导人发表重要讲话。弱国无外交，落后就要挨打，我们国家的强盛富强就在眼前，一切都欣欣向荣。"吴小龙说，能

够受邀观礼，体现了党和国家对民营企业家群体的重视、对新的社会阶层人士的关怀，激发了企业家的爱国热情，进一步增强了责任感、使命感。

每个人一生中都要扮演很多不同角色，每个角色都要尽力演好，最关键的方法或许是找准定位、勿忘本色，这样才能保持真我、挥洒自如。爱国敬业、诚实守信、自强不息、开拓创新等品德，就是吴小龙对自己的人生定位，也是英雄本色。爱国之心、慈善之光、商道之本，不仅是吴小龙的个人追求，也是对下一代的期望，以"国风"养家风，一脉相连、薪火相传，培养年轻人承前启后、继往开来。

第十四章
身体力行树家风

　　吴小龙是传统文化的传承者与践行者，仁义礼智信、温良恭俭让等传统美德所蕴含的思想观念、人文精神、道德规范具有超越时空的价值，为他经营管理企业提供了文化支撑和智慧启迪，也深刻影响了他对待家庭家风的处事态度和行为习惯。

1 百善孝为先，家和万事兴

古人云："察德泽之浅深，可以知门祚之久暂[1]。"家风的重要作用不在话下，正所谓家风正则行得正，家风淳则风气淳。中华民族历来重视家庭、家教、家风，从孟母三迁、陶母割发、岳母刺字、画荻教子的家教故事，到《诫子书》《颜氏家训》《朱子家训》《曾国藩家书》等家规家训，都体现了积极的家庭追求和高尚的家国情怀，彰显了中华民族的思想智慧和精神力量。

吴小龙很重视家教家风，他常言"家和万事兴"，注重从吴家几代人留传的家族故事中树立精神追求、

---

[1] 语出古文典籍《围炉夜话·第一八〇则》，释义：观察德被恩泽的深浅，就可以知道家运能否绵延长久。

价值观念、道德品质、行为规范、生活习惯等优良作风，以身体力行、耳濡目染的方式让崇高的信仰、美德、品格成为家庭成员的精神寄托，在后辈内心深处生根发芽、发扬光大。

"百善孝为先"是吴小龙最推崇的家规家训，也是家庭教育中贯穿始终的核心内容。小孝孝于家，大孝忠于国。吴小龙认为孝道是中华民族的传统美德，小至个人，大到国家，无不以孝立身。中华上下五千年历史源远流长，卧冰求鲤、怀橘遗亲、扇枕温衾等孝道故事流传千古，对后世影响深远。

20世纪50年代以来，被称为"北大荒"的黑龙江垦区吸引了数以万计的青年建设者追逐梦想、奉献力量，他们在"英雄奔赴北大荒，好汉建设黑龙江""向地球开战、向荒原要粮"等豪言壮语中创造了人类垦荒史上的奇迹。1968年全国掀起了知识青年上山下乡的热潮，受家庭出身影响而怀才不遇的吴小龙对遥远的北大荒魂牵梦萦，"莫叹生不逢时，贵在奋斗不息"，他相信凭自己的青春热血和聪明才智肯定能闯出一片新天地。有一段时间，吴小龙每天都拎着行李站在村口翘首以盼，期待开往东北的大卡车可以带着他翻山越岭、穿过沼泽直抵北大荒，在辛勤耕耘、无私奉献中拥抱新的希望。终于有一天，载满年轻人的大卡车开到了吴小龙面前，可是，当改变命运的抉择时刻真正到来，他却转身背对理想，舍不得离开。

吴小龙不缺乏勇气与毅力，却放不下对双亲的牵挂。自古忠孝难两全，吴小龙远赴北大荒可能实现个人价值、迎来命运转折，但也意味着此生将扎根边疆，山高路远，无法陪伴在父母身边尽孝，整个家庭将发生天翻地覆的变化。想起父母的舐犊情深、恩重泰山，还有那些情深意长的幸福时光，他不禁默念起"谁言寸草心，报得三春晖"，忘掉"父母在，不远游，游必有方"的念想，留在家乡守时待机。抉择难料福祸，但求无愧于心；孝道不论成败，背影自带光芒。

孝在心，更在行；行孝要用心，更要及时。正如《孔子家语》所说："树欲静而风不止，子欲养而亲不待。"现代人流行一句话："父母在，人生尚有来处；父母去，人生只剩归途。"岁月不待人，行孝须及时。不管境遇如何，吴小龙始终将孝敬父母当成头等大事，让父母老有所养、老有所乐，同享天伦之乐。自从哥哥、姐姐、弟弟分别成家后，吴小龙就与父母住在一起，无微不至地照顾左右。吴小龙的母亲牙齿不太好，蒋锦群总是单独给婆婆做些松软的饭菜。从旧居搬到新房，吴小龙优先考虑父母起居的便利，将最合适的房间留给父母。每天下班，无论早晚，吴小龙总是还没走进家门就远远向父母道声问候："阿爸阿妈，我回来了！"不管在工作中遇到怎样的风雨挫折，只要回到两位至亲身边，吴小龙就会温和亲切地陪父母聊天、打牌，照顾一切生活琐事。

"阿爸，你的胡子有点长了，刮一下会更帅，一会吃完饭我给你刮一刮！"

"阿爸，今天打牌你可要加油啊！"

"阿妈，你的指甲长得好快啊，一会我帮你剪一剪！"

"阿妈，我梳头很棒吧，今天的阿妈特别精神。"

…………

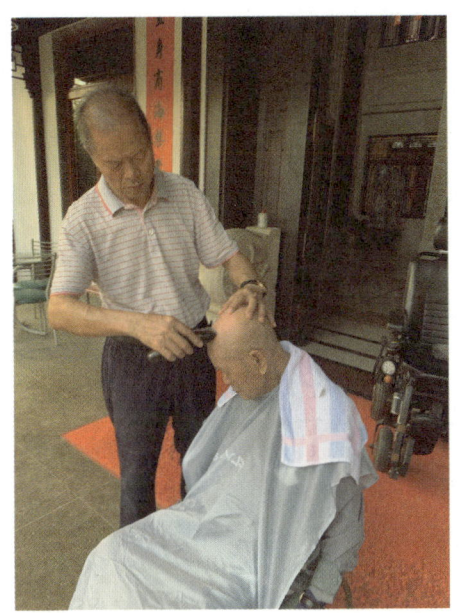

百善孝为先，吴小龙常为父亲理发、剪指甲、刮胡子

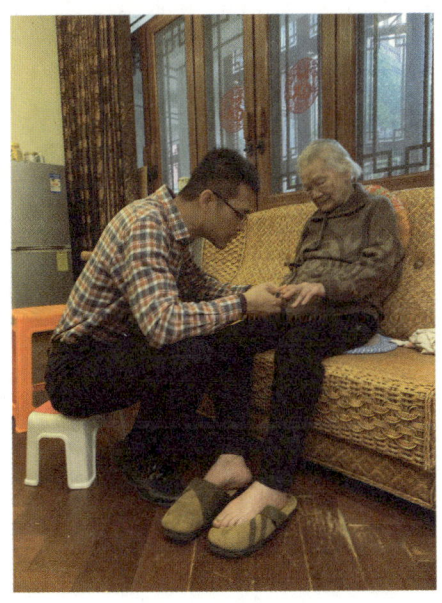

吴玉经为奶奶剪指甲

回想起陪伴父母的日常点滴，吴小龙情不自禁地模仿起熟悉的家常话语，沉浸在灯火可亲、家人闲坐的美好时光里。孩子们对吴小龙恪守孝道的美德耳濡目染、敬佩有加，"我爸非常喜欢夸爷爷奶奶，'阿妈，今天身体很爽快哦！'那种声音听着就非常雀跃，而不是无精打采应付差事。"吴小龙对父母的孝敬与关爱，被几个孩子看在眼里，记在心上：每天早上都要跟爷爷奶奶问好；吃饭时，如果爷爷奶奶还没有落座、拿起筷子，其他人绝对不可以先上桌吃饭；和爷爷奶奶说话一定不能不耐烦、面色愠怒，必须保持和敬的态度……《菜根谭》里讲："家人有过，不宜暴怒，不宜轻弃。此事难言，借他事隐讽之；今日不悟，俟来日再警之。如春风解冻，如和气消冰，才是家庭的典范。"吴小龙对待父母和风细雨，让家庭氛围总是如沐春风。

吴家兄妹在和睦家庭氛围带来的安全感和幸福感中成长，感恩于父母身上乐观开朗、积极向上、内心充盈的生活态度，对于经常自导自演的"家庭联欢会"念念不忘。华灯初上，家人围坐在一起，孩子们尽情发挥演艺才能，将精心准备的歌舞、小品节目献给爷爷奶奶、爸爸妈妈，有时候爸爸妈妈也会加入表演行列，情深意浓地合唱一首经典粤剧选段《分飞燕》。表演结束后，孩子们各自聊聊学习和生活中的喜怒哀乐，长辈深入浅出地答疑解惑，谈笑风生，其乐融融。

孔子在《论语》中三讲孝道：其一"是谓能养"，其二"和颜悦色"，其三"继志述事"。言简意赅地阐释了从物质赡养到精神敬养再到道义传承的三重境界。吴小龙既"能养"，也"和颜悦色"，更能"继志述事"。讲仁爱、重民本、守诚信、崇正义、尚和合、求大同是中华优秀传统文化的重要思想观念，吴小龙将父母的崇高美德传承为优良家风，如孝顺父母、尊老爱幼，诚实守信、尊师重教，勤奋读书、勤俭持家，自强不息、艰苦创业，等等，成为支撑家族继往开来的精神纽带。

如今，家风已成为孩子们深入骨子里的教养，对孝道尤其重视。吴玉经虽然事务繁杂，每周都会尽量抽出两个晚上陪父亲打牌——这是吴小龙最喜欢的娱乐节目之一。有一次，吴玉经身体不太舒服，但是到了约定打牌的日子，为了不让父亲扫兴，他仍然如约而至，全程强忍疼痛，没有流露任何不舒服的表情。只要父母一个电话，吴玉经总会第一时间陪伴身边；每次全家出行旅游，吴玉经总是先询问父母意愿，选择父母最想去的旅行地；母亲去医院看病，吴玉经都会挤出时间陪同，不然一定会打电话仔细询问身体状况。三个女儿成家立业之后，依然时刻挂念父母，平日里嘘寒问暖，每逢父母生日、重大节日，她们都会回到父母身边陪伴，仿佛又回到小时候家庭团聚的场景。

被重视、被关怀、被疼爱，这些温暖的情感滋养着吴家人相亲相爱、美满幸福，不断接力成为至真、至美、至善、至强的创造者。

2 立学为先，读书为本

中国人历来崇尚"诗书传家"，许多名门望族都以子孙知书达礼、好学上进为荣，将读书作为继世传承的法宝，"立身以立学为先，立学以读书为本""不学诗，无以言；不学礼，无以立"，渊博厚重、绵延久长。因此，读书成为古往今来家规家训的重要内容，内容丰富多样，数量不胜枚举，吴小龙对于有些千古名句耳熟能详，不时吟诵："耕读传家久，诗书继世长""万般皆下品，唯有读书高""书中自有黄金屋，书中自有颜如玉"。

1994 年 7 月 4 日，吴俊荣出席小龙建司开业典礼

1992 年，吴小龙父母亲 70 岁寿辰在电缆厂旧居留影

吴小龙的父亲吴俊荣天资聪慧、勤奋好学，民国时期考入广州的知名大学读新闻专业，后来回到家乡任教，曾担任大圩民族中学校长，将毕生心血都奉献给教育事业，退休后仍积极发挥余热。母亲黄兰馨毕业于广西省立高中，秀外慧中、才华横溢，能说一口流利的英语，是当时不可多得的知识女性。在书香门第滋养、浸润下成长，吴小龙从小就喜欢读书，善于思考，成绩优异。可惜时运不济，幼年被迫辍学，"艰难方显勇毅，磨砺始得玉成。"生活艰辛坎坷，却从未磨灭他求学上进的热忱，只要有空闲，他就求知若渴地到处找书读，手不释卷地自学专业知识，不仅考取施工员证书、技术施工证，还被评上高级工程师，成为建筑工地凤毛麟角般的人物。随着事业日新月异，吴小龙更加忙碌辛劳，但读书好学的习惯从未改变，古稀之年仍勤学不怠，每天阅读《人民日报》《参考消息》《南国早报》《贵港日报》等报刊，用手机下载各种知识类 APP，了解政策走向、产业趋势、行业动态等，不断学习新生事物。

蒋锦群工作照

　　蒋锦群也是孩子们心中自学成才、求学上进的好榜样。她十三四岁就在公社挣工分，因为特别能干，领导安排她记账，同样做得十分出色。凭借这点儿财务启蒙知识，结婚后她一边照料老人孩子，一边自学会计，通过勤学苦练终于考取会计证，协助吴小龙在公司统管财务。蒋锦群心灵手巧，为节约家庭开支自学裁缝，孩子们身上的新衣服大都是她亲手裁剪缝制，吴玉洁对妈妈的精湛手艺印象深刻："一块普通的布料，妈妈能加上多层蕾丝边，补上蝴蝶结。做条背带裤也不是简单的样式，上面总有几个活泼可爱的图案，非常好看！"如今年近七十，蒋锦群乐此不疲地通过手机 APP 自学英语，手写的学习笔记每一页都记录得密密麻麻，"学好英语，以后出国旅游我就能一个人应对了。"

中秋月圆，佳节思亲，相投是缘起，相知是缘续，相守是缘定，是缘使我们走在一起，经历了三十多年的患难与共，昨日的回忆，今天的经历，命运折断了希望的帆，但是我们不要失望，因为岸还在，也不要埋怨生活给予了自己太多的磨难，再说：更不要抱怨自己的生命有太多的曲折，大海如果失去了巨浪的翻滚，就会失去了它的雄浑，沙漠如果失去了飞沙的狂舞，就会失去了它的壮观！人生同样，如果仅仅去求得两点一线的一帆风顺，也就失去了人生的追求生存的意义，其实人生啊！时不时被困也是正常的，失败了又如何，相信未来，人生在失落中能够重新站得起来，才能够在迷雾中再看到光明，在悲伤中才能够得到抚慰，就像树木一样，在树叶落尽之时，它还是昂扬挺立着天空，等待着春暖花开的日子，世间是有爱的，爱是用心的，天是永恒的，你是我心目中最难忘的，相逢是缘分，有缘莫错过，茫茫人海里，知音最难得，珍惜生活，珍惜人生，祝愿我的夫君你……保重！家中老少安康！请勿顾虑，一切事情都会过去的，没有过不去的坎。再见！

妻：群学

2015年9月25日

蒋锦群家书

我心中的他

一、是这样的。我记得是在一九八一年的八月份吧。经朋友介绍认识了小龙。当时我们俩人都算是比较晚婚的年龄。晚婚的因素都有着不相同。首先说我吧。我的父母上了年纪。而且身体欠佳。我是父母的孩子当中的老大。弟弟和妹妹还小。家中生活十分困难。一心想多帮父母几年。而小龙他是因为家庭的成份问题导致。双方见面后。我的第一个感觉。他很帅气。我怦然的心。立即行动了解他。觉得他聪明。勤快。而且能干。结实的身体。言中幽默。和他在一起很开心。我的父母都很尊重和信任我的看法。他们也感觉小龙他的人品好。并且同意了我的选择。就在一九八二年的年初。我们俩新这样办理了结婚。还共同生育了四个可爱而且像他爸爸一样聪明的孩子。我们算是有着一个美满幸福的家庭。

二、我们一直都在莞港生活。对家乡也产生了感情。是我们俩一起创业的起点，当时家里的生活条件并不是很宽松。孩子多，爷爷奶奶和我们一起共住共吃。为了家人过上更好的日子，我们俩共同商量，家中老小的日常生活等等，你就放心交给我吧。就凭你的聪明好学克苦、勤奋，我相信你能够走出更好的人生之路，不出我的所料，他以优异的成绩，先后获得了助理工程师、工程师、高级工程师的职称，并在一九九四年建立了广西第一家私营建筑企业"广西贵港市小龙建设工程有限公司"接着又成立了"广西贵港市小龙房地产开发有限公司"和"广西小龙集团有限公司"。

　　三、我都知道他在外面创业期间是很不容易的，但是他不管在外面有着多大的压力，回到家中他还是非常关心孩子的教育和老人的身体近况，也偶尔和我聊聊工作的事情，其实他也像大多数人的家庭一样，有着家庭顶梁柱的担当。

四、早期创业时，公司的资金非常紧缺，可是他能做的第一件事情却是毅然拿出一百万元的巨资建立"贵港市吴小龙教育基金"每年奖励600多名品学兼优的学生和优秀的教育工作者，激励他们为振兴中华而勤奋学习，努力工作。接着又在修桥铺路，助残助教，捐资助学，扶贫济困，抗洪救灾，修建老人乐园和革命纪念碑等等的捐资。看到他为了公益事务中做出这么多的贡献，我也被感化了，从不理解开始，到后来在背后默默地支持他。

五、我和他的相处中，他最打动我的是，他很爱家庭，尊老爱幼，特别孝敬老人，有责任感，乐于助人，重视孩子的智力等全面发展，更重视培养孩子的爱心，对责任，亲情孝道，家庭和睦。

六、他在我的心目中，他是一个热心助人，勇于担当，能征善战，这三个形容词来形容他。

4

七. 我们的女儿都有着自己的事业，不参与集团的事务。儿子的性格像他的父亲一样，做事有干劲，能担当，企业交给他，我们都很放心，我们相信企业的发展一定会越来越强大。

八、小龙集团是一家以房地产开发为核心，建筑施工、商业运营、物业管理、幼儿教育等于一体的产业化集团。其起源于一九八四年创办的"贵县教育建筑工程队"后于一九九四年正式成立的广西第一家私营建筑企业，"广西贵港市小龙建设工程有限公司"后续渐发展壮大成为如今的规模。其创办贵县教育建筑工程队时的初心，是为了全市学校进行危房改造，尤其是偏远乡村，需要先行垫资，而且利润几乎为零，很多工程公司都不愿意承包。其实他都知道承包这些工程的风险和困难，在深入了解学校及师生的种种困难之后，他毅然把工程承包下来，并决心即使赔钱也要

5

建好这些工程. 小龙集团就是在他的这股拼劲及勇于承担社会责任的决心下发展壮大起来的. 这就是他的个人特点. "热心助人. 勇于担当. 能征善战"的体现。

2021年3月11日下午2点30分。

蒋锦群日记《我心中的他》

腹有诗书气自华。由于年少时没有条件好好念书，吴小龙夫妇非常重视子女教育，在言传身教、严厉管教之下让读书浸润心田、滋养人生。他们从不对子女学习成绩提绝对要求，更关心身心健康、快乐成长。为了接受更高水平的教育，吴小龙夫妇将几个孩子送到南宁一所私立寄宿学校读书，吴家兄妹在新学校表现优秀，老师与同学颂声载道。

吴玉姬刚上初二就报读了出国留学培训班，她渴望走出国门、开拓视野、增长见识，却担心父母不同意。没想到，吴小龙非常支持，建议她早做打算、精心准备。一年之后，吴玉姬参加完中考就踏上前往英国求学的旅程，在一所语言学校就读[1]。英国的教育资源、学习氛围、人文风貌令吴玉姬大开眼界，英国的人文景观和多元完善的教育体系让吴玉姬耳目一新，经常将所见所闻分享给父母家人，其他三个孩子深受鼓舞，都希望到海外留学。吴小龙认为出国对理解全球趋势、科技前沿、国际规则、市场变化大有裨益，还能培养独立思考和创新能力，他鼓励孩子们努力学好真本事，将来回国做贡献。

吴玉经从小品学兼优，高考时已被西安交通大学录取，但他打算去美国留学。没想到举世震惊的"9·11"事件爆发，美国收紧了签证政策，吴玉经在吴玉姬的影响下申请赴英国留学。彼时吴玉冰正在念高中，她顶住学业压力，一边正常学习功课，一边参加外语补习，于2002年踏上英国留学之路。年龄最小的吴玉洁不甘人后、拼命追赶，不久后也前往英国求学。

将四个孩子送往国外留学无疑需支出庞大费用，吴小龙在子女教育上舍得不计代价地投入，只要他们能接受到最高质量的教育。令人欣慰的是，吴家勤俭节约的家风代代传承，四兄妹从不向往挥霍无度的奢侈生活，看到国外一顿饭的花销折合人民币200多元、一个汉堡要花掉几十元，他们

---

[1] 后来吴玉姬转往澳大利亚深造。

舍不得吃，想尽千方百计靠节俭、打工实现自立。为了省钱，吴玉冰有一段时间总是吃价格便宜的胡萝卜，有一天突然发现手掌全变黄了，原来是过量摄入胡萝卜素所致。吴玉姬曾经囤积很多没有调料包的方便面，连续吃了一个星期。吴玉洁经常把当地非常便宜的一种司康饼作为正餐。为了赚取生活费，吴家兄妹做过清洁工、快递员、酒店服务员、快餐店收银员，在异国他乡塑造了勤奋刻苦、自立自强的品格。

勤工俭学并没有影响吴家兄妹的学习成绩，留学生学习课堂知识要比当地学生困难得多，需要付出超出许多倍的努力和勤奋，他们通过脚踏实地、积极向上的拼搏，每个人都取得了优秀成绩，顺利完成学业。

儿行千里母担忧。子女在国外留学期间，吴小龙夫妇经常给他们写信，字里行间都是殷殷期许和谆谆教诲。孩子们将来往书信保存下来，在鸿雁传书已渐行渐远的年代，这些书信格外珍贵，是另一种意义上的"家书抵万金"。多年以后，家人团聚，抚今思昔，吴家兄妹有时候还拿出信件读一读，回味留学那几年的温暖时光，家书成为他们在海外求学的精神指南和亲情慰藉：

"要想读好书，首先要对人生有充分的认识，然后决定人生的进取目标，最后对专业有兴趣、有信心，那么哪怕在学习中遇到困难，你也会很乐意，很有信心，去寻找更好的办法克服面对，最后获得成功。反之会适得其反。"

"假如爸妈本身的生活都无法保证，更谈不上养活你们、送你们出国读书。那你们靠什么来维持生活，你们花的每一分钱都是爸妈的汗水和心血换来的，来之不易啊！那你们就要在读书时学好自己选定的专业，作为今后人生的依托。"

"要多参加社交活动，比如在会议发言、学校教室发言讲话，哪怕再困难，也要迎难而上，今天的失败将是明天的成功。"

"你们应注意身体的健康，珍惜生命，科学掌握好作息时间，不要因为过于紧张而搞垮身体。"

…………

法国作家罗曼·罗兰说过："生命不是一个可以孤立成长的个体。它一面成长，一面收集沿途的繁花茂叶。它又似一架灵敏的摄像机，沿途摄入所闻所见。每一分每一寸的日常小事，都是织造人格的纤维。"吴家兄妹在海外学的每一堂课、打的每一份工，父母邮寄的每一封信、每一段话，都在日积月累中雕刻他们的人生品质，丰富家风的内涵气度。吴小龙夫妇将四个孩子全部送进世界名校，学成回国后在各自舞台施展才华，一时间在贵港企业界、教育界传为佳话。

吴小龙感谢来自四面八方的赞誉，他更得意于孩子们传承了读书尚礼、勤俭持家、自强不息的家风，在坚守与执着中为子女留下受用不尽的精神财富。

1992 年，吴俊荣夫妇与吴玉姬、吴玉洁、吴玉经、吴玉冰合影

3 枝叶连根，手足同心

吴小龙是传统文化的传承者与践行者，仁义礼智信、温良恭俭让等传统美德所蕴含的思想观念、人文精神、道德规范具有超越时空的价值，为他经营管理企业提供了文化支撑和智慧启迪，也深刻影响了他对待家庭家

风的处事态度和行为习惯。特别是兄友弟恭、和睦相处、团结互助等，成为吴小龙身上散发出的一种信念和力量，始终激励着他与家人为实现美好生活齐心协力、奋斗不息。

《弟子规》中有一句话深受吴小龙喜爱："兄道友、弟道恭、兄弟睦、孝在中。""枝叶连根，手足同心。兄弟姐妹本就骨肉一体，谁也离不开谁，彼此之间要和睦友爱、互相搀扶。这是天经地义的事，没有什么条件可讲，"吴小龙说，"兄弟姐妹和睦相处，孝道自然体现其中。同样，一个人孝顺父母，也一定会善待兄弟姐妹。"兴之所至，吴小龙引用了唐代高僧法照大师的一首禅诗："同气连枝各自荣，些些言语莫伤情。弟兄同居忍便安，莫因毫末起争端。一回相见一回老，能得几时为弟兄。眼前生子又兄弟，留与儿孙做样看。"诗文通俗易懂，却句句以情动人、以理服人，堪称警世格言。

吴小龙 12 岁时，母亲既要在田间地头从事繁重的农活，还要照顾还在咿呀学语、蹒跚学步的两岁的小儿子。大集体时代吃"大锅饭"，带孩子干活容易被人说闲话，独自留在家中又担心危险。吴小龙很懂事，主动提出带弟弟去上学。母亲默许，老师同意，吴小龙在教室一边听课，一边关注弟弟的状态，尽量不干扰课堂纪律。从此以后，吴小龙每天带着弟弟一起上学，母亲才能在田野安心劳动。

在建筑行业站稳脚跟后，吴小龙很快就带哥哥、弟弟入行，帮助他们提升能力、改善生活。刚开始哥哥、弟弟找不到地方住，吴小龙夫妇就让他们住在自己家里，原本六口之家就非常狭窄，如今变得更加拥挤。那段时间，蒋锦群只能跟四个孩子挤在一张床上，同盖一床被子，晚上连翻身都很困难。即便如此，她从无怨言，每天早上 5 点多就起床做早饭，为吴小龙三兄弟准备可口的饭菜，在平淡日常中创造温馨、和睦、幸福的生活。几十年来，为了经营好企业和大家庭，吴小龙秉承"多奉献，少私心"的行事作风，时刻提醒自己做好表率，可谓呕心沥血。亲朋好友对这份手足之情看在眼里、记在心上，吴小龙的用心付出赢得了家人的尊敬与爱戴。

兄友弟恭、和睦相处是吴小龙做人的伦理原则，也是他对子女提出的规范要求，特别是经常叮嘱吴玉经要关爱、照顾妹妹，成为她们的好榜样。吴玉冰小时候经常向哥哥请教各种问题，历史知识、世界动态甚至少年烦恼，五花八门，"他非常内敛，又不失深度，每次我有疑惑都能从他那里得到答案"。吴玉洁笑着谈起哥哥的"放贷"生意——经常将零花钱借给妹妹们，她曾经欠下哥哥四百元"巨款"，但最后并没有被"追债"，而是不了了之、直接清零。还有一次，吴玉经与吴玉洁玩游戏，妹妹拉铁门时不小心将哥哥的小腿卡入大门与墙壁之间的缝隙，顿时鲜血直流。吴玉洁既心疼哥哥的伤情，又担心被父母责骂，没想到吴玉经却说成"进门时自己不小心撞伤的"。这两件事令吴玉洁感动至今，情不自禁感慨"有哥哥真好！"。吴玉姬对英国留学期间的兄妹情深回味无穷，她的宿舍在铁路边，周末哥哥会带着两个妹妹去找她，大家一起沿着铁轨散步，欣赏路途的风景。吴家兄妹将这项活动称为"探险"，"主要是哥哥带头，他胆子大，主意也多。"虽然兄妹四人不在同一所学校，但吴玉经时常组织聚会，一起围读父母来信、给家人打电话，"现在想起来，都觉得很快乐。"

2006 年 7 月 18 日，吴小龙全家参加吴玉经英国诺丁汉大学毕业典礼

对于孩子们的留学岁月，令吴小龙难以忘怀的是全家人的北欧之行。2006 年 6 月，吴小龙夫妇计划趁参加吴玉经毕业典礼的机会看望子女，顺便带家人一起游玩北欧。此次行程全部由吴玉经策划，尽管在英国留学四年，他也未曾到过北欧，于是通过网络搜索、规划行程，航班接送、酒店预订、邮轮出行、景点攻略等全部作了周密安排，吴小龙称赞道："我们从英国出发，途径芬兰、瑞典、挪威、冰岛、丹麦，整个行程没有一个环节被耽误，没有在任何地方浪费时间。大事小情都安排得妥妥当当，很多细节严谨得我都想不到。"在丹麦中餐厅点菜时，当地人还以为是旅行社安排过来的客户，对接流程非常专业；行至冰岛，由于提前沟通，酒店

还为他们一家人升起了五星红旗。吴玉经对毕业旅行终生难忘，他在头脑中反复演练过整个行程计划，甚至连路牌等小细节也没有放过，每一站、每一天都在欢声笑语中度过，汇成全家人难忘的温馨记忆。

正是这趟北欧之旅，吴小龙发现，四年海外求学的经历，已经让吴玉经成长为一个条理清晰、沉稳练达的有志青年。"青出于蓝而胜于蓝"，或许可以考虑安排吴玉经回到小龙集团，从基层做起，一步步培养成接班人。彼时，中国企业界新老交替的序幕刚刚开启，很多知名企业将事业传承提上日程，吴小龙高瞻远瞩，考虑企业与家族的长远未来。没想到，吴玉经虽然同意回国，却并未答应回到父母身边，而是计划先去外面闯荡历练几年，再回贵港子承父业，带领小龙集团接力奋斗，实现基业长青。

吴玉经对手足同心、其利断金的道理坚信不疑，不仅古代先贤有至理名言，就连外国存续数百年的财富家族也秉承这条准则。举世闻名的拉菲葡萄酒的酒标刻有"五箭"，这是拉菲庄园的主人罗斯柴尔德家族的族徽——相互交叉的五支箭，寓意一支箭很脆弱，一把箭很难折断。家族创始人梅耶·罗斯柴尔德留下祖训："只要你们团结一致，你们就所向无敌；你们分手的那天，将是失去繁荣的开始。"这句话伴随罗斯柴尔德家族传承至今，广为流传。

2008 年，在北京拍摄的全家福

　　和睦、团结、友爱，是一个家庭、家族幸福美满、兴旺发达的重要准则和优良美德。手足情深的家庭氛围有助于兄弟姐妹之间互相关心、紧密合作，特别是在逆境困难中更能激发患难与共、同舟共济的凝聚力，更能够获得事业成功和生活幸福。而且，这样的家庭更容易对优良家风形成共识，在接纳与探索中传承有序。

4 做十说一，重诺守信

　　《周易》中，阴爻代表柔和、顺从，三个阴爻组成的坤卦代表母亲，也代表大地。母亲如大地一般厚德载物，生养万物、宽容仁慈，让人类繁衍生息、世代传承，这就是最大的恩德。孙中山说："天下的太平安危看女人，家庭的盛衰看母亲。"母爱决定子女幸福，母教决定其人生成就，母亲在家教、家风和家庭建设中发挥着无可替代的决定作用。

黄兰馨 80 岁留影

在吴小龙的人生成长与性格形成过程中，受母亲黄兰馨的家教影响很深。这位善良、严谨、务实且有见识的母亲经常告诫子女："做了十分只说一分。为人笃实，实过其言。不要夸夸其谈、言过其实，更不能说谎，这是有损品德的行为。"母亲严格遵循"做十说一"，一方面源于她所受家规与教育，另一方面也和她的人生经历与时代沉浮有关。吴小龙从小就将"做十说一"视作为人处世的信条之一，无论在发展事业还是日常生活中，都很重视说与做的平衡关系。

孔子有言："君子耻其言而过其行""古者言之不出，耻躬之不逮也""君子欲讷于言而敏于行"。三句话表意相近，古人将说到却做不到视为耻辱，因此不轻易把话说出口，行胜于言。吴小龙认为《论语》中的三句名言与"做十说一"道理相通，但他的分析和解读更通俗易懂，他认为做人要讲诚信，首先是言而有信，说话要算数，不要说大话。少说多做，不要多说少做甚至只说不做。其次是留有余地，哪些话不能说、哪些事不可行，要清醒地认识自己，始终处于可靠、可用、可信的位置，这样更容易获得支持与帮助。最后是慎重许诺，说到做到，做不到不要说，这不仅是一种态度，而且是做事的方法与原则，贯穿了过程与结果。不轻易许诺的人，往往重诺守信。

吴玉冰六岁时，吴小龙让她去喊一位远房亲戚来家里吃饭，亲戚手头正忙，便随口答复："太忙了，一会儿过来。"吴玉冰一知半解，回家告诉父亲"来不了，太忙了"。吴小龙有些不可思议，之前已经约好两家一起吃饭，怎么会突然爽约？他担心其中有误会，立刻给亲戚打电话询问缘由，果然是吴玉冰会错了意、传错了话。事后吴小龙非常生气，虽然吴玉冰不是故意撒谎，但确实造成了言不符实的后果，于是严厉批评教育："做人要诚实，有一说一。如果我不打电话确认，还以为人家对我有看法，这误会可就大了！"这件小事在吴玉冰心头记挂了二三十年，时刻提醒自己要字斟句酌、谨言慎行，养成严谨务实、精益求精的作风。

吴小龙与儿童时代的三个女儿合影

小学三年级时，吴玉洁随两个姐姐一起到南宁英华学校就读。由于学校实行全寄宿制管理，吴小龙夫妇每周末从贵港驱车到南宁探望三个孩子，通常都是上午到学校接上孩子们，带她们吃饭、游玩，临近晚上再送回学校。英华学校的学生大多家境优渥，父母周末陪孩子经常带到酒店留宿一晚，吴玉洁从没住过酒店，满腹好奇地将这件新鲜事说给父母听。吴小龙当场答应，下次再来一定带她到酒店住一晚。吴玉洁以为父亲只是随口一说，并未当真。没想到自此以后，只要时间允许，父母每次来学校都会带她到酒店共度一个美好的夜晚。

吴小龙认为，答应孩子的事情都不能当作玩笑。父母说的每句话都有可能产生潜移默化的影响，只要许诺就必须尽力实现，就算最后没有做到也要认真解释原因，这样就能让孩子在润物无声中养成诚实守信的品德。

家风从小事抓起，诚信从守时做起。守时是最常见、最简单、最直观体现诚信水平的要求，是做人最基本的信誉。以小见大，不守时就是不遵守承诺，也是不尊重他人。对于事先约好的见面，不论对方是谁，吴小龙一定会准时到达，而且经常会早到。他很重视子女养成守时的习惯，上学必须提前收拾准备好，不能让父母等待；参加聚会需提前到达，如果踩着准点儿会挨批评。

读小学期间，吴玉洁有一次与同学约好第二天上午九点一起逛商场，可当天她却起晚了，临近九点同学打电话问到哪儿了，她脱口而出："马上就到，大概还有五分钟就能到达！"身旁的吴小龙面露不悦："你就算现在出门，五分钟也赶不到商场。刚才那样说等于在说谎，以后朋友还怎么信任你？"吴玉洁认为"马上""五分钟"是司空见惯的托词，逛街迟到几分钟并不打紧，同学不会责怪。但是在吴小龙看来，女儿不仅没有遵循"做十说一"的原则，还明知不可为而承诺。吴玉洁深受教诲，守时是一种习惯、一种修养，要从细节做起，在守时、靠谱中成为重诺守信的人。

"做十说一"不仅是吴家一脉相承的家风，也成为吴小龙的质朴本色，支撑他开拓事业、丰满人生。"做十说一"的内核是诚实守信、重诺笃行，既是价值观，也是方法论，让很多人生难题迎刃而解。从吴小龙立身行事的经验来看，"做十说一"至少有三层含义。

首先是"做十"，注重实干、不遗余力。吴小龙不爱浮夸、不图虚荣、不搞形式主义，不争名夺利、投机钻营、斤斤计较，凡事以结果为导向、拿数据说话、脚踏实地、持之以恒干事业。"骐骥一跃，不能十步；驽马十驾，功在不舍"，当人们全神贯注、废寝忘食专注一件事，就会享受行动带来的成就感，不被结果所诱惑、虚名所干扰。只有全身心投入才可能"做十"，才能兑现承诺。

其次是"说一"，水深不语，人稳不言。"说一"既减少祸从口出的烦恼，又降低眼高手低的风险，说太多容易夸夸其谈、草率轻浮，甚至好高骛远、骄傲自满。吴小龙常说"沉默是金"，做不到的不说，想到还没做的不说，不能做到的更不能说；对别人不利的不说，自夸得也不要说；不说过头话，不做过头事。"说一"须自律，严于律己、三省吾身，这是说话艺术的精髓，也是为人处事的境界。

最后是"做十说一"，多做少说，低调务实。如今社会，"做一说一"甚至"做一说十"都是无处不在的普遍现象，大言不惭、信口开河者比比皆是，吴小龙崇尚低调务实、少说多干，待人谦虚谨慎、虚怀若谷，习惯稳中求进、韬光养晦，他认为"做十说一"是一种智慧、一种哲学，是小龙集团的文化基因和精神内核。他说："我们比较踏实，不事张扬，对外传递信任感，对内强调踏实、实在。所以讲话、做事都比较注意分寸，说过的话一定要兑现。"

能否认同并坚持"做十说一"的价值观，关乎一个人、一个家族、一家企业是愿意成为流星还是恒星，也将影响整个社会的道德风气与文明程度。知易行难，任重道远。

5 崇德向善，道德传家

清代名臣林则徐曾言："子孙若如我，留钱做什么，贤而多财，则损其志；子孙不如我，留钱做什么，愚而多财，益增其过。"在清正廉明的林则徐看来，钱财乃身外之物，既不值得留恋，也无法传承。何以传家？古人早有答案："道德传家，十代以上；耕读传家次之；诗书传家又次之；富贵传家，不过三代。"

中华文化历来注重以德为本。"人无德不立，业无德不兴，国无德不威""人而无德，生而何益""大学之道，在明明德""德者，本也；财者，末也"……做事先做人，做人先立德，道德才是一个家庭最宝贵、最值得传承的财富。

俗语云：行善积德，必有福报。"积德"难在积累，贵在坚持。无论是少时帮人挑重担、抱逝者入殓、勇救落水儿童；还是1993年设立"贵港市吴小龙教育奖励基金"；抑或是数十年热衷公益慈善，凡有地震、洪水、雨雪、疫情等重大灾害必出手相助；又或是在脱贫攻坚、乡村振兴等国家战略中倾力奉献，积极承担社会责任。吴小龙用实际行动彰显道德情操和人性光辉，"勿以恶小而为之，勿以善小而不为""宁可一思进，莫在一思停"，每一次义举善行都毫不犹疑，不为作秀给人看，也不为自我感动，而是一种本色、一种品德。一辈子坚持崇德向善，做到知行合一、表里如一、始终如一，并不容易，但吴小龙深知，"一滴水，可以折射太阳的光辉；一盏明灯，可以照亮前行的道路"，每一次无私奉献都会在孩子们心中激起道德的浪花、播撒向善的种子，从小明大德、立大志，将来成大才、担大任，以更高境界和品位让人生绽放绚烂光芒。

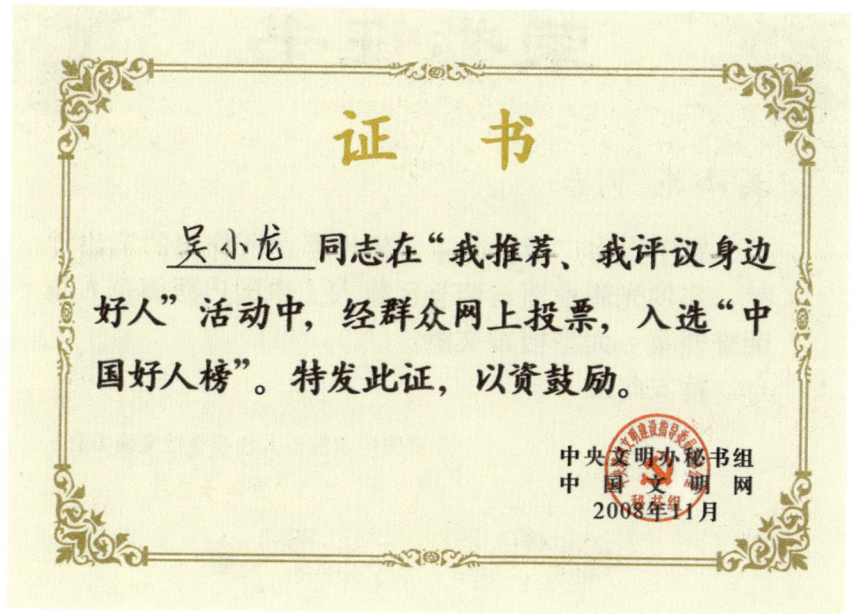

2008年11月，吴小龙入选"中国好人榜"

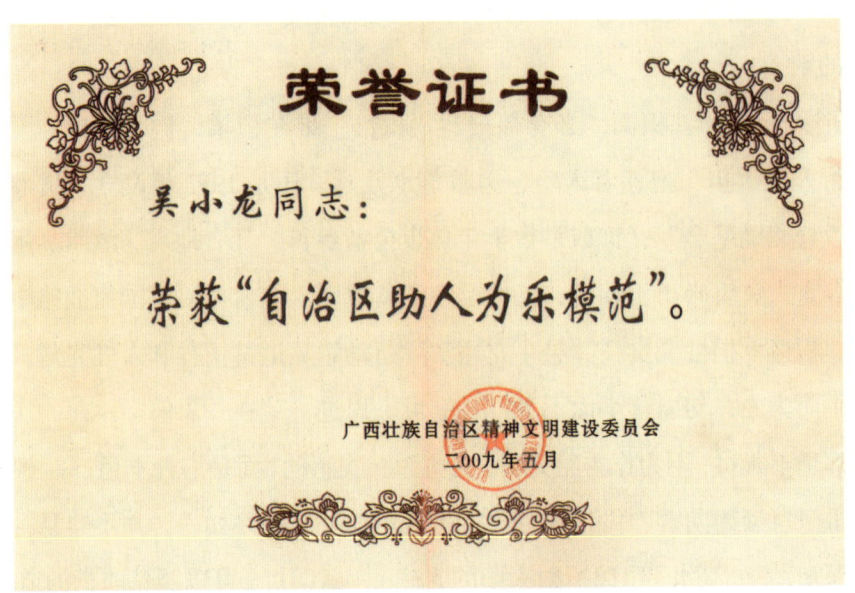

2009 年 5 月，吴小龙荣获"自治区助人为乐模范"

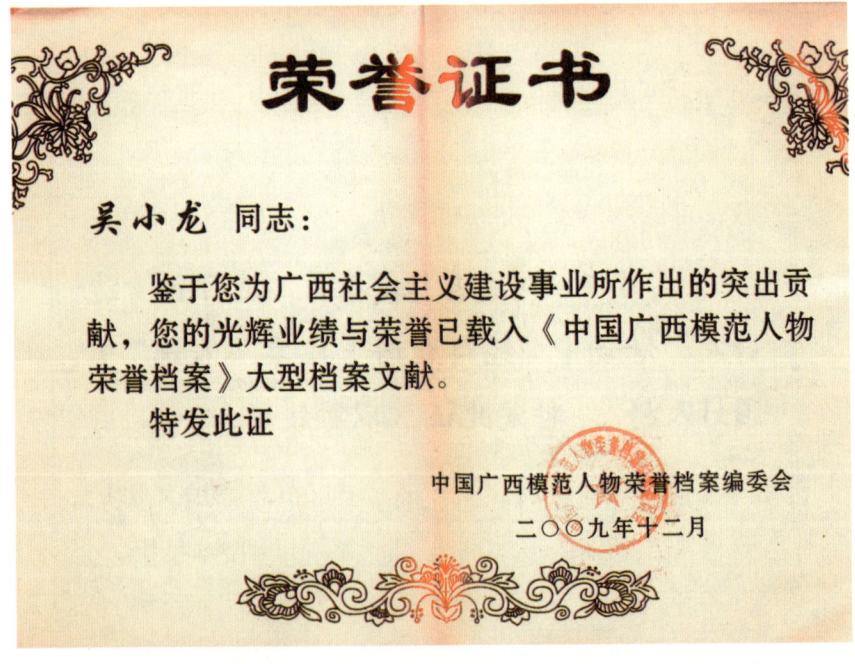

2009 年 12 月，吴小龙载入《中国广西模范人物荣誉档案》大型档案文献

吴小龙曾多次荣获国家部委及广西壮族自治区、贵港市等各级政府授予的中国好人、道德模范、助人为乐等荣誉奖项，表彰他在社会公德、职业道德、家庭美德、个人品德等方面的突出贡献和榜样力量。在员工、家人、朋友看来，吴小龙以德扬善的事迹令人敬佩、实至名归，在助人为乐、见义勇为、诚实守信、敬业奉献、孝老爱亲等每一项道德标准面前，他都是声名远扬的模范人物，其所作所为正是中华民族传统美德的生动体现。吴小龙以成长历程与精神境界证明，正确的道德认知、自觉的道德养成与积极的道德实践紧密相关、相辅相成，一个人只要明大德、守公德、严私德，长期修炼、坚持不懈，就会养成自强不息、积极进取的奋斗精神，培养崇德向善、利他奉献的高尚情操，从而创造非同凡响的成就。当我们用道德与善举温暖人心、砥砺前行，并转化为崇德向善、见贤思齐、德行天下的社会氛围，人生会更有意义，社会也更有力量。

《周易·文言传》有句话流传几千年："积善之家，必有余庆；积不善之家，必有余殃。"注重与人为善、积善修德的家庭，往往将深厚的文化底蕴作为家风代代相传，培养出子孙后代的优良品德，从而人才辈出、家道兴盛。吴小龙积德行善的涓滴往事如同一盏明灯，照亮孩子们的心灵，在一次次举手之劳中择善而从、积微成著，努力散发光和热。

吴玉冰记得，有一年父亲带她去广州，路上遇到有人乞讨，她觉得很可怜，急忙让父亲伸出援手。吴小龙走南闯北、见多识广，立刻就分辨出这是一位职业乞讨者，长期靠装困难、装可怜游荡街头，利用别人的善良与同情骗取钱财。然而，吴小龙并没有戳穿真相，仍然掏钱给女儿，支持她好心行善。长大后吴玉冰再回想这件事，特别感动于父亲的良苦用心：与当场教会孩子真伪善恶相比，培养善良仁爱的美德更难能可贵。

姐姐上当受骗花冤枉钱被鼓励，妹妹节约省钱却被批评。有一次，吴小龙与吴玉洁一起在山间赶夜路，两人都有些饥肠辘辘，正好有位老奶奶在路边卖香蕉，十元钱一把。吴玉洁伶牙俐齿还价到八元，满心欢喜期待父亲夸奖她勤俭节约，没想到却换来一顿批评教育：谋生不易，天色这么晚，老人家还在穷山僻野卖香蕉，我们不应该讨价还价。吴玉洁当时不理解，但默默记住了父亲的教诲，多年后她代表小龙集团积极参与、支持公益事业，与小时候父母言传身教的仁爱之道密不可分。

吴小龙并非不善节俭，而是对自己苛刻，对别人慷慨。在吴玉洁印象中，父母很少给孩子们买零食，她每次看到校门口包子铺里的大馒头都嘴馋，尽管只要两分钱一个，但父母始终没有给自己买。吴玉姬记得，父母从没有给孩子零花钱的习惯，在母亲蒋锦群影响下，四兄妹经常收集家里的旧物废品，有人上门收走，报酬所得兄妹平分。家人衣着普通，饮食寻常，兄妹们笑称"都是被穷养大的"，小时候总觉得家里经济状况不宽裕。吴玉冰直到上小学五年级从报纸上看到父亲捐资助学的事迹，听到班上成绩优秀、家庭困难的同学表达感谢，才知道自己生在物质与精神都富足的"小康之家"。那时候常有其他班的学生隔着窗户来看吴玉冰，她既开心又疑惑，后来才慢慢理解，人家并不是要看"吴玉冰"，而是想看看"吴小龙的女儿"，隔空送上谢意。

积德行善与孝顺父母、重视教育、团结和睦、重诺守信等优良品德一起，成为吴小龙身体力行、言传身教树立的家风。好家风犹如"传家宝"，教知识、育品德，让家族后代绵延赓续优良家风传统，不断培养更多有家国情怀、创新思维、管理能力、社会责任的优秀接班人。

2007 年 6 月，吴俊荣祖孙三代合影

2016 年 11 月 9 日，吴俊荣夫妇四代喜同堂，50 多人合照"全家福"，共庆"五福临门"

2017 年，吴俊荣夫妇全家合影

　　从更广阔的意义来讲，家风既是家庭的精神内核、企业的文化渊源，也是社会的价值缩影。家风是家族兴旺、基业长青的宝贵精神财富，也是支撑中华民族生生不息、薪火相传的重要精神力量。家风蔚然，国风浩荡。

第十五章
传承有道，基业长青

21 世纪初，吴小龙从战略、组织、机制、文化、团队等层面逐步推行职业经理人制度，经过 20 多年的培养、磨合、历练，职业经理人团队逐渐发展壮大。他一直致力于建立现代企业管理制度，逐步放权，以机制、制度而不是人治、集权来管控企业。

1 探索"第二曲线"，领跑城市未来

　　企业如人，也有生命周期，创立、成长、成熟、衰退是经营的客观规律，跨越企业周期律是吴小龙和高管每天思考的命题：如何另辟蹊径、跨越陷阱甚至向死而生，开辟完全不同的新道路？"管理哲学之父"、英国伦敦商学院创始人查尔斯·汉迪在著作《第二曲线》中提出，企业要在第一曲线到达顶峰之前找到"第二曲线"并实现增长，这样永续增长的愿景就能实现。海尔集团创始人张瑞敏认为企业最大的战略就是寻找"第二曲线"，即"新的生路"。

　　吴小龙是大历史的亲历者，他与生俱来的梦想、使命、愿景和商海中无处不在的危机、艰难、挣扎相冲突，久而久之就形成了理想主义与危机意识混合的思辨方式，不断为"活下去"寻找新的生机。20 世纪 90 年代末，吴小龙以天龙塑胶、小龙型材探梦实业未果，终于在建筑商转型为地产开发商的转型中找到"第二曲线"。此后，小龙集团积极布局商业运营、物业管理、教育投资、殡葬服务等产业，时至今日，吴小龙殷切关注、夙夜为谋的仍然是"第二曲线"。作为贵港持续最久、实力最强的民营龙头企业，如果不从战略上思考创新与进步，就会有新的挑战者迅速占领高地，其激烈、残酷程度只有亲历者才有切肤感受。

2014 年是我国房地产市场从"黄金时代"过渡到"白银时代"的重要拐点。库存居高不下、房价持续回落、市场明显分化，越来越多的全国性龙头房企跳出"造房子、卖房子"的传统单一模式，以跨界经营迈出探寻"第二曲线"的步伐。万科开启在产业办公、城市服务、养老地产、旅游地产、物流业务等产业的新征程；万达向文化、旅游、电商等产业延伸；碧桂园拓展了社区服务、投资理财、保险、健康养老等产业；绿地布局地铁投资、互联网金融、医疗健康等产业……寻找"第二曲线"并非易事，十年地覆天翻，房地产巨头在惊险一跃中或跌落神坛，或深陷泥潭。在永续增长的行业难题面前，小龙集团需要重新思考、探索这个熟悉又陌生的世界。

前事不忘，后事之师。在小龙集团探寻"第二曲线"的征程中，除了要从战略规划、产业前景、商业模式、市场需求等角度决策外，还须以专业化、市场化、国际化、社会化视野来长算远略。小龙集团 40 多年来扎根贵港、深耕贵港，要实现"领跑城市未来"的梦想，有六条转型升级的赛道值得尝试，或许能从中画出一道精美绝伦的"第二曲线"。

一、物业服务。自 2004 年物业管理公司成立，小龙物业经过 20 年成长、超越，不仅是集团的金字招牌，也是贵港房地产市场的亮丽名片，"我们爱我们的业主"理念、"七心"服务体系深入人心。未来，小龙物业应打破自给自足的既定模式与物业管理的惯性思维，提升服务品质与居住体验，在广西范围内提供更丰富、便利、美好的生活服务。小龙集团只需根据业主的生活习惯与服务偏好，挑选客流量高的消费场所，如超市、茶馆、餐厅、月子中心等达成战略合作，输出人才团队、管理体系、服务能力等，在不同的消费空间精准融入生活服务的各项功能，实现专业化、规模化扩张，逐渐培育成为独立的综合服务集团。

二、租售并举。从盛世名门开盘起，小龙集团主动配置重资产，将部分住宅房屋自持；后来有意识将部分商业物业自持，享受租赁带来的长期稳定的现金流回报，以对冲房地产行业周期性风险。2021年，盛世瑞府规划建设一座长期自持的精品酒店，肩负完善商业综合体、丰富业态品质等功能，为自持物业的可持续发展提供了有益探索。其实，租售并举的经营模式在国内外早有先例，小龙集团对于商业综合体的打造、运营并不陌生，未来可考虑在租售并举的战略下开发、运营商业街、商业 Mall、星级酒店等商业地产项目，升级商业运营等配套服务，在丰富产品线的过程中培养投、融、管、退全周期、全流程服务能力。

三、教育投资。吴小龙对教育事业情有独钟，从2006年起陆续创办盛世名门幼儿园、盛世荷城幼儿园、盛世嘉园幼儿园、盛世天禧幼儿园、盛世悦城幼儿园等五所幼儿园，深受家长、孩子和社会各界认可。2021年5月，小龙集团与北京均优教育研究院合作投资兴办贵港博雅公学，打造广西一流的12年一贯制民办学校。博雅公学可以吸收小龙集团盛世系列幼儿园的办学经验，通过投资、并购的方式在广西稳健扩张，从单一学校发展为集群化、品牌化的教育集团，成长为屹立不倒的参天大树。

四、文创旅游。2024年，独具广西特色、凝结数年心血的吾园逐步开放，这座展现广西园林艺术、传承优秀文化的旅游景区与园林博物馆，必将引领贵港城市形象和市民生活品质的全面提升。吾园的运营模式和管理方式在国内还比较少见，需要在探索中因地制宜、不断优化。小龙集团可以将吾园作为依托，提取吾园核心 IP 元素，以吾园园林景观造型、建筑艺术为基础，以非遗、民俗、藏品、美食等为灵感，与日常生活、消费需求相结合，打造系列精美文创产品，将传统园林、广西文化与文创产品、旅游消费结合起来打造文创旅游品牌，助力吾园可持续创新发展，推动传统文化的传承再造。

五、康养地产。中国步入"老龄化"社会已是不争的事实，到 2025 年，60 岁及以上人口将突破 3 亿，养老、殡葬、医疗等社会保障和服务体系面临诸多挑战。2024 年 8 月 28 日，总占地面积约 540 亩的狮子岭陵园正式对外开放，小龙集团积极探索和创新殡葬行业的新模式和新方法。更重要的是，华润置地、保利、绿城、万科等房企早已布局康养地产，服务内容和运营模式五花八门，小龙集团可以采取"物业＋养老"模式，整合资源、开放合作，探索"机构—社区—居家"三级联动的康养服务体系，建设居家和社区养老服务设施、养老服务点，介助、介护及术后康复的长者都能享受专业化、精细化的康养服务。

六、健康医疗。医疗资源不均衡导致的看病贵、看病难仍是当前改革痛点，贵港的三甲综合医院都是公立机构，在提供多样化服务方面有所限制，建设一所能够承载群众美好向往的好医院是吴小龙牵肠挂肚的心愿。早在五年前他就提出建造医院的想法并考察、论证，从用地、周边配套到投资规模、人才招聘等方面考虑，建好一所医院比看病还难，终因难度太大而搁置。小龙集团可以从社会民生福祉、公益慈善事业角度出发，建设一座覆盖从生育、治疗到临终关怀的全生命周期的综合医院，提供优质而普惠的医疗健康服务。这是强烈的社会责任感的体现，也是回报桑梓、造福百姓的善举。

"第二曲线"关乎小龙集团未来的战略方向，既是对业务与产品的选择，也是对使命与愿景的践行。沉潜蓄力，择势而为。面对严峻复杂的宏观经济形势和深刻变化的地产行业格局，唯有长期投入、品质超群、快速执行，才能在向死而生中闯出新的道路，形成新的核心竞争力。

2 传承之道：追求"造钟"而非"报时"

伴随改革开放成长崛起的民营企业大多为家族企业，经过 40 多年艰苦奋斗、顽强拼搏，第一代创业者逐渐退出历史舞台，交接班成为必须面对的头等大事。吴小龙正在完成这项历史使命，将儿子吴玉经"扶上马、送一程"，他深知"创业难，守业更难"，但小龙集团不能守业。企二代作为背负家族、企业、社会等多重责任的特殊群体开启"接力赛"，他们物质上极度富足，精神上委重投艰，渴望以超越致敬父辈、开创未来。然而，财富传承固然容易，选择并培养企业家难比登天，毕竟他们在任何国家、任何时代都是不可复制的稀缺资源。

时至今日，国内可以下结论交接班成功的企业凤毛麟角。许多家族企业都走向了衰败倒闭或逐步退出，也有一部分成功者通过几代人苦心经营跨越高峰，朝着建成百年老店、实现基业长青的使命和梦想迈进。家族企业传承之难不仅需要长时间准备、铺垫，还苦于没有通用法则、成功秘诀，不同家族、不同企业千差万别，需要制定独特且合适的传承模式。

吴小龙工作照

我国家族企业传承通常有四种模式：一是子女直接继承所有权与经营权，实现家族内部传承；二是子女继承所有权，带领职业经理人共同经营管理；三是子女继承并稀释所有权，完全交给职业经理人管理；四是放弃所有权和经营权，彻底退出，成为公众企业。吴小龙选择了既稳健务实又开放包容的第二种模式，由家族成员与职业经理人共同管理，相得益彰、大放异彩。

吴玉经工作照

　　在培养接班人方面，吴小龙像经营企业一样深谋远虑、精心布局，对于吴玉经的人生道路规划好成长路线图，一步步保驾护航。当吴玉经以优异成绩考取西安交大，吴小龙建议出国深造，于是他先后在英国拿到诺丁汉大学管理学士、阿斯顿大学电子商务硕士学位，所选专业都尊重父亲安排。留学归国以后，吴玉经前往深圳从事投资理财、房产中介等工作，这同样是与吴小龙沟通之后的决定。2010年，吴玉经出任小龙集团运营副总裁，吴小龙全力支持他以管理提升咨询项目推动全面变革。2018年，吴小龙退居幕后，将吴玉经推至董事长的位置，这并非心血来潮，如果从

2006 年安排儿子出国留学算起，他已经为这一天准备了 12 年。"少年猎得平原兔，马后横稍意气归。"吴玉经在行业变局中运筹帷幄、意气风发，从青涩蜕变得成熟、自信。

21 世纪初，吴小龙从战略、组织、机制、文化、团队等层面逐步推行职业经理人制度，经过 20 多年的培养、磨合、历练，职业经理人团队逐渐发展壮大。他一直致力于建立现代企业管理制度，逐步放权，以机制、制度而不是人治、集权来管控企业。在小龙集团的管理体系中，吴玉经董事长与吴守西总裁、黎少东副总裁、梁文杰副总裁、梁正居总经理一起组成决策委员会，作为核心管理层把握战略方向；胡赛龙、覃伟康、甘沛安三位总裁助理协助总裁处理经营管理事务，都属于集团管理团队成员；工程管理中心、采购中心、投融资中心、财务管理中心、成本管理中心、运营管理中心、人力资源部、行政部、营销中心、研发中心等集团职能部门以及小龙建司、小龙物业、贵港博雅公学、"盛世系列"幼儿园的负责人共同形成管理骨干团队，以权责利分配机制为基石共同治理企业，以确保价值观、战略方向、执行力从上到下贯彻到底。

2021 年 4 月，小龙集团决策委员会及高层团队合影

多年来，吴小龙对职业经理人团队的人品、能力绝对信任，大胆放手让年轻人勇挑重担。他的管理风格是抓大放小，大的营销方案、年初的增长计划和预算方案、年终考核等他必须亲自过目，日常经营管理交给团队执行。职业经理人也没有让吴小龙失望，他们敬业担责、竭尽所能，总是主动思考、主动谋划、主动行动，经常利用闲暇时间、个人资源毫无怨言地为企业谋发展。吴守西在小龙集团工作二十多年，与吴小龙的感情早已超出老板和下属的关系。吴小龙曾经跟吴守西开玩笑说："我退休之后你有什么打算？"吴守西直接说："那我也跟着你退休。"

卸任董事长以后，吴小龙仍然保持退而不休的状态，通常在早上八点半之前到公司，这是坚持了 40 多年的习惯。他先到办公楼转一圈，找管理团队谈谈话，碰到员工或老朋友就聊聊天，然后去吾园察看建造现场。

如果下午没有重要安排，他就只上半天班。小龙集团已经形成分级授权机制，每个层级都有相对应的管理权限，哪些由董事长负责、哪些由总裁签字都有原则和规矩。不过，很多重大事项管理团队仍习惯找吴小龙商量，但吴小龙的原则是"帮忙不添乱"。对于什么事情可以自主处理、什么事情需要请示汇报，吴玉经习惯在饭后散步、日常生活中与吴小龙交流，有时候从父亲的一个表情、一个眼神中就能读出许多信息。父子之间的很多谈话就是传道、授业、解惑，就像一门艺术、一项修炼，吴玉经受益匪浅。

在畅销书《基业长青》中，吉姆·柯林斯与杰里·波勒斯将领导者分为"报时者"和"造钟者"。拥有一个伟大的构想，或者成为高瞻远瞩的魅力型领导，好比"报时"；专心致志地建构一种永续经营的制度，使公司经历任何一位领导、跨越多轮周期仍然基业长青，最大的创造物是公司本身及其代表的一切，好比"造钟"。吴小龙已经完成从"报时者"向"造钟者"的转变，小龙集团成为百年老店的关键在于靠制度管人而不是靠人管人，接班人重要，制度建设更重要。

一代人的问题有一代人的答案。在解决问题、寻找答案的过程中，新一代管理团队稳步成长。如同家族传承无定法、企业发展无止境一样，经营管理没有终极答案，只有永恒的追问。在基业长青的漫漫征途上，吴玉经仍需不停地追问探索，不断地创新求变，在传承文化中重塑文化，在创造未来中拥有未来。

3 唯有文化，生生不息

时光荏苒，白驹过隙。作为一家有 40 年历史的公司，小龙集团总结历史、启迪未来之际蓦然回首，深感能够在风雨兼程中不断取得胜利，得益于心无旁骛、矢志不渝地坚持创业初心；能够在披荆斩棘中不断战胜困难，也源于毫不动摇、坚定不移地践行企业文化。

吴小龙经常强调："质量诚信是生存的根本"，特别是房地产市场持续下行、经济环境恶劣的形势下，他要求越困难的时刻越要抓好质量，越要把诚信放在首位。将有形资产与无形资产有机结合起来，永无止境地去追求质量诚信这个"小龙品牌"。他说："我看的不是眼前，我把诚信和质量化作有形资产开路，更视为无形资产托底，推动企业前进，走向百年老店。"

以质量诚信为内核的企业文化既是小龙集团的金字招牌，也不止于品牌价值。企业文化是小龙集团的事业基石与发展方向，是吴小龙以"实践论"身体力行的引领与沉淀。作为企业文化的塑造者、传播者、实践者，公司鼓励什么、反对什么，弘扬什么、摒弃什么，吴小龙都会旗帜鲜明、爱憎分明地清晰表达并反复强调，让员工凝聚在共同的文化根脉之下。他深信"身教"重于"言传"，不仅说到做到，而且做得要比说得还好，如果说一套做一套就没有人信服，只会对管理制度造成破坏。吴玉经担任董事长后，在传承发扬企业文化中寻找汲取智慧、继续前行的力量，更加积极进取地追求更高目标。

吴小龙说："诚信和质量，是人民大众千古认可、永远不变的真理。"20世纪八九十年代，他凭借樟木小学有口皆碑的建筑质量一炮打响，在贵县教育界和建筑行业脱颖而出，开启了10年多的校舍建设工程，获贵县"1988年度竣工单位工程质量评比第一名"等锦旗，胜过当地国有建筑公司；进入21世纪，小龙集团以高品质杀入高端住宅开发项目，盛世名门获得住建部授予的房地产行业最高荣誉"广厦奖"，盛世名都、盛世汇景、盛世悦城、盛世天禧、盛世荷城、盛世嘉园、盛世青云府、盛世荷悦府、盛世华府、盛世臻山府、盛世瑞府、盛世铂悦府、盛世君悦府等"盛世"系列始终以诚信和质量赋能城市成长、营造美好生活。

2010 年，在吴玉经主导下，小龙集团启动全面管理提升，系统梳理企业文化。"至精至诚，创新永恒"的企业愿景由此正式确立，至今仍然延续。这八个字是一体两面、密不可分的有机整体，"至精至诚"浓缩了诚信和质量所代表的小龙基因，而创新是永恒不变的精神信条；"创造品质生活，提升城市形象"的企业使命在时间的淬炼中成为小龙人的集体理想追求，愈发深刻地影响贵港乃至广西的城市发展步伐，并不断被赋予新的时代内涵；企业核心理念内容丰富，包括追求卓越、积极创新、精干高效、团队合作、诚信共赢、创业精神，这几句话绝非挂在墙上的口号，而是在工作中的言行举止与制度规范不断地推进与深植；"守约、保质、薄利、重义"既是服务宗旨，也是发展理念，为小龙集团提供持续强劲的动力之源。小龙集团长期坚持的愿景、使命、核心理念、服务宗旨等共同凝聚形成的企业文化，在业主、合作伙伴、社会公众等认知中树立起"有诚信、高质量、优口碑、好服务"的品牌形象。这是小龙集团过去发展壮大的重要原因，也是今天最宝贵的精神财富，更是未来迈向基业长青的强大动力。

40 年来，小龙集团的企业文化沉淀于不断变化的市场环境与竞争格局，在长期的市场打拼中吸收现代商业文化中的适应竞争、变革创新的丰富内涵。吴小龙从建筑队起家，充分发挥深耕贵港的本土优势，凭借洞察商业本质、敬畏市场规律、把握时代机遇、不断自我突破完成变革转型，以开放的心态、过人的胆识、丰富的经验和坚决的执行力创造了许多第一，形成了如今的产业版图与行业地位。与此同时，他带领小龙集团发扬中国传统文化中守信重诺、求真务实的养分和"自强不息、厚德载物"的品格，锤炼出奋发图强、永不止步的庄严使命和内心信念，形成强大的主动性、包容性、复制性、可持续性和自我更新能力，唤醒每个人内在的梦想与激情，发挥群体合力达成共同目标。

优秀企业文化与良好职场风气的形成是一项长期的系统工程，需要润物无声、久久为功地持续推行。小龙集团拥有一支既具备职业经理人素养又深度认同企业文化的管理团队，他们相信并践行共同的价值理念，并融入日常制度规则，纳入对人对事的考核评价中。事业总有起落，文化终可传承。由使命、愿景、价值观构成的企业文化与成功经验，曾引领小龙集团迎来高光时刻，避开暗礁险滩，也将在未来带领小龙集团走向更为广阔的天地。

但是，再优秀、强大的企业文化也有被歪曲、异化、变质的风险，这种变异的文化如同病菌，会传染蔓延，对企业有致命危害。如果有人将小龙集团几十年积淀的文化进行破坏、腐化，吴小龙一定会斗争到底，这是他不容侵犯的底线，是比生命更重要的精神寄托。

这正是吴小龙与生俱来、与企业文化不可分割的企业家精神、创始人精神。创始人在不同创业阶段将企业家精神的内涵诠释得淋漓尽致。创业初期，他艰难寻找出路，多次经历绝境又力挽狂澜，形成口碑信誉；创业中期，他敢为天下先，不断突破、变革创新，带领小龙集团成为贵港最优秀的民营企业。小龙集团生生不息的根本在于以企业家精神为内核的企业文化的代代传承，这是一种与土地、资本、品牌不一样的特殊发展要素，具有自主性、主人翁精神与天生的创业激情，不断进行自我否定、自我批判、自我蜕变，敢于冒险、敢于创新、敢于追求未知世界。小龙集团要想基业长青、追求卓越，就必须在内部鼓励企业家精神、创始人精神，永不停歇、永远向前。

"来而不可失者，时也；蹈而不可失者，机也。"新一轮科技革命和产业变革正在重构全球商业版图与经济格局，中国经济正处在转变方式、优化结构、转换动能的高质量发展攻关期，商业竞争不仅是规模、速度、利润之争，更是创新能力的比拼与企业文化的竞争。面对新技术、新观念的冲击，许多传统智慧和观点正在像冰山一样消融，时代的洪流正汹涌流向四面八方。作为一家传统的房地产企业，小龙集团如何以战略引领发展，找准"第二曲线"实现转型升级？如何以历史引领未来，在传承中培养团队、完善机制、整合资源？如何以文化引领创新，始终以风华正茂、生机勃勃的姿态实现基业长青？这需要所有小龙人以敬畏与谦卑之心认真思考。

历史经验证明，决定小龙集团未来命运的不是资本实力和工程技术，而是员工的心智、信仰和价值观。为股东创造效益，为社会创造价值，为员工创造幸福，这应该成为小龙集团今后的使命与追求；国家战略、时代使命、社会需求、企业利益，应该成为小龙集团制定战略、建立机制的决策指引。

小龙的事业是一场永无止境的漫漫征程，任重道远。用诚信和质量定义自己的小龙人一定会用奋斗证明：过往40年取得历史性进步的小龙，必将在更长久的未来创造更辉煌的成就！小龙人凝聚的精神之光，必将在岁月长河中熠熠生辉，永远值得骄傲和自豪。

小龙集团的三个办公楼见证了企业的成长

致　谢

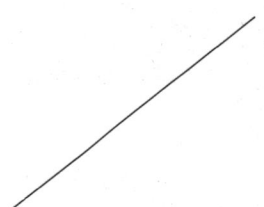

"立德、立功、立言"，这是儒家追求，也是人生大道。

在我们的一生中，总会在不经意间遇到那么一个人，给你汲取智慧、继续前行的力量，用自己的智慧之光、精神之光，点亮你的人生之路。在过去四年多时间里，我结识了小龙集团创始人吴小龙，通过采访、交流、创作，重新理解作为商业传记作家的"创作之光"。

2020年11月20日，我与同事第一次到广西贵港与吴小龙见面，听他讲述成长历程、创业感悟和人生追求。他谦逊和善，谈笑风生，充满人格魅力和长者风范。此后，我们多次到小龙集团采访、调研、交流，访谈了近百位相关人士，包括吴小龙的亲朋好友及小龙集团早期员工、现任高管、中层干部、一线员工、合作伙伴等，其中访谈最多、受益最深的当然是与吴小龙本人的交流，他强调创作要真实客观、诚心正意，毫不避讳地将人生经历和盘托出，并且不干涉任何人的采访内容，尊重创作独立性。小龙集团对我们开放了全部档案，包括会议记录、书信手稿、政府批文、广告文本、荣誉证书以及内刊杂志、媒体报道等，每一份穿越时空的历史素材都弥足珍贵。我们从不同人群、不同时期、不同角度"重走"吴小龙的成长道路，这样能够完整、系统、深入地梳理他的个人成长史，写出真情实感，提炼总结出吴小龙的精神境界与小龙集团的文化内涵。立足当下，回望过去，拥抱未来，家族后辈、亲朋好友以及一代又一代员工，能够从书中感悟小龙历史，弘扬小龙精神，传承小龙事业。

为了全面、深入、真实呈现吴小龙的成长历程，我们将其放在中国改革开放史、社会发展史与贵港城市发展史的历史坐标系中进行定位，研究和对比了许多中外优秀企业家传记，参考各类管理学、历史学、社会学、地方志等图书。随着采访、研究、写作不断深入，内涵不断丰富，我愈发觉得，要想还原人生经历、挖掘商业逻辑、提炼精神内涵、写出经典作品并不容易。但我始终饱含热情，用心笔耕，以吴小龙为时代缩影，勾勒出一幅中国企业家群体不懈奋斗的壮丽图景。

在创作过程中，我们得到来自各方的支持和帮助。在此，我们对以下诸位人士表达诚挚的谢意。

首先感谢吴小龙先生，是他奉献了如此宝贵的人生故事与管理智慧、商业哲学，知无不言、言无不尽的分享令我们受益匪浅。感谢蒋锦群女士及吴玉经、吴玉冰、吴玉姬、吴玉洁等吴小龙家人的信任、包容和支持。我们在写作过程中深深感受到：小龙集团博大精深，吴小龙的故事精彩纷呈，精神品格令人敬仰。至今我们都不敢说这本书已经准确、全面描述了吴小龙的方方面面。在未来的日子里，我们将继续学习、关注、研究小龙集团，传播企业文化与企业家精神。

我们采访了小龙集团高管、员工，大家从不同角度丰富了作品内容与内涵。感谢吴玉经、吴守西、黎少东、梁文杰、梁正居、胡赛龙、覃伟康、甘沛安等小龙集团领导的大力支持，我们充分感受到诸位的谦逊、厚道、热情。感谢数十位接受采访的小龙集团员工，由于写作内容所需和篇幅所限，有些人物的姓名和故事、观点未能在书中得以完全呈现，在此致以诚挚歉意，并表达衷心感谢。感谢覃伟康、尤健、曹汐等在采访、创作、出版期间付出的辛劳与智慧。

为写作本书，我们查阅了大量管理著作以及媒体报道，在浩如烟海的文字素材中挖掘有价值的历史故事，感谢所有作品、报道的创作者。

感谢孙秋月、陈彧清、谢再红、孙凌、曾庆山、金慧、李凯林等在采访沟通、资料梳理、初稿写作、项目推进等方面的努力与付出。感谢团结出版社、曙光书阁在出版过程中给予的支持和帮助。

最后，对于本书而言，虽然我们用心写作，全力以赴，但是由于自身阅历、知识、能力等方面局限，难免存在各种问题和错漏，还请读者诸君多多包涵。希望每位朋友都能够从吴小龙身上找到提升能力的途径和改变命运的力量，这是我们的初心，也是最大的愿望。